KB174546

거리로 나온 넷우익

NET TO AIKOKU ZAITOKUKAI NO [YAMI] WO OIKAKETE

ⓒ Koichi YASUDA 2012

All rights reserved.

Original Japanese edition published by KODANSHA LTD.

Korean publishing rights arranged with KODANSHA LTD. through Imprima Korea Agency

거리로 나온 넷우익

그들은 어떻게 행동하는 보수가 되었는가

1판1쇄 | 2013년 5월 27일
1판2쇄 | 2013년 6월 15일

지은이 | 야스다 고이치
옮긴이 | 김현욱

펴낸이 | 박상훈
주간 | 정민용
편집장 | 안중철
편집 | 윤상훈, 이진실, 최미정, 장윤미(영업 담당)
본문 교정 | 이수동, 최아림
업무지원 | 김재선

펴낸 곳 | 후마니타스(주)
등록 | 2002년 2월 19일 제300-2003-108호
주소 | 서울 마포구 합정동 413-7번지 1층 (121-883)
전화 | 편집_02.739.9929/9930 제작·영업_02.722.9960 팩스_02.733.9910
홈페이지 | www.humanitasbook.co.kr

인쇄 | 천일_031.955.8083 제본 | 일진_031.908.1407

값 15,000원

ISBN 978-89-6437-181-7 03300

이 도서의 국립중앙도서관 출판시도서목록(CIP)은 e-CIP홈페이지(http://www.nl.go.kr/ecip)와
국가자료공동목록시스템(http://www.nl.go.kr/kolisnet)에서 이용하실 수 있습니다.
(CIP제어번호: CIP2013006465)

그들은 어떻게
행동하는 보수가 되었는가

거리로
나온
넷우익

ネットと愛国 -
在特会の「闇」を追いかけて

야스다 고이치(安田浩一) 지음

김현욱 옮김

후마니타스

| 일러두기 |

1. 이 책은 다음 저서의 한국어 완역본이다.

安田浩一, 『ネットと愛国 - 在特会の「闇」を追いかけて』(講談社, 2012)

2. 단행본, 정기간행물에는 겹낫쇠(『 』)를, 논문이나 논설, 기고문, 단편에는 큰따옴표(" ")를, 공연물, 텔레비전 프로그램에는 가랑이표(〈 〉)를 사용했다.

3. '[원주]'로 표시한 각주는 지은이가, 나머지 각주와 본문의 대괄호([ ])는 옮긴이가 첨가했다.

4. 원서에서 본문 중간에 삽입된 사진을 357~361쪽으로 옮겨 실었다.

차례

한국어판 서문

"조선인을 죽여라!"

한 여성의 날카로운 목소리가 울려 퍼졌다.

"죽여라!"

그 뒤를 따르는 제창이다. 시위대는 1백 명이 넘는다.

"조선인 매춘부를 내쫓아라!"

"한국인은 너희 나라로 꺼져라!"

"구더기 새끼!"

듣기 괴로운 욕설이 대열에서 터져 나왔다. 조선인의 멸칭인 "총코!"를 거듭 외치며, 주먹을 흔드는 사람도 있었다.

참가자들이 든 플래카드에는 "다케시마를 돌려 달라!" 외에도 "조선인, 목을 매라. 농약 마셔라. 뛰어내려라", "좋은 조선인도, 나쁜 조선인도, 죽여라!" 등의 메시지가 보였다. 한국 음식점이나 한류 관련 상품을 파는 가게들이 즐비한 도쿄의 신오쿠보에서 2013년 들어 매주 벌어지는 '혐한嫌韓 시위'의 광경이다.

내가 일본에서 이 책을 쓴 것은 2012년 4월이다. 고단샤논픽션상과 일본 저널리스트상을 수상하는 등 언론에서는 호의적인 평가를 받았지만, 인종차별주의자들의 '운동'은 점점 과격해졌다. 넷우익이라 불리는 이들의 항의도 일상다반사가 되었다.

"야스다는 남한과 북한의 개."

"극좌 테러리스트."

"3류 저널리스트."

이런 욕설이 끊임없이 들려온다. 취재하기도 힘들어졌다. 내가 시위나 집회를 취재하러 가면, 항의하는 목소리가 들려온다.

"꺼져라!"

"너 같은 녀석의 취재는 필요 없어!"

그런 욕설의 물결을 조용히 들어 넘기는 수밖에 없다. 폭도가 된 집단 앞에서 나는 무력하다.

한편 한국의 방송국이나 신문과 인터뷰할 기회도 늘었다. 기자들은 내게 묻는다.

"도대체 저 사람들은 무엇에 대해 분노하고 있는가?"

분노한 젊은이들의 주장을 그대로 전한다. 영토 문제, 위안부 문제에 대한 보수파의 위기감, 북한의 미사일 발사에 대한 분노, 재일 코리안의 특권(순전히 그들의 망상에 불과하지만)에 대한 불만, 빈부 격차나 고용 불안 같은 국내 문제의 반영⋯⋯. 그럴듯한 말들을 주워섬기지만, 실은 나 자신도 '정답'이 무엇인지는 모른다. 아무리 취재해도, 납득할 만한 이야기를 발견하지는 못했다.

그러나 이것만은 단언할 수 있다. 지금의 차별적·배외적 운동은 현실의 온갖 불만과 불안을 끌어들이는 블랙홀로 기능하고 있다는 사실이다. 이 책은 그런 사람들, 바로 재일특권을 용납하지 않는 시민 모임(재특회)의 회원들을 추적한 논픽션이다.

회원들은 모두 자신이 '애국자'임을 강조한다. 내 눈 앞의 '애국자'들은 허탈할 정도로 얌전하고 진지하고 외로웠다. 그들 중 대부분은 사회로부터 거절당하는 아픔을 알고 있다. 주위 사람들에게 이해받거나 공감을 얻지 못한다. 그래서 타자에 대한 적개심을 그로테스크한 운동에 집중시킬 수밖에 없다. 불안과 불만과 분노에 억눌린 듯한 '애국자'들의 표정은 자기 자신을 표현할 길을 찾아 헤매던 예전의 나 자신을 떠올리게 한다. 씁쓸한 기분과 용서할 수 없는 기분이 뒤섞여 나도 흔들렸다.

그렇지만 나는 역시 이런 추악한 운동을 용인할 수 없다. 인종·피부색·성별 등과 같이 선택한 것이 아니라 타고난 '속성'을 공격해서는 안 된다. 그 사실을 강조하고 싶다. 또한 한국 독자들에게 이야기하고 싶다. 일본 사회도 이 같은 추악한 사회운동을 방치하고 있는 것만은 아니라는 사실을.

최근에 격렬해지는 '혐한 시위'에 대한 일본 사회의 비난 또한 강해지고 있다. 2013년 들어서는 재특회가 시위할 때마다 이를 비판하는 사람들이 길가에서 '맞불 집회'를 하고 있다. 때로는 시위대보다 훨씬 많은 사람들이 모여 "인종차별주의자는 꺼져라", "(한국인과) 친하게 지내자."라는 플래카드를 들고 항의한다. 트위터를 통해 항의 집회를 동원한 회사원 기노 히사키木野寿紀(30세) 씨는 "재특회가 하는 짓은 순전히 인종차별이다. 절대로 용서할 수 없다는 의사 표명을 하고 싶었다."라고 말한다.

플래카드를 통한 항의뿐만 아니라, 몸으로 신오쿠보를 지키자는 집단도 나타나 혐한 시위대와 몸싸움도 벌이고 있다. 뒤늦게 일부 정치인들도 나섰다. 민주당 아리타 요시후有田芳生 의원을 중심으로 배외주의 운동을 비판하는 항의 집회도 있었다.

이 책은 절망적인 상황을 그리고 있지만, 조금씩 새로운 희망이 생겨나고 있는 것도 분명하다. 한국의 독자 여러분이 이런 사실도 알아주면 감사하겠다.

2013년 5월

야스다 고이치

프롤로그

오사카 지하철 순환선 쓰루하시 역의 개찰구를 나와 미로처럼 복잡한 뒷골목에 발을 들여놓으면, 그곳에 '전후'의 풍경이 남아 있다. 패전 직후의 암시장이 모태가 된 상점가에는 김치, 반찬, 치마저고리 등을 파는 소박한 가게가 줄지어 있고, 어디선가 풍겨 오는 고깃집의 달콤하고도 매운 냄새가 코를 간질인다.

쓰루하시는 일본 최대의 코리아타운으로, 그 역사가 꽤 깊은 곳이다. 1910년대 히라노 강에 굴착 공사가 시작되면서 주변에 조선인 노동자들이 모여들었다. 그 후 제주도와 오사카 사이에 정기항로가 생기면서 더욱 많은 조선인들이 정착하게 된다. 패전 직후 쓰루하시 역 앞에 조선인 노점상들을 중심으로 암시장이 형성되고, 코리아타운의 원형이 만들어진다. 현재 쓰루하시가 있는 이쿠노 구 인구의 4분의 1은 재일 코리안*이라고 한다.

---

* 여기서 말하는 재일 코리안의 국적은 한국과 조선으로 표시된다. 1965년 한일 국교 정상화가 되기 전까지는 모든 한민족이 '조선'이라는 유사 국적(정식 국적이 아니다)으로 분류되었으며, 이는 일본에 지배당하기 이전의 조선을 뜻한다. 국교 정상화 이후 한국 국적을 선택하는 사람들은 해마다 증가했다(아직까지 북한과 일본 사이에는 국교가 없다). 지은이는 한국과 조선 모두를 포괄하는 개념으로 '재일 코리안'이라는 용어를 쓰고 있으며, 옮긴이도 이를 따른다. 또 일본에서는 재

어수선한 골목을 나아간다. 서울에 있는 시장을 걷는 듯한 기분이 든다. 한글 간판이 눈에 띄고, 일본어와 한국어가 뒤섞인 '한일어'韓日語 대화가 들려온다. 색색의 치마저고리가 펼쳐진 상점을 보면서 노점에서 부침개를 먹고, 어두운 상점가를 지나 다시 쓰루하시 역 앞의 육교 쪽으로 돌아온다.

그러자 풍경이 약간 바뀌었다. 귀에 이어폰을 낀, 누가 봐도 공안公安● 형사로 보이는 남자들이 여기저기 날카로운 시선을 보내고 있었다. 역을 등지고 동서로 뻗은 센니치마에 거리에는 경찰차가 몇 대 서있고, 제복을 입은 경찰들이 곳곳에 배치되어 있었다. 긴장된 분위기가 흘렀다. 주위를 둘러보자, 멀리서 일장기를 든 한 무리가 다가오는 것이 보였다. 제복을 입은 경찰들이 무리의 전후좌우를 둘러쌌다.

늦가을의 어느 일요일. 동네 사람들뿐만 아니라 한류 열풍의 주역인 중년 여성들이 '가까운 외국 문화'를 즐기기 위해 활보하는 모습도 눈에 띄었고, 코리아타운은 그만큼 많은 사람들로 붐비고 있었다. 그런데 갑자기 일장기를 든 무리 수십 명이 나타난 것이다. 역 앞의 육교 밑에 자리를 잡은 그들은 대형 확성기를 길 위에 놓고, 가두연설을 준비하기 시작했다. 음량을 확인하는 것이다. "끼이." 하고 귀에 거슬리는 쇳소리가 육교에 울렸다. 그것이 묘하게 내 기분을 조마조마하게 만들었다. 코리아타운에 일장기 수십 개가 바람에 날리고, 역 앞을 지나는 사람들은 호기심이 가득한 시선을 보낸

일 코리안 일반을 '재일'在日(자이니치)이라 부르며, 재특회가 말하는 '재일특권'은 주로 재일 코리안의 특권을 뜻한다. 이 책에서 '재일'이라는 말이 단독으로 나올 때는 재일 코리안을 가리킨다.
● 국가 전복 음모를 방지하기 위해 우익, 좌익, 종교 단체, 첩보 조직 등의 테러를 담당하는 일본 경찰 부서.

다. 누구지? 뭘 하려는 거지? 유심히 쳐다보다 결국은 고개를 갸웃거리며 그냥 지나쳐 간다.

일장기를 들고 있는 이들은 언뜻 보기에 '우익'이라는 부류와는 거리가 먼 사람들처럼 보인다. 주위를 위압적으로 노려보는 무서운 얼굴이 아주 없지는 않지만, 대부분은 양복 차림의 샐러리맨이거나, 얌전해 보이는 오타쿠 젊은이거나, 청바지를 입은 젊은 여성이거나, 아니면 피곤해 보이는 중년 남성이다. 복장도, 분위기도, 나이도 전혀 통일성이 없다. 그러나 이날 모인 한 사람, 한 사람의 표정에는 무언가 절실함이 우러나 있었다. '적지'에 뛰어든 것 같은 결연한 분위기가 느껴진다. 긴장된 얼굴로 주위를 경계하는 이들도 눈에 띈다. 쭉 늘어선 일장기 아래에서 배타와 단결이 다채롭게 공존하고 있었다.

이들은 '재일특권을 용납하지 않는 시민 모임'在日特権を許さない市民の会(약칭 재특회)의 회원들과 그 지지자들이다. 재특회는 "재일 코리안을 비롯한 외국인이 일본에서 부당한 권리를 누리고 있다."라고 주장하면서 세력을 키워 온 우파 시민 단체다. 주로 인터넷 게시판을 통해 자신들의 '동지'를 모으는데, 인터넷에서 간편하게 입회한 회원 수가 1만1천 명이 넘는다. 조선학교 무상 교육 반대, 외국 국적 주민에 대한 생활보호 지원금 지급 반대, 불법 입국자 추방, 핵무장 추진 등 우파적 슬로건을 내걸고 전국 각지에서 연일 시위와 집회를 계속하고 있다.

이날도 그들은 재일 한국인에 대한 생활보호 지원금 지급 반대를 주장하기 위해 일부러 쓰루하시를 가두선전 장소로 선택했다. 리더인 청년이 마이크를 잡았다.

"여러분, 재일특권을 용납하지 않는 시민 모임입니다!"

확성기를 통해 청년의 목소리가 뒷골목까지 울려 퍼졌다.

"오늘은 여기 쓰루하시에서 재일 조선인의 생활보호 지원금 문제에 대해 가두연설을 하겠습니다."

센니치마에 거리를 걷던 사람들 중 일부가 발걸음을 멈췄다. 마이크를 잡은 청년은 온화한 표정이었다. 그러나 신사적인 표현은 첫마디뿐이었다.

"오사카에는요, 생활보호 지원금으로 먹고사는 외국인이 1만 명이 넘습니다. 생활보호로 먹고사는 총코,• 할 말 있으면 나와 봐!"

일제히 "옳소!", "나와라!", "총코, 있냐!"라고 장단을 맞춘다. 연설이 아니라 도발이다. 육교 밑에 기묘한 긴장감이 감돌았다. 무리의 함성이 콘크리트 벽에 울리고 주위에 어지러운 파장을 일으킨다. 정체를 알 수 없는 열기가 모두를 고양시켰고, 그들의 말이 날카로운 독 가시가 되어 듣는 사람들에게 꽂혔다. 구경꾼들도 조선인의 멸칭인 '총코'를 연발하는 데 얼굴을 찌푸리며, 봐서는 안 될 것을 봤다는 멋쩍은 표정으로 도망치듯이 그 자리를 떴다. 청년은 연설을 계속했다.

"총코들은 뻔뻔하게 생활보호 지원금을 신청하고 있습니다. 왜 외국인한테 생활보호 지원금을 지급해야 합니까? 여러분, 일본에서는 1년에 3만 명이 자살합니다. 그 대부분이 생활고 때문입니다. 일본인이 생활이 어려워서 죽어 가는 마당에 오사카에서는 1만 명이나 되는 외국인이 생활보호 지원금

• 한민족을 멸시하는 표현. 조센진朝鮮人이 그 어원으로 '朝 + 公'ちょんこう에서 왔다는 이야기를 비롯해 몇 가지 설이 있다. 줄여서 '총'ちょん이라고도 한다.

을 받고 있는 겁니다. 그러면 총코는 일본인한테 감사하란 말이야! 강제 연행*으로 끌려왔다느니 하면서 일본한테 사죄나 배상만 요구하는 게 조선인이잖아! 너희는 민족의 자존심도 없어? 조국에 돌아가서 생활보호를 받으라고! 일본인한테 사료라도 얻어먹고 싶으면 일본에 감사하란 말이야!"

이어서 마이크를 잡은 양복 차림의 남성은 더욱 격렬하게 선동하기 시작했다. 생활보호 지원금 문제는 짧게 언급하고, 납치 문제**로 비난의 화살을 돌렸다.

"북한에 수백 명이나 납치되었습니다, 우리 일본인이! 외국인이 갑자기 일본에 들어와서 일본인을 납치하는 게 가능한 일입니까? 일본에서 납치를 도운 총코와 반일 일본인이 있습니다. 그래서 수백 명이나 당한 겁니다. 이 녀석들, 쳐 죽여야 합니다. 분노하라, 일본인! 일어서라, 일본인! 어이, 듣고 있나, 총코!"

유독 날카로운 목소리로 "옳소, 옳소."라고 외친 사람은 무릎까지 오는 스커트에 얇은 카디건을 걸친 젊은 여성이었다. 퇴근하고 바로 달려온 회사원 같은 느낌의 수수한 옷차림에 얼굴이 단정해서인지, 집회 참가자들 중에서도 이채로워 보였다. 그런 그녀도 마이크를 잡자 증오로 가득 찬 말을 쏟아 냈다.

"재일 조선인은 강제 연행이라는 말도 안 되는 소리를 아직도 하고 있습니다. 사죄니, 보상이니 떠들고 있어요. 재일 조선인은 일본인을 업신여기고 있단 말이에요! 그렇게 일본이 싫으면 조국으로 돌아가! 거짓말까지 하면서 그렇게 돈을 받고 싶은 거야?"

쓰루하시는 재특회가 말하는 '재일 조선인의 성지'다. 외부인이 이렇게까지 욕을 하면 동네 주민들이 무언가 반응을 보여야 마땅할 것이다. 저널리스트라면 누구나 예상할 만한 해프닝이나 혼란을, 내가 기대하지 않았다면 거짓말이다. 그러나 큰 혼란은 없었다. 가끔 야유를 보내는 사람이 있었지만, "이리로 와, 총코!", "한판 붙을까!"라는 재특회의 욕설이 돌아올 뿐이었다.

"할 말 있는 총코는 덤벼!" 경찰관의 보호를 받으면서 도발을 거듭하는 그들을 보며 그 이상 취재를 계속할 기력이 사라졌다. 왠지 모르게 담배가 너무나도 피우고 싶었다. 역사 인식의 문제라고 하기에도 뭣하고 표현의 문제라고 하기에도 뭣한, 무언가 상처를 들쑤시는 느낌에서 도망치고 싶었다. 그때까지 나는 재특회의 집회를 여러 번 봤다. 전국 각지의 시위에 갔다. 어디에서든 똑같은 광경이 펼쳐졌다. 그러나 아무리 취재를 거듭해도 재특회가 발산하는 독특한 분위기에는 익숙해질 수가 없다. 나는 집회 현장을 뒤로하고 오래된 상점들로 북적이는 골목 안쪽으로 발걸음을 옮겼다.

"총코!"

"조센진!"

골목 안쪽까지 확성기 소리가 울려 퍼진다. 쯧쯧 혀를 차며 더욱 안쪽으로 도망가려던 내 시야에 갑자기 어떤 광경이 들어왔다. 어딘가 풀이 죽은 듯이 고개를 떨군 노인들의 모습이었다. 한국 식료품점 앞 의자에 앉은 노인들은 등을 구부리고 무릎 위에 양손을 포갠 채, 싫어도 크게 들려오는 욕설을 가만히 견디고 있었다. 다들 침묵을 지키고 있었다.

"왜 총코들한테 일본인의 세금을 써야 합니까! 당장 조국으로 돌아가!"

"돌아가라!"

컴컴한 골목에 신경질적인 목소리가 울려 퍼졌다. 노인들은 미동도 하지 않았다. 태풍이 지나가기만을 가만히 기다리고 있는 듯했다. 이분들의 역사가 지금 여기서 부정당하고 있는 것이다. 여기에서 태어나서 여기에서 자랐을 것이다. 그리고 아마도 여기에서 생을 마칠 것이다. 귀를 막고 도망치려던 나와는 다르다. 이분들에게는 어디에도 도망갈 곳이 없다. 이렇게 가만히 욕설에 귀를 기울일 수밖에 없다. 견딜 수 없었다. 분노인지, 절망인지, 노인들 이외의 사람들도 침묵한 채 고개를 떨구고 있었다.

그러나 더욱 견딜 수 없었던 것은 다시 육교 밑으로 돌아왔을 때였다. 집회 참가자 중에서 겨우 스물한 살밖에 안 된 낯익은 청년을 발견한 것이었다. 가끔 따로 취재에 응해 준 그를 잘 알고 있었다. 그는 재특회 간부였다. 몇 번이나 함께 술을 마시고 고기를 먹었다. 그는 일본 국적이지만 죽은 조부는 재일 한국인이었다. 쓰루하시에는 친척들도 많이 산다는 이야기를 한 적이 있다. 그런 그가 다른 참가자들과 함께 주먹을 치켜들고 있었다. 조선인은 나가라고 외치고 있었던 것이다. 나와 눈이 마주친 그는 정다운 미소를 보이며 가볍게 인사했다. 미워할 수 없는 미소였다. 어째서 이렇게도 밝은 표정을 지어 보일 수 있는 걸까? 왜 재일 조선인이라는 뿌리를 가진 그가 재일 조선인을 배척하는 과격한 운동에 참가하고 있는 걸까? 김치 가게 앞에서 머리를 떨군 노파와 천진난만하게 주먹을 추켜올리는 이 청년 사이에 있는

'거리'를 생각했다.

그날 밤 나는 재특회가 '적'으로 간주하는 조선학교 졸업생들과 저녁을 먹었다. 그들의 모교인 교토 조선제1초급학교는 2009년 12월 재특회에게 수업 방해를 받았다. 학교를 지키기 위해 달려간 그들은 재특회 회원들에게 "조선인은 똥이나 먹어라." 같은 욕설을 들었다. 그들은 내게 물었다. 왜 재특회가 우리를 공격하느냐고. 나는 "아직 잘 모르겠다."라고만 대답했다. 사실이다. 아무리 취재를 거듭해도 납득할 만한 해답을 얻을 수 없었다. 재특회 회원 한 사람, 한 사람은 어떤 인간이냐고도 물었다. 이 질문에도 나는 솔직하게 대답했다.

"재특회 활동을 떠나면, 보통 사람들이에요. 여러 가지 일 때문에 고민도 하고, 기뻐하기도 하고……. 한마디로 저랑 같아요."

졸업생들은 의외라는 표정도 짓지 않고 "그야 그렇겠지."라고 맞장구를 쳤다.

"같이 술 마시고 싶다. 재특회 애들이랑."이라고 한 명이 말하자, "그건 어렵겠지. 우리는 조선인이잖아."라고 누가 대꾸했다. 나는 재특회라는 존재가 불쾌하지 않느냐고 물었다. 그러자 리더인 청년이 혼잣말처럼 중얼거렸다.

"당연히 불쾌하지. 근데 조선인이 차별당하는 거야, 이게 처음도 아니고. 그리고 그 사람들도 즐거운 인생을 보내고 있는 건 아니잖아? 화가 나기도 하지만, 어딘가 불쌍해 보여. 적어도 행복해 보이지는 않아."

그는 김치찌개를 젓가락으로 휘저으며 깊은 한숨을 내쉬었다. 어떻게 대답해야 좋을지 몰랐다. 알고 있는 재특회의 한 사람, 한 사람, '애국자'의 얼굴을 떠올렸다. 얌전해 보이는 젊은이들일 뿐이다. 불합리하고 거친 힘으로 그들을 흥분시키는 것은 무엇인가? 그들이 입에 담는 증오의 근원에는 무엇이 있는가? 도대체 왜 그들은 그토록 과격한 재특회 활동에 매료되었는가? 재특회 취재를 시작하고 나서 몇 번이나 거듭해서 본 풍경을 반추한다. 일장기 집단의 열광, 귀를 막고 싶도록 만드는 욕설. 거기에는 아마도 그들을 빨아들일 만한 논리가 존재할 것이다.

그러나 언제까지나 사라지지 않는 의문이 머릿속을 맴돈다. 애당초 무엇을 목적으로 싸우는가? 도대체 누구와 싸우는가? 청년에게 맞장구를 치는 대신에 나 역시 한숨을 내쉴 수밖에 없었다.

1
재특회의
탄생

과격한 시민 단체를 이끄는
의문의 리더,
사쿠라이 마코토의 이력

객차가 두 량뿐인 지쿠호 전철은 기점인 기타큐슈 시의 구로사키에키마에 역을 출발해, 곧바로 도카이 만과 맞닿은 공업지대와 나란히 달리다가 남쪽으로 틀어 지쿠호 방면으로 향한다. 차창 너머로 보이는 것이라곤 낮은 산지와 주택가뿐인 지루한 풍경이다. 정차할 때마다 "칭, 칭." 하고 작게 울리는 종소리가 졸음을 권한다. 무인역을 몇 개 지나 나카마 시에 들어선 직후에 하차하면, 역 앞에서 시작되는 완만하고 긴 비탈길 양옆으로 전원주택들이 펼쳐진다. 예전에는 탄광 도시로 번성했다고 하지만, 이제는 다 옛말이다.

근처에 사는 노인에게 물어보니, 예전에 이 일대에는 오쓰지大辻 탄광이 있었다고 한다. 오쓰지 탄광은 아소麻生 가문, 야스카와安川 가문과 더불어 지쿠호 3대 가문으로 불렸던 가이지마貝島 가문이 경영하던 대규모 탄광이었다. 창업자인 가이지마 다스케貝島太助, 1845~1916는 빈농 출신으로, 가계를 돕기 위해 어릴 때부터 광부로 고생한 끝에 재벌이 된 입지전적 인물이다. 그런 그에게는 '지쿠호의 탄광왕'이라는 별명이 있었다. 그리고 가이지마가 큰 성공을 거두게 된 계기가 바로 1896년부터 경영에 관여한 이 오쓰지 탄광이다. 단층집 구조의 사옥이 늘어섰던 것도, 상점가에 활기가 넘쳤던 것도, 어디까지나 1960년대 전반까지의 이야기다. 1968년 탄광이 문을 닫으면서 풍경은 순식간에 바뀌었고, 규슈에 있던 유수의 탄광은 기타큐슈 시의 베드타운으로 다시 태어났다. 그러나 예전의 활기와는 거리가 멀어져, 어딘가 늘어진 풍경 속에서 1970년대에 조성된 주택가도 이미 퇴색하기 시작했다.

희미해져 가는 탄광의 기억을 열심히 지키기라도 하듯, 이 동네에서 유일하게 존재감을 과시하는 것은 마을 언저리에 폐석을 모아 둔 곳, 즉 '버력●더미'였다. 탄광의 전성기에는 후지 산에 비견되던 원추형 버력더미는 오랜 세월 비바람으로 형태가 뭉개져, 지금은 잡목에 둘러싸인 나직한 구릉이 되어 버렸다. 그렇지만 예전부터 이곳에 살던 사람들에게는 '석탄의 영광'을 회상할 수 있고 곧잘 향수를 불러일으키는 장소가 되었다.

이 황폐한 버력더미 맞은편에 현립 고등학교가 있었다. 이 고등학교도 동네의 쇠퇴를 막기 위해 주민들이 열심히 진정서를 쓰고 유치 운동을 펼쳐 1983년에 개교한 곳이다. 그 남자, 다카다 마코토高田誠도 이 학교에 다녔다. 1972년생인 그가 졸업한 지도 이미 20년이 지났으니, 방과 후에 자전거를 타고 교문에서 튀어나오는 학생들에게 다카다의 이름을 물어도 모르는 것

● 광물 성분이 섞이지 않은 잡석.

은 당연하다. 원래 다카다는 재학 당시에도 존재감이 없는 아이였다.

"음……. 잘 기억이 안 나네요. 뭐랄까, 어쨌든 얌전하고 눈에 띄지 않는, 반에서 가장 평범한 녀석이었던 것 같아요."

근처 카페에서 만난 다카다의 동창생인 회사원은 미안해하는 표정을 지었다.

"일단 이걸 봐주세요."

이렇게 말하면서 회사원이 가방에서 꺼낸 것은 고등학교 졸업 앨범이었다(〈사진 1〉). 표지에 '희망'이라고 크게 새겨진 앨범을 천천히 넘기던 그의 손이 "8반 친구들"이라는 장에서 멈췄다.

남녀 47명의 얼굴 사진이 보이고, 페이지 하단에는 전원의 이름이 사진 순서대로 적혀 있다. 동창생은 시험이라도 하듯이 내게 물었다.

"이름을 안 보고 다카다를 알아맞힐 수 있겠어요?"

앞머리 일부만 이마에 내린 리젠트 스타일의 머리 모양을 한 아이들이 눈에 띈다. 이 시절의 유행이었던 것이다. 그렇게 생각하며 학생들의 얼굴을 모두 확인했지만, 내가 알고 있는 다카다의 얼굴은 없다.

"글쎄요. 전혀 모르겠어요."

나는 이렇게 말하며 알아맞추기 게임을 일방적으로 끝내고는 쭉 늘어선 이름을 하나하나 확인했다. 다카다 마코토, 있다. 곧바로 얼굴 사진을 찾아보았다. 거기에는 짧은 머리를 좌우로 맞추어 자르고, 어딘가 쓸쓸한 미소를 지은 소년의 얼굴이 있었다. 고등학생치고는 너무 어려 보였다. 건드리면 바로 울어 버릴 듯한 표정은 내가 알고 있는 지금의 다카다와는 많이 달랐다.

"이게 정말 다카다 마코토인가요?"

"네, 얌전해 보이는 얼굴이죠?"

나는 사진을 응시했다. 아무리 봐도 이 어리고 순한 얼굴의 소년이 지금의 다카다라고는 믿기 어려웠다.

"친구도 거의 없었을걸요. 왕따는 아니었지만, 항상 혼자 있었던 것 같아요. 점심시간에도 다들 시끌벅적 노는데 다카다만 혼자였어요."

그는 그렇게 말하며 앨범을 한 장 넘겼다. 학급 단체 사진이 있었다. 부동자세로 서있는 다카다가 보인다. 친구들끼리 까부는 자세를 취하거나, 이 시절 유행했던 대로 비스듬하게 서서 폼을 잡는 학생들이 많은데, 다카다는 주위와 전혀 어울리지 않은 채 수줍은 표정으로 정면을 보고 있었다. 고독한 분위기를 띠는 소년의 모습이 주변에 휩쓸리지 않는 심지를 보여 주고 있다고 해야 할까?

내가 이야기해 본 그의 동창생들은 모두 같은 인상을 말했다.

"말이 없고 존재감이 없었어요."

"조용했죠."

"다카다? 그런 애가 있었어요?"라며 되묻는 이도 있었다. 다카다는 한때 학생회 간부를 하기도 했지만, 그 사실조차 기억하는 사람이 적었다. "우리 학교에서 학생회 같은 건 다들 하기 싫어하는 잔심부름꾼이었으니까 다카다한테 떠넘겼을 거예요."라고 단언하는 동창생도 있었다. 다만 몇 명인가가 기억의 한구석에 간신히 붙어 있는 작은 에피소드를 꺼냈다. 다카다의 가출 소동이었다.

"3학년 여름방학 전이었을 거예요. 어느 날 담임선생님이 '다카다가 가출했다. 어디 있는지 누구 아는 사람 없나?'라고 묻고 다녔어요. 어머니와 싸우고 집을 나갔다는 둥, 구마모토 근처 초밥 집에서 일하는 걸 붙잡았다는 둥, 여러 소문이 있었죠. 뭐, 결국 일주일 만에 끝나 버린 가출이었으니까 그렇게 큰 소동은 아니었지만요."

그런 이야기를 들으며 나는 앨범에 있는 다카다의 쓸쓸한 얼굴을 몇 번이고 들여다봤다. 그때마다 현재의 그와 과거의 그 사이에 놓인 놀라울 정도로 큰 '거리감'을 느끼지 않을 수 없었다.

카리스마 회장의 정체

"바퀴벌레 조선인을 일본에서 쫓아내라!"

"짱개들을 도쿄 만에 처넣어라!"

"어이, 거기 불령선인不逞鮮人!● 일본에서 꺼져!"

"죽어 버려!"

날카로운 목소리로 절규하고 주먹을 휘두르며 거리를 천천히 행진하는 '넷우익●●의 카리스마'가 바로 이 사진 속 다카다의 미래라고는 아무도 상상할 수 없었을 것이다(〈사진 2〉). 재특회 회장 사쿠라이 마코토桜井誠. 말이 없고 조용한 소년이었던 다카다의 지금 모습이다. 그는 현재 본명을 숨기고

● 불온하고 불량한 조선인이라는 뜻으로, 일제강점기에 일본 제국주의자들이 자신의 통치에 반대하던 조선인을 가리키는 말이었다.
●● 인터넷에서 우익적인 언동을 하는 사람들을 일컫는 말.

'사쿠라이 마코토'라는 필명을 사용하고 있다.

재특회 공식 사이트에 따르면, 회원 수는 1만1,181명(2012년 2월 10일 기준)이며, 홋카이도에서 가고시마까지 34개 지부가 있고, 해외에도 약 270명의 회원이 있다. 회비가 필요 없고 클릭만으로 회원 자격이 부여되는 '메일(일반) 회원'이 대부분이기는 하지만, 수많은 보수 우익 단체 중에서도 최대 규모를 자랑하는 것만은 틀림이 없다.

그 명칭이 보여 주듯이 재특회는 '재일 코리안의 특권을 박탈하는 것'이 가장 중요한 정치 과제라고 주장한다. 일본이 오랜 세월 동안 재일 코리안의 범죄나 착취로 핍박을 받았다는 것이 재특회의 현실 인식이며, 그들은 밤낮으로 불령선인과 싸우자고 회원들에게 호소한다. 재특회의 규탄 대상은 재일 코리안을 비롯해 외국 국적을 가진 주민 전체이지만, 한국·북한·중국 등 그들이 말하는 '반일 국가', 더 나아가서는 그들에게 유화적인 민주당 정권까지도 규탄 대상에 포함된다. 재특회는 일본 각지에서 시위나 가두선전과 같은 항의 활동을 정력적으로 전개하고 있으며, 수백 명 규모의 동원력을 보이는 경우도 드물지 않다. 큰 소리로 욕설을 해대며 도발을 거듭하는 것이 재특회 시위의 특징이다.

'조선학교 무상교육 반대', '외국인 참정권 반대', '외국 국적 주민에 대한 생활보호 지원금 지급 반대', '영토 탈환' 등의 슬로건은 이른바 우파 공통의 주장이지만, 재특회는 스스로를 우익이라고 말하는 대신에 '행동하는 보수'라 칭하고 있다. 실제로 대다수 회원들은 우익·민족주의 활동에 참가한 경험이 없고 주로 인터넷에서 '재일 코리안을 까는 넷우익'이다. 동일본 대지진 이후에는 각지에서 활발히 일어난 원전 반대 운동에 대항하기 위해 '원전 반대를 반대', '핵무장 추진' 등의 슬로건을 내걸고, '강한 일본'을 촉구하는 시위와 가두선전도 활발히 펼쳤다.

재특회를 낳은 이론적 지도자가 바로 사쿠라이 마코토, 즉 다카다 마코토다. 그는 '카리스마'라고 불리며, 1만 명이 넘는 회원을 자랑하는 보수 시민 단체의 리더이고, 저서도 여러 권 있으며, 때로는 '선생님'으로 숭배까지 받는 인물이다. 그 특이한 캐릭터는 인터넷을 통해 해외에도 알려졌고, 『뉴욕타임스』를 비롯한 해외 언론들은 '외국인 배척을 주장하는 새로운 부류의 일본 우파 지도자'로 그를 다루었다.

사쿠라이의 동창생들은 그 사실을 알고는 하나같이 "믿기지 않는다."라고 입을 모은다. 내 취재에 응했던 자영업자 동창생은 집에 돌아간 즉시 인터넷으로 '사쿠라이 마코토'를 검색해 동영상 사이트에 올라온 완전히 변해버린 다카다의 모습을 확인했다고 한다. 그는 "아, 깜짝 놀랐어요."라고 정나미가 떨어진 어조로 내게 전화했다. 가장 먼저 그의 눈에 들어온 것은 재특회의 가두연설 장면이었다. 동영상에는 멜빵바지에 나비넥타이 차림으로 마이크를 손에 잡은 '사쿠라이 회장'이 증오 어린 표정으로 장광설을 쏟아내고 있었다.

"조선인은 뭐든지 차별이라고 우기면서 일본인에게 양보를 요구합니다. 원래 일본 야쿠자 중에서 30퍼센트는 조선인입니다. 그리고 나머지 60퍼센트는 부락민部落民•입니다. 우리는 지금 이런 오물, 쓰레기, 구더기 들한테 두

• 에도시대부터 내려오는 일본의 천민 계층으로, 현재까지 사회적 차별의 대상이 되고 있다. 재특회는 재일 코리안과 함께 부락민도 공격 대상으로 삼고 있다.

려움 없이 소리 높여 항의하는 겁니다!"

사쿠라이의 어조에는 거리낌이 없다. 달변인 데다 정열적이고 공격적이며 완급이 자유자재인 화법은 마치 신흥종교의 교주와 비슷하다.

자영업자 동창생은 전화로 이렇게 말했다.

"왠지 무서웠어요. 무언가에 빙의라도 된 것처럼 말하는 게."

그리고 또 다른 동영상에 대해 언급했다. 집회 개최를 둘러싸고 시민회관 책임자와 다투는 장면을 담은 것이었다. 이용 규칙에 따라 회의실 대여는 불가능하다는 책임자에게 사쿠라이 회장은 책상을 치며 성난 목소리로 말했다.

"시끄러워! 말도 안 되는 소리 하지 마. 여기는 공공시설이잖아. 설명해봐. 너 좌익이야? 반일 극좌야?"

사람은 20년쯤 지나면 어떻게든 변하기 마련이다. 그 정도는 누구나 안다. 그렇지만 단순한 차이로 보기 어려운 심각한 변화는 사람들에게 불안과 당혹감을 준다. 그렇기 때문에 동창생들은 대부분 사쿠라이 회장의 모습을 보고 할 말을 잃고 침묵했다.

나는 재특회의 가두연설이나 시위뿐만 아니라 사쿠라이 마코토의 강연회에도 몇 번이나 갔다. 그의 모습이 모종의 카리스마를 느끼게 하는 것은 사실이다. 멜빵바지에 나비넥타이라는 눈에 익은 차림으로 사쿠라이가 단상에 오르면 터질 것 같은 박수와 성원이 쏟아진다. 그들이 믿는 '진실'을 시원스럽게 말하고, 이야기 중간중간에 '조선인의 악행'을 외치듯이 호소하면, 청중은 몹시도 흥분한다. 사쿠라이의 화법은 청중의 반응을 계산해 교묘하게 구성되어 있다.

"여러분도 조선인과 싸우려면 단단히 각오해야 한단 말이에요!"라는, 아이를 꾸짖는 듯한 말투에도 청중은 정신없이 손뼉을 친다. 이를 두고 "마치 다단계 같다."라고 평가한 어느 우익 단체 간부도 있는데, 적어도 특유의 열기를 조장한다는 점에서는 정확한 평가다.

자신의 본명이나 경력을 전혀 밝히지 않고, 의문의 베일에 정체를 감추고 있는 것도 그의 신격화에 기여하고 있다. 그러나 동창생들이 말하는 '다카다'는 달변은커녕 그 존재 자체를 의심할 정도로 인상적이지 않았다. 당시 다카다가 외국인을 배척하자는 주장을 했다고 기억하는 사람은 아무도 없었다. 오히려 그 자신이 배척당하지 않았나 싶은 이미지밖에 떠오르지 않는다.

나는 다카다의 이야기와 나 자신의 소년 시절을 잠시 동일시해 보았다. 아버지의 일 때문에 이사가 잦았던 나는 어린 시절 몇 번이고 전학을 반복했다. 소심하고 소극적인 성격인 데다 한편으로는 고집이 셌던 나는 어느 학교에서도 잘 어울리지 못했다. 친구들에게 잘 보여서 친하게 지내는 것은 시시한 자존심이 용납하지 않았지만, 그렇다고 고독을 즐긴 것도 아니었다. 누군가가 말을 걸어 줬으면 좋겠다고 간절히 바라기도 했지만, 내 학창 시절은 아무 일도 없이 끝나 버렸다. 다카다는 어떤 기분으로 그 고독한 시간을 보냈을까? 아니면 혼자 있는 고통을 조금도 느끼지 못했던 것일까?

가출 소년

나는 다카다가 고등학교 시절에 살았던 기타큐슈 시 야하타니시 구의 주택가를 찾았다. 학교에서 그리 멀지 않은 곳이다. 다카다의 집은 이미 다른 사람에게 넘어갔고, 가족도 여기에 남아 있지 않다. 아버지는 오래전에 집을 떠났고, 술집을 경영하던 어머니는 13년 전에 죽었다. 다카다가 도쿄로 상경한 후 동생 부부가 잠시 살았다고 하는데, 지금은 후쿠오카 현의 다른 지방으로 이사했다.

이웃 주민 대부분은 다카다를 기억하고 있었다. 그렇지만 돌아오는 대답은 "그냥 조용했다", "얌전한 아이였다."라는 형식적인 말뿐이었다. 다카다 집안과 친분이 조금 있었다는 어느 주부만이 이마에 손가락을 대면서 그에 관한 기억을 억지로 꺼냈다.

"어머니랑 문제가 많았던 것 같아요. 험악했다고는 할 수 없지만, 싸우고 마코토가 집을 나간 적도 있었어요. 마코토는 진지한 아이였죠. 학교 문제로 이래저래 고민했던 것 같아요. 어머니가 '학생회 간부를 억지로 떠맡아 고민하는 것 같다.'고 나한테 말한 적이 있어요."

다카다는 고등학교를 졸업한 뒤 잠시 근처에서 아르바이트를 했고 그 직후인 15년 전에 도쿄로 이사했다.

"대학도 안 가고 제대로 된 직장도 없다고 아이 어머니가 걱정했어요. 도쿄에서는 경비원을 한다고 들었고요. 그래요, 어머니가 마코토 때문에 걱정이 끊이지 않았죠. 마코토가 빈혈 때문에 도쿄에서 쓰러진 적이 있는데, 그 소식을 듣고 새파래져서 달려갔답니다."

이 주부는 다카다가 고등학교 시절부터 당뇨병을 앓았고 그다지 몸이 건강하지 못했다고 말했다. 참고로 근처 주민 대부분이 다카다 집 현관에 나와 있던 쓰레기 봉지에 주스 캔이 많이 들어 있던 것을 기억하고 있었다.

나는 다카다의 현재 모습을 그대로 전하기 주저되어 이 주부에게 "한국 문제 전문가로 활약하고 있다."라고만 했다. 실제로 다카다는 스스로를 그렇게 칭하는 경우가 많다. "어머, 훌륭한 사람이 되었네요. 그런데 왜 한국이죠? 모를 일이네요."라면서 그 주부는 어리둥절한 표정을 지었다.

다카다가 살았던 동네는 규슈에서도 재일 코리안이 많이 거주하는 지역과 인접해 있다. 이 근처에는 1950년대까지 '조선 부락'이라 불리는 판자촌이 펼쳐져 있었다. 그 후에 공영주택 건설로 거리가 정비되면서 이른바 '혼주화'混住化가 진행되었지만, 지금도 재일 코리안이 많이 사는 곳으로 알려져 있다. 규슈에서 유일한 조선고등학교●도 가까이에 있다. 참고로 재특회가 종종 공격 대상으로 삼는 소프트뱅크 그룹 대표 손정의孫正義도 중학생 시절 같은 동네에 살았다. 손정의는 사가 현의 도스鳥栖에서 태어났지만, 부친이 기타큐슈에서 장사를 시작하면서 이 지역으로 이사했던 것이다. 손정의가 살았던 집은 다카다의 집에서 몇 분밖에 걸리지 않는 거리에 있었다. 나는 이 우연에 깜짝 놀라고 말았다.

"조선인을 내쫓아라!", "바퀴벌레!"라고 광기 어린 모습으로 외치는 사쿠라이 마코토를 만들어 낸 것도 어쩌면 이런 환경과 무관하지 않았을지 모른다. 실제로 사쿠라이는 자신의 블로그에 다음과 같이 적어 놓았다.

● 조총련은 일본 각지에서 조선학교를 운영하며 한국어로 교육을 하고 있다. 6·3·3·4년제로 된 초급학교·중급학교·고급학교·조선대학교가 있다. 일본 지자체에서 조선학교에 보조금을 지원하는 문제는 재특회의 주된 공격 대상이며, 실제로 재특회는 교토에 있는 초급학교에 쳐들어가기도 했다. 이 사건은 3장에 자세히 설명되어 있다.

내가 아직 어렸을 때 총코^{朝校}*(당시엔 조선학교를 이렇게 불렀습니다) 학생들은 후쿠오카에서 싸움질은 물론이고, 다른 학교 학생들한테서 돈을 빼앗고, 일본 학교에 쳐들어와서 신문에 나는 등, 폭력배와 전혀 다를 바 없는 짓만 해댔습니다.

— 〈Doronpa의 혼잣말〉(사쿠라이 마코토의 블로그) 2010년 8월 25일.

지나치게 일방적인 표현이기는 하지만, 그 시절 일본 고등학생과 조선학교 고등학생 사이에 싸움이 잦았던 것은 사실이다.

다시 동창생의 이야기로 돌아가자. 이번에는 "고등학교 때 싸움 좀 했다."라고 자처하는 남성이다.

"조선고등학교 애들과는 매일같이 다퉜던 게 사실이죠."

그는 그 시절이 그립다고 말하며 20년 전을 돌이켰다. 오리오 역 근처에 규슈 조선중고등학교가 있다. 지금은 남녀 모두 블레이저 교복이지만, 당시 남학생은 펜 세 자루를 디자인한 문장(이른바 삼펜)이 옷깃에 빛나는 교복에, 여학생은 치마저고리를 입었다. 싸움을 좋아하는 동네 소년들에게 '삼펜'은 최상급의 적이었다.

"녀석들, 무지막지하게 싸움을 잘했거든요. 그래서 우리는 항상 상대보다 많이 모여서 맞섰어요. 오리오 역에 정차 중인 전철 안에서 패싸움을 벌인 적도 있어요. 싸운 이유요? 생각도 안 나요, 그런 건(웃음). 눈이 마주쳤다

---

* 조선학교를 줄여 부른 말인데 경멸하는 의미가 더해져 환유적으로 쓰이게 되었다. 한반도 출신에 대한 멸칭인 '총코'ちょんこう와 발음이 같다.

거나, 그냥 마음에 안 든다거나, 그런 거죠. 특별히 증오한 것도 아니고 놀이 비슷한 거예요. 어쨌든 조선고등학교 녀석들과 만나면 싸우는 게 당연했어요. 지금 생각하면 바보 같은 이야기죠. 그때 싸우던 애들이랑 지금은 오리오에 있는 주점에서 같이 한잔하곤 해요. '장사 잘돼?' 같은 얘기를 하면서 서로 직장 생활에 대한 불만도 꺼내고, '요즘 고등학생들은 싸움도 잘 안 해.'라고 한탄하기도 하고(웃음). 충분히 싸웠으니까 지금은 딱히 싸울 이유도 전혀 없고요."

혹시나 싶어서 물어봤지만, 당시 패싸움에서 다카다의 모습은 보지 못했다고 한다.

"그 다카다라는 사람도 고등학교 때 싸움이나 해뒀으면 좋았을 텐데 말이에요. 난 잘 모르겠어요. 요즘 세상에 조선인이 이렇다 저렇다 하면서 흥분하는 게."

바보스러운 짓은 젊은 시절에 끝내야 한다고 말하고 싶은 듯했다.

나는 조선고등학교에서 가장 가까운 역인 오리오에서 두 역을 지난 구로사키 역 근처의 주점가를 걸었다. 13년 전에 죽은 다카다의 어머니는 그 근처 빌딩에 있는 '황혼'たそがれ이라는 바의 주인이었다. '황혼'이 있던 자리에는 당연히 다른 가게가 들어섰고, 다카다의 어머니를 알고 있는 사람은 그곳에 없었다.

구로사키를 비롯한 야하타 지구는 야하타 제철소가 있던 시절부터 철강 산업과 떼어놓고 이야기할 수 없는 '철의 도시'다. 철강 산업 전성기에는 부근의 철강 회사 사택이 늘어서 있었고, 밤이 되면 역 앞의 주점가는 퇴근하는 노동자들로 붐볐다. 그러나 1980년대의 철강 불황 이후 공장 이전과 구조 조정으로 이곳의 활기도 모두 옛날 일이 되었다. 용광로의 불이 꺼지자 취객의 모습이 줄었고, 간판을 내리는 가게도 늘었다. 지쿠호와 야하타가 그렇듯이, 산업의 흥망성쇠에 휘둘리는 것은 대기업에 의존하는 도시의 숙명이다. 주점가도 쇠퇴 속에서 신진대사를 거듭한다. 오래된 가게는 잇따라 수명을 다하고, 프랜차이즈 술집의 화려한 간판만이 눈에 띄었다.

몇 군데의 바를 찾았지만, '황혼'의 주인을 기억하는 사람은 없었다. 포기하려던 차에 한때 '황혼'에서 일했던 여성의 가게에 우연히 들렀다. 열 명이 들어가면 꽉 찰 것 같은 작은 바였다. 오래된 나무 문을 열자, 손님의 모습은 없고 주인이 카운터 안쪽에서 한가한 시간을 보내고 있었다. 촌스러운 분위기가 오히려 친근감을 느끼게 하는 50대 여성이다. 의자에 앉아 아까부터 술만 마시고 아무것도 못 먹었다고 말하자, 그릇에 감자 샐러드를 잔뜩 담아 "이런 것밖에 없지만 직접 만든 거예요."라며 내놓았다. 정말로 맛있다. 허겁지겁 배를 채운 나는 저널리스트라고 밝히고 '황혼'에 대해 물었다. 그녀는 특별히 표정을 바꾸지도 않고 말했다.

"맞아요. 제가 거기서 일했죠. 다카다의 어머니도 잘 알아요."

그녀는 '황혼'에서 일하다 독립했다고 한다. 다카다의 모친은 자신에게 "물장사를 가르쳐 준 엄마"와도 같은 존재라고 했다.

"언니는 대담하고 똑 부러졌어요. 프로 물장사였죠. 젊었을 때는 큰 카바레에서 제일 잘나가는 호스티스였다고 들었어요. 장사를 잘했죠. 지금 이가게랑 규모는 별 차이 없는데, '황혼'에는 질 좋은 손님이 많았어요. 학교 선생님, 변호사, 은행원 같은 사람들이요. 언니는 전통 무용도 할 줄 알고, 골프도 잘 쳤어요. 옛날에 결혼했는데, 요즘 말로 가정 폭력 같은 이유로 이혼하고, 그 뒤로 여자 혼자 남자애 둘을 길렀으니까 대단하죠."

어느 날 갑자기 가게에서 쓰러져 실려 간 병원에서 죽었다고 한다.

"제가 구급차를 불렀어요. 과로였을지도 모르죠. 쉬지 않고 일하는 사람이었으니까."

그녀가 죽기 직전까지 걱정했던 게 장남, 즉 다카다 마코토였다.

"가끔 탄식을 했어요. '우리 아이, 이혼한 남편이랑 점점 닮아 간다.'라면서요. 무슨 일이 있었는지는 몰라도 마코토와 계속 충돌했나 봐요. 몇 번이나 가출해서 그때마다 찾는 게 힘들다고 하더라고요."

아무런 특징도 찾을 수 없는 다카다에 대한 이야기 중 어딜 가나 한 번은 듣게 되는 게 바로 가출 이야기다. 다카다의 근황을 알고 싶다는 여자의 말에, 그때만큼은 내가 알고 있는 현재의 모습을 전해 주었다. 그녀는 눈을 깜빡이며 내 이야기를 들었다.

"그 애가 어쩌다 그렇게 됐을까요? 조선인이나 중국인이랑 싸운다고 세상이 변하는 것도 아닌데. 이상한 아이네."

카운터에 턱을 괴고 앉아 그녀는 몇 번이나 "이상하다."라고 중얼거렸다.

이 여자와 이웃 주민들의 이야기를 종합하면, 동네에서 아르바이트를 하던 다카다가 상경한 것은 1997년, 20대 중반의 나이였다. 소규모 공장이나 오래된 주택이 늘어선 도쿄의 달동네에서 다카다는 월세 3만5천 엔의 방을 빌려, 경비원으로 일하기 시작한다. '말이 없고 조용한 아이'였던 다카다 마코토가 '카리스마' 사쿠라이 마코토로 세간의 주목을 받게 된 것은 그로부터 10년이라는 세월이 지난 후였다.

인터넷을 통한 등장

내가 사쿠라이 마코토와 처음으로 대화를 나눈 것은 2010년 9월이었다. 그날은 오이타 시내의 번화가에서 '조선학교 무상교육 반대'*를 외치는 가두선전이 예정되어 있었다. 가두선전이 시작되기 전에 나는 사쿠라이에게 명함을 주며 재특회를 취재하고 싶다고 말했다. 사쿠라이는 명함을 보고는 "아, 그래요?"라고 짧게 대답했다. 내가 받은 첫인상은 그가 취재에 익숙하다는 것이었다. 실제로 사쿠라이는 그때까지 여러 언론사의 취재에 응해 왔다. 대부분 "당신 따위에게 얘기해도 소용없지만."이라는 식의 성의 없는 대답뿐이었지만.

그날도 사쿠라이는 적의도 아니고 호의도 아닌, 굳이 말하자면 그냥 대충 취재하라는 식의 성의 없는 태도를 보였다. 다만 "나와 제대로 인터뷰하고 싶으면 홍보국장한테 이야기하세요."라고 확인하는 것은 잊지 않았다. 그 무렵의 사쿠라이는 어떤 언론에 대해서건 취재를 거부하지 않았다. 예전에 그는 자신의 블로그에 취재에 대한 자세를 이렇게 적어 놓은 바 있다.

---

* 2010년 4월 민주당 정부는 공립 고등학교의 수업료를 면제하고, 사립 고등학교에는 공립학교 수업료에 해당하는 금액을 지원하기로 했으나, 조선학교에만은 이 제도의 적용을 연기했다. 재특회는 이 같은 조치에 반대하고 나선 조총련 등에 맞서 조선학교 무상교육에 반대하는 운동을 전개했다. 그 뒤 2012년 12월 자민당 정부는 일본인 납북 문제가 해결되지 않았다는 이유로 조선학교를 무상교육 대상에서 정식으로 제외했다.

지금까지 한국 언론을 포함해 세계 각국과 국내 언론의 취재를 전혀 거부하지 않고 받아들였습니다. 상대가 어떤 입장이든 내용 전달이 우선이라고 믿으며 취재 거부는 하지 않았습니다.

—〈Doronpa의 혼잣말〉 2009년 12월 25일.

재특회는 기본적으로 어떤 언론의 취재도 거부하지 않는다고 공언합니다. 『아사히 신문』朝日新聞은 물론이고 『슈칸 긴요비』週刊金曜日의 취재도 받았으며,● 한국 언론의 취재도 받아들였습니다. 반일 극좌 녀석들이 뭐라 뭐라 이유를 들어서 보수 언론의 취재를 계속 거부하는 것은 자신들의 사상에 대해 아무런 신념도 가지고 있지 않다는 증거입니다. 상대가 누구든 자신의 언동이 올바르다고 믿는다면, 가능한 한 언론의 취재를 받아들여 지론을 펼쳐야 하지 않을까요?

—〈Doronpa의 혼잣말〉 2010년 3월 16일.

이런 입장이 바뀐 것은 내가 고단사講談社의 논픽션 잡지 『G2』에 장편 르포르타주 "재특회의 정체"를 발표한 2010년 말부터다. 어쨌든 처음 만났을 당시의 사쿠라이는 그다지 나쁜 인상이 아니었다. 가까이서 본 그는 실제 나이보다 젊게 보였고 꽤 동안이었다. 그렇지만 멜빵바지와 나비넥타이라는 복장 때문인지 묘하게 언밸런스했다. 그것은 연출이라기보다는 진짜 자신을 숨기기 위한 위장으로 보이기도 했다.

그날의 가두연설 역시 평소와 마찬가지로 공격적이고 증오로 가득했다.

● 『아사히 신문』과 『슈칸 긴요비』는 일본에서 진보적 성향으로 분류되는 신문과 잡지다.

마이크를 잡은 순간, 사쿠라이의 얼굴이 갑자기 험악해졌다. 쇼핑객으로 붐비는 백화점 앞에서 날카로운 목소리가 들렸다.

"여러분, 들어 보세요. 조선고등학교는 평범한 학교가 아닙니다. 우리 동포를 수백 명이나 납치한 나라와 관련되어 있습니다. 그런 학교에 지금 정부는 세금을 투입하려 하고 있습니다. 말도 안 돼! 이런 일을 용납해서는 안 됩니다! 일본인을 괴롭히는 조선인의 인권이 웬 말입니까!"

조선학교의 무상교육 반대를 논할 때 반드시 사용하는 논리다. 이야기 중간중간에 "말도 안 돼!"를 거듭하는 것이 사쿠라이의 습관이다. 사쿠라이는 주위 반응을 보며 공격 대상을 중국으로 바꾸었다.

"지금 오이타 현에는 짱깨들이 밀려오고 있습니다. 특히 옆 동네 벳푸! 이 온천 관광지에 짱깨들이 들어와서 토지를 사들이고 있습니다. 짱깨는 일본인과 다릅니다. 남의 재산을 빼앗아도 아무렇지도 않게 생각하는 게 짱깨, 무서운 놈들입니다. 이런 상황을 오이타 주민 여러분은 가만히 보고만 있을 겁니까!"

현지에 적합한 소재를 집어넣어 청중을 도발한다. 사쿠라이에게는 익숙한 수법이다. 여기에 좌우로 몇 걸음씩 이동하며 오른손을 크게 흔드는 제스처도 섞는다. 코미디 무대를 보는 기분이 들기도 한다. 그다지 군중이 모이지는 않는다. 지나가던 사람들은 대부분 "조센진!"이나 "짱깨!"처럼 경멸이 담긴 말에 일순 소스라치는 표정을 짓지만, 그다음에는 얽히기를 두려워하는 것처럼 빠르게 지나칠 뿐이다.

고령자가 많은 지방 도시의 반응 따위는 사쿠라이에게 상관없을 것이다. 중요한 것은 이 '사쿠라이 쇼'가 실시간으로 인터넷에 중계된다는 사실이다.

재특회 활동의 대부분은 '니코니코 동영상'이나 '유스트림' 같은 인터넷 동영상 사이트에 생중계된다. 그리고 시청자에 의해 유튜브 같은 다른 동영상 사이트에 복사되고 블로그나 트위터에도 링크된다. 인터넷 용어로 말하자면 '퍼나르는' 것이다. 인터넷 사용자는 시위 현장에 없어도 재특회의 이런 활동을 언제나 볼 수 있다.

동영상 사이트에 올라온 사쿠라이의 영상은 때로 수만 회의 조회 수를 기록하고, 그 일거수일투족에 이른바 넷우익이라 불리는 이들은 "지지한다!"라며 찬사를 보낸다. 젊은이들이 재특회에 들어가는 계기도 "동영상을 보고."라는 경우가 압도적으로 많다. 즉 사쿠라이의 시선과 손가락이 가리키는 곳은 컴퓨터 앞에서 쾌재를 외치는 많은 젊은이들이다. 재특회 성장의 원동력이 된 동영상 전략은 인터넷 게시판과 함께 처음부터 줄곧 일관된 것이었다. 말하자면 인터넷의 힘이 재특회를 세상에 알린 것이다.

사쿠라이 마코토의 비상을 도운 것은 인터넷이었다. 규슈에서 상경한 그가 처음으로 많은 사람들의 주목을 받게 된 때는 2003년 무렵이었다. 당시 그는 인터넷에 한국과 북한을 비판하는 글을 연달아 올리고 있었다.

"다카다 마코토도 아니고, 사쿠라이 마코토도 아니고, 'Doronpa'라는 닉네임*을 쓰면서 활약하고 있었어요. 인터넷에서 나름 유명인이었죠."

이렇게 말한 사람은 그 무렵 인터넷 게시판에서 'Doronpa'와 교류했던 남성이다. 그들이 이용한 것은 한국의 인터넷 기업이 운영하는 '한일 번역 게

---

* 본문에서 '닉네임'은 인터넷상이나 재특회 회원들 사이에서 사용하는 이름이고, '가명'은 지은이가 취재원 보호를 위해 닉네임마저도 감추고자 쓴 것이다.

시판'이었다. 원래 그 게시판의 목적은 번역을 통해 양국의 교류를 증진시키는 것이었다.

"그게 서서히 양국 네티즌이 충돌하는 장소로 변한 거죠. 역사나 영토 문제로 상대방을 비난하고 상대방의 문화를 야유하는 식이었죠. 그래도 지금처럼 '죽어.'나 '죽여.'라는 말이 오가는 건 아니었고, 비교적 이성적인 대화가 가능했어요. 오히려 서로의 약점을 찾아내서 그걸 갖고 노는 분위기가 강했죠."

그 게시판의 단골 중 하나가 'Doronpa'였다.

"논객이랄 정도는 아니었지만 반反한국, 반재일 코리안을 주장하는 인터넷 중독자였고, 거의 게시판에 들러붙어 있다시피 했으니까 이름이 알려져 있었어요. 스스로 뭔가를 제공하는 타입은 아니고, 다른 사람들의 토론에 나서서 자기가 이만큼 한일 역사 문제를 알고 있다고 지식을 자랑하는 타입이었죠. 그 지식이 정확한지는 알 수 없지만 달변이었던 건 확실해요. 다른 논객들처럼 글을 잘 쓰는 것도 아니고 유머도 부족했지만, 공부는 열심히 한다고 생각했어요."

사쿠라이는 게시판에서 있었던 대화를 자신의 블로그에 낱낱이 올려놓았다. 한국과 북한, 재일 코리안 문제에 특화된 그의 블로그는 일부 호사가들 사이에서는 유명했다.

게시판 유명인이었던 사쿠라이를 방송국이 주목했다. 2005년 1월 그는 니혼 TV의 토론 프로그램 〈제네장!〉 ジェネジャン에 한국 문제를 잘 아는 블로거로 출연했다. 'Doronpa'가 처음으로 공공장소에 모습을 드러낸 것이었다. [일본의 2인조 남성 듀오인] 킨키 키즈KinKi Kids의 도모토 고이치堂本光一가 사회

를 맡은 그 프로그램에서는 연예인이나 일반 참가자가 매번 다른 주제로 토론을 벌였다. 말하자면 토크 배틀 프로그램이다.

'Doronpa'가 출연했을 때의 주제는 '한류와 한일 관계'였다. 그 무렵은 드라마 〈겨울연가〉 붐이 절정이었고, '한류'라는 말이 등장한 시기이기도 했다. 한류의 인기가 높아지는 가운데, 한편으로는 젊은이들 사이에서 한국에 대한 악감정, 즉 '혐한' 분위기도 강해졌다. 한류와 혐한 사이에서 젊은 세대는 한일 관계를 어떻게 구축해야 하는가? 이것이 토론 주제였다.

여고생, 재일 코리안 젊은이들, 한국에서 온 유학생, 탤런트 마나베 가오리眞鍋かをり, 연예인 기무라 유이치木村祐一 등과 함께 사쿠라이는 '회사원 기무라 마코토'(32세)라는 이름으로 출연했다. 이때 이미 고등학생 시절의 얌전하고 앳된 모습은 사라지고 없었다. 혼자만 양복에 넥타이를 맨 딱딱한 복장으로 등장한 '기무라 마코토'는 카메라를 전혀 두려워하지 않고, 가슴을 펴고, 마치 급성장한 벤처 사업가라도 되는 양 거만한 태도를 보였다.

토론은 대체로 과거의 역사 문제를 중시하는 재일 코리안과 과거보다는 미래를 논하자는 일본의 젊은이를 대치시키는 식으로 진행되었다. '옛날에는 여러 가지 좋지 않은 일도 있었지만, 지금부터는 친하게 지내자.'라는 프로그램의 취지는 누가 봐도 명백했다. 그러나 그런 예정조화를 부수듯 홀로 기염을 토한 것이 사쿠라이였다. 웃지도 않고, 그렇다고 흥분하지도 않고, 어딘가 냉정한 어조로 다른 출연자들을 도발한 것이었다.

"여러분, 이거 아세요?"

사쿠라이는 사진 한 장을 꺼내 들었다. 수학여행으로 서울을 방문한 일본 고등학생들이 한복을 입은 노인에게 머리를 숙이는 장면이었다.

"(한국인은) 이런 짓을 하는 겁니다. (고등학생에게) 무릎 꿇고 사죄하라고 하는 거예요."

평론가 같은 사쿠라이의 말에 출연자들 사이에서 "그건 좀 극단적인 사례이지 않느냐."라는 목소리가 나왔다.

사쿠라이가 제시한 사진은 한때 인터넷에서 유행했던 것이다. 정확히는 히로시마의 현립 고등학교 학생이 서울의 노인에게 식민지 경험을 듣는 광경이다. 그리고 '무릎 꿇고 사죄'가 아니라 '고등학생이 노인의 이야기를 얌전히 듣고 있다.'라고 표현하는 게 맞을 것이다. 무릎을 꿇고 있는 사람은 보이지 않는다. 그러나 당시의 우파 네티즌들에게 무릎을 꿇었느냐 아니냐는 그다지 중요한 이슈가 아니었다. 그들을 자극한 것은 식민지 경험을 이야기하는 한국의 노인과 그것을 잠자코 받아들이는 일본의 고등학생이라는 '구도'였다. 그 사진은 인터넷에서 굴욕적 광경으로 유포되었다. 사쿠라이는 그런 애국자들의 대변인이었다. 가슴을 펴고 카메라 앞에서 문제가 된 사진을 보이며 '일본 고등학생에게 무릎을 꿇으라고 윽박지르는 한국인의 오만함'을 비난했다.

출연자 중 한국인 젊은이가 사쿠라이에게 물었다.

"당신은 한국인과 잘 지내고 싶은 생각이 있습니까?"

사쿠라이는 표정을 전혀 바꾸지 않고 이렇게 말했다.

"가능하다면. 하지만 한국인이 변하지 않으면 안 됩니다."

말과는 달리 상대를 경멸하는 듯한 표정으로 거절 의사를 밝힌 것은 누가 봐도 명백했다. 출연자들 사이에서 사쿠라이를 적극적으로 옹호하는 사람은 없었다. 게스트인 기무라 유이치도 "트집만 잡아서는 소용없다. 애정

없는 비판은 의미가 없다."면서 사쿠라이를 군이 지목하지는 않았지만 그의 발언을 넌지시 비판했다.

그러나 인터넷에는 사쿠라이를 칭찬하는 목소리가 넘쳐 났다. "한국인을 논파했다", "멋있다." 등의 의견이 이어졌다. 'Doronpa'의 명성은 이런 식으로 높아진 것이다.

그 무렵 사쿠라이를 주목한 방송국이 하나 더 있었다. 당시 위성방송 중에서 유일한 보수 전문 방송국이라 불린 '채널 사쿠라채'였다. 위성방송과 일부 케이블 방송을 통해 채널 사쿠라가 개국한 것은 2004년 8월이었다. 공정함을 내세웠지만, 방영되는 프로그램의 대부분은 보수적인 입장에 기반을 둔 보도 다큐멘터리나 오피니언 프로그램이었다. 실제로 방송국 홈페이지에서 가장 먼저 눈에 들어오는 것은 "일본의 전통문화 부흥과 유지를 지향하는 일본인 특유의 마음을 되찾기 위해 설립한 일본 최초의 역사·문화 위성방송국입니다."라는 문구다.

다루는 내용도 북한의 일본인 납치 사건을 비롯해 천황제, 부부별성^{夫婦別姓},* 외국인 참정권,** 종군 위안부 등 보수층을 의식한 것이 대부분이다. 한때는 24시간 내내 방송하는 등 나름대로 영향력을 발휘했지만, 유료 시청자 수가 좀처럼 늘지 않아 지금은 방송 시간대가 대폭 줄었으며 인터넷 유료 방

---

* 일본은 부부가 결혼하면 둘 중 한쪽의 성을 따르도록 되어 있는데, 부부가 다른 성을 사용할 수 있도록 허용하자는 주장이 제기되자, 이에 대한 보수파의 반대 목소리가 만만치 않다.
** 영주권을 가진 외국인에게도 지방 참정권을 인정하자는 주장이 재일대한민국민단(이하 민단)을 중심으로 전개되고 있다. 한국 정부도 이를 지원하고 있으나, 일본 내 보수파는 강하게 반대하고 있다.

송이 중심 사업이다. 그런 채널 사쿠라에서 사쿠라이를 오피니언 프로그램의 게스트로 초대한 것은 2005년 벽두의 일이었다.

"처음에는 'Doronpa'라는 닉네임으로 출연했어요. 인터넷에서 유명인이었고, 재일 코리안 문제에 관한 지식이 풍부해서 우리 스태프들이 주목하고 있었거든요. 저도 그가 카메라 앞에서 무슨 이야기를 할 것인지 관심이 있었고요."

격투기 선수 같은 다부진 체격을 양복 속에 감춘 [채널 사쿠라의 사장인] 미즈시마 사토시水島聡(62세)가 방송국 응접실에서 당시를 이렇게 회고했다.

"카메라 앞에서 전혀 주눅이 들지 않더군요. 정말 당당했어요. 재일 코리안이나 한반도에 대해 꽤 공부했을 거예요. 말도 잘하고요. 재일 코리안이 역사적 피해자라는 통속적 관점에 대해 그는 구체적인 수치를 들면서 재일 코리안 대다수가 자유의지로 일본에 왔다고, 난해한 용어를 쓰지 않고 알기 쉽게 설명했어요. 저는 감탄했죠."

기대에 부응한 사쿠라이는 그 후 채널 사쿠라의 단골이 되어 중국, 한반도, 재일 코리안, 부락 문제 등을 주제로 미즈시마와 대담을 진행했다. 유튜브를 비롯한 동영상 사이트에는 지금도 사쿠라이가 출연했을 때의 영상이 남아 있다. 넥타이를 맨 사쿠라이는 표정조차 바꾸지 않고 관료 같은 인상적인 분위기를 풍겼다. 프로그램에 출연한 사쿠라이는 날카로운 목소리로 이렇게 말했다.

"재일 코리안은 취업 제한도 받지 않습니다. 일본인과 아무런 차이가 없죠. 도쿄 도에 바보 같은 년이 있었습니다. 재일 코리안인 주제에 도쿄 도에 채용되었으면서도 관리직으로 승진할 수 없다고 재판을 건 간호사! 당신이

그만두면 되잖아. 채용해 주는 것만으로도 특권 아닙니까?"•

또 사쿠라이는 부락 문제에 대해서도 재일 코리안 문제와 마찬가지로 '일본의 암癌'이라며 몰아붙였다.

"부락에 대한 차별이 없어지면 곤란해지는 사람들이 있죠. 그중 대표적인 게 부락해방동맹部落解放同盟••입니다. 차별이 사라지면 자신들이 존재할 이유가 없어지니까요. 물론 일부에는 차별이 남아 있을지도 모르지만, 지금까지 차별을 조장한 것이 누구인가요? 바로 부락해방동맹입니다. 이 사람들이 떠들어 댔기 때문이에요."

"제가 다닌 후쿠오카의 학교에서는 3년간 동화同和 교육•••을 받았습니다. 다시 말해, 몰라도 되는 일을 일부러 가르치고 있는 겁니다. 문부과학성은 그런 일을 위해 30년 동안 15조 엔을 쏟아붓고 있습니다. 이게 말이나 되는 일입니까?"

미즈시마의 말대로 사쿠라이의 말솜씨는 청산유수였다. 이렇게 인터넷 외의 언론까지 출연하면서 사쿠라이의 지명도는 더욱 높아져 우파의 젊은

• 1988년부터 도쿄 도 보건소 공무원으로 근무하던 재일 동포 2세 정향균(당시 43세) 씨가 1994년 관리직 시험에 응시하려다 일본 국적이 아니라는 이유로 응시를 거부당하자 소송을 제기한 사건을 가리킨다. 10여 년에 걸친 소송 끝에 2005년 1월 26일 최고재판소는 "외국인에 대한 승진 제한은 합헌"이라는 판결을 내렸다.

•• 부락민들의 권리 신장을 위해 1946년에 만들어진 단체로, 그 전신은 1922년에 설립된 수평사水平社다. 부락민의 권리 신장을 주장하지만, 실제로는 이권을 노리는 폭력 조직이라는 비판이 사쿠라이 같은 보수 세력뿐만 아니라 일본공산당에서도 나오는 등 잡음과 논란이 끊이지 않고 있다.

••• 부락민 차별을 없애기 위해 시행되는 인권 교육으로, 옮긴이가 일본에서 고등학교를 다닐 때도 이수한 바 있다. 일본 대학에서 고등학교 교사 자격증을 따기 위해서는 인권 교육 과목을 반드시 이수해야 한다.

논객으로, 또는 인터넷 여론계의 '카리스마'로 그 지위를 굳혀 간다.

채널 사쿠라는 사쿠라이의 비상에 날개를 달아 주었다. 아니, 인터넷 세계에 머무르던 'Doronpa'를 한국 문제 전문가 '사쿠라이 마코토'로 만든 최대 공로자이자 산파라고 해도 과언이 아니다. 그러나 그렇게 말하자 미즈시마의 표정에 그림자가 졌다.

"좋은 녀석이에요, 원래는……."

시큰둥한 말투에서 미즈시마와 사쿠라이의 현재 관계를 짐작할 수 있다. 2009년 이후 사쿠라이는 채널 사쿠라에 전혀 출연하지 않고 있다. 사쿠라이는 채널 사쿠라를 "사이비 보수", "공치사 보수"라며 규탄하고 있고, 이에 맞서 미즈시마도 "일본인으로서의 긍지가 보이지 않는다."면서 사쿠라이를 비판하고 있다(자세한 내용은 6장 참조).

미즈시마는 이따금 깊은 한숨을 내쉬면서 말했다.

"지금의 사쿠라이와는 거리를 두고 싶어요. 그들의 운동은 국민들에게 이해받지 못해요. 그런 저급한 욕설도 듣기 괴롭고요."

그는 마치 사쿠라이의 폭주에 질린 것처럼 보였다.

홍보국장의 견해

재특회는 2007년 1월 20일에 설립되었다. 그 경위를 듣고 싶어 재특회 본부에 취재를 요청한 것은 2010년 10월이었다. 이때 취재에 응한 사람이 바로 홍보국장 요네다 류지米田隆司(49세)였다.

이미 밤 10시를 넘긴 시각이었다. 약속 장소로 정한 아키하바라 역 앞으로 요네다가 뛰어왔다.

"기다리게 해서 죄송합니다. 회사 일이 늦게 끝나서요."

그는 숨을 헐떡였다. 밤바람이 차갑게 느껴지는 계절인데도 요네다의 이마에는 땀이 흐르고 있었다. 정말로 서둘러 달려온 모양이다. 홍보 책임자로서 현재는 내게 재특회 출입 금지를 명령하고, 회원들에게 "야스다의 취재는 받아들이지 마라."라고 지시한 요네다이지만, 그 무렵에는 아직 겸손하고 성실한 태도로 나를 맞이했다.

사무실로 가는 길에 요네다는 "늦어서 죄송하다."며 연신 고개를 숙였다.

"우리는 전임 직원이 없거든요. 취재에 응하는 것도, 활동도, 다들 자기 일을 하는 짬짬이 하고 있어요. 일당을 지불하면서 시위 요원을 불러 모으는 좌익 노조와는 많이 다르죠. 그게 우리의 강점이기도 하지만요."

그는 보수를 받지 않는 활동이 더 강하다고 강조했다. 사쿠라이 마코토와 마찬가지로 요네다 류지라는 이름도 닉네임이다. 그때 나는 요네다의 본명뿐만 아니라 그가 미신이나 점성술을 주로 다루는 작은 출판사에서 일하고 있다는 사실을 알고 있었지만, 일부러 아는 척을 하지 않았다. 회장인 사쿠라이를 비롯해 재특회 간부들은 대부분 본명을 쓰지 않으며, 동료들끼리도 닉네임이나 필명을 사용한다. 그들 나름의 '혁명적 경계심'일 것이다.

창설 때부터 활동을 계속해 온 고참 회원은 이렇게 말했다.

"어지간히 친해지지 않으면 서로 본명이나 직업을 얘기하지 않아요. 그런 걸 묻는 건 회원들끼리도 터부시하는 분위기가 있거든요."

재특회 본부 주소도 공식적으로 알려져 있지 않다. 재특회 간부들의 명함에는 도쿄 도 시나가와 구의 주소가 적혀 있지만, 이것은 민간 사서함 업자의 주소일 뿐이다. 이 사서함으로 오는 우편물이 아키하바라의 사무실로 이송되는 시스템이다. 나 역시 취재 조건으로 본부의 주소를 밝히지 않겠다고 약속해야만 했다. 시민 단체답지 않은 비밀주의에 대해 그 고참 회원은 다음과 같이 이야기했다.

"시민 단체를 자처하고 있지만 네티즌이 시작한 활동이거든요. 현실 사회와는 다른 인터넷의 관습이 그대로 이어지고 있습니다. 인터넷 게시판에 본명을 쓰는 바보는 요즘 세상에 없다고 봐야죠. 그러니 재특회도 인터넷 활동의 일환이라고 보는 사람이 많은 이상, 본명을 숨기고 싶어 하는 것은 당연한 일이에요. 학교나 직장은 물론이고, 부모나 친구에게도 자신의 활동을 감추고 있는 사람이 많아요."

정치 활동이 주변에서 환영받기 힘들다는 것은 충분히 이해할 수 있으나, 그렇다면 왜 시민 단체를 자처하는가? 평소에는 '시민'을 강조하는 재특회가 극단적인 비밀주의를 지향하고 있다는 점이 매우 흥미롭다.

재특회의 비밀주의에는 또 다른 이유가 있는데, 바로 '안전상의 문제'다. 이에 대해서는 재특회를 탈퇴한, 규슈의 전 지부장이 하는 말을 들어 보자.

"지방 지부의 지부장 같은 간부로 승격되면, 본부에서 본명을 쓰는 것을 피하라는 충고를 받습니다. 재일 코리안이나 좌익에게 습격당할지도 모른다는 거예요. 그만큼 위험한 활동이라는 사실을 자각하고 있는 거죠. 물론 '일본을 지배하고 있는 건 재일 코리안'이라고 굳게 믿는 사람이 많은 것은 지나친 위기의식 때문이라고 생각하지만요."

그런 시민 단체의 사무실은 뒷골목에 있는 산뜻한 오피스텔이었고 방은 검소했다. 원룸 실내에는 간단한 응접용 가구와 작업용 책상이 있었다. 나중에 주변 부동산 업자에게 물어보니 월세는 8만 엔 정도라고 한다.

내가 아키하바라 역 구내매점에서 산 쿠키를 건네자 "우리 회원들은 과자를 좋아해요. 감사히 받겠습니다."라고 붙임성 있게 웃으며 말했다. 근처에서 대충 산 선물이라도 기쁘게 받아 주는 요네다에게 호감을 느꼈다. 독신이고 애인도 없다. 일과 운동 때문에 바빠서 개인적인 시간은 거의 없다고 한다. 그는 "만약에 결혼했으면 이런 운동은 못했을 거예요."라고 웃으며 말했다. 약간 비만인 요네다는 작업용 의자에 앉으며, 내게 작은 응접용 소파를 권했다.

"요네다 씨는 예전부터 보수적인 생각을 가지고 있었습니까?"

"아뇨. 오히려 일교조日教組*의 아이라고 해도 좋을 정도였어요. 대학을 졸업할 때까지 간사이**에서 살았으니까 동화 교육의 세례도 받았죠. 중학교 때 선생님은 '세계에서 가장 아름다운 언어는 조선어입니다.' 같은 이야기도 했어요. 그런 교육을 받은 사람입니다."

"그럼 왜 재일 코리안이나 한반도와 중국을 그렇게까지 싫어하게 된 겁니까?"

"인터넷 정보를 통해 점점 진실을 알게 됐으니까요."

"재일 코리안이 일본에서 나갔으면 좋겠다고 생각하세요?"

"권리만 주장하며 일본인의 생활을 위협하는 게 아니라, 외국인으로서

• '일본 교직원 조합'으로, 일본에서는 진보적 성향을 가진 조직으로 분류된다.
•• 오사카·교토 등이 있는 간사이는 옛날부터 부락 차별이 심했던 지역이다.

평범하게 생활한다면 상관없어요. 제대로 된 절차를 밟고, 내야 할 세금을 내고, 볼일이 끝났으면 돌아들 가야죠. 그게 보편적인 매너가 아닐까요? 영주를 원한다면 나름대로 노력을 해야죠. 당연한 일이잖아요."

"혹시 한국 요리도 싫어하나요?"

"적어도 조선 음식점에 가지는 않아요. 먹고 싶으면 만들어 먹어요. 중화요리도 짱개가 일하는 집에는 절대로 먹으러 안 가요."

"철저하시네요."라고 쓴웃음을 지으며 대답할 수밖에 없었다. 동시에 한국을 조선으로, 중국인을 짱개로 일일이 바꾸는 모습이 우스웠다. 의식적으로 그런다기보다는 재특회를 비롯한 작금의 넷우익에게 이미 그 말이 표준어가 되어 버렸기 때문일 것이다.

보리차를 잔에 따르며 요네다는 재특회의 설립 경위를 설명했다.

"재특회의 모체가 된 것은 '2채널'2ch● 같은 인터넷 게시판에서 보수적 의식을 가지고 활동해 온 사람들입니다."

인터넷 게시판을 통해 애국·반조선·반중국·반좌익 등을 호소하는 이들을 일반적으로 '넷우익'이라고 부른다. 아침부터 저녁까지 컴퓨터나 휴대전화를 붙들고 "조선인은 죽어 버려."라고 필사적으로 글을 올리는 이들의 존재는 인터넷이 일반화된 1990년대 이후 급속도로 눈에 띄게 되었다. 원래 넷우익은 이른바 변형 '오타쿠'로 불렸다. 익명성을 방패로 삼아 차별적인 발언을 일삼는 모습 때문에 공격적인 은둔형 외톨이라는 야유를 받기도 했다. 그러나 21세기 들어 넷우익 사이에서도 키보드를 두드리는 것에 만족하

● 일본 최대의 인터넷 익명 게시판으로, 보수 우익 성향의 네티즌이 주류를 이룬다.

지 못하고, 실제적인 연대와 단결을 지향하는 움직임이 활발해졌다. 인터넷을 이용해 정보를 수집·교류하고 호소하기도 하면서 인터넷 밖으로까지 '싸움의 장소'를 넓힌 것이다. 요네다가 말하는 "인터넷 게시판에서 보수적 의식을 가지고 활동해 온 사람들"이 모두 그렇다고는 할 수 없지만, 넷우익이라는 자원이 없었다면 재특회도 없었을 것이다.

요네다는 인터넷 여론이 오른쪽으로 크게 쏠린 요인으로 한일 월드컵과 고이즈미 준이치로小泉純一郎의 방북●을 들었다. 둘 다 2002년의 일이다. 그 중에서도 월드컵은 "인터넷 여론에서 획기적인 사건이었다."라고 단언했다.

"한일 양국이 공동 개최한 월드컵이 남긴 것은 한국에 대한 실망과 혐오였습니다. 갖가지 난폭한 경기, 일본 선수들에 대한 응원단의 야유 등 정말로 너무했어요. 한국 국민의 품격을 의심했습니다. 평소에 재일 코리안은 '차별은 안 된다.'라고 말하는데, 그럼 당신네 조국은 어떠냐고 생각했습니다. 실제로 제 주위에서 그때까지 한국에 친근감을 가지고 있던 사람들조차 '월드컵 때문에 눈을 떴다.'며 갑자기 험한 감정을 키운 경우가 많아요."

내가 취재한 재특회 회원은 대부분 우경화의 이유로 월드컵을 가장 먼저 들고 있다. 당시 2채널에서는 한국 선수나 응원단의 일거수일투족을 트집잡는 대소동이 벌어졌다. 한국의 내셔널리즘이 일부 일본인의 잠들어 있던

● 2002년 9월 17일, 당시 고이즈미 준이치로 총리는 북한을 전격 방문해 김정일 국방위원장과 양국 간 국교 정상화 논의를 시작하자고 합의했다. 그러나 그 과정에서 북한 당국이 1960~70년대에 일본 민간인 10여 명을 납치한 사실을 인정했고, 일본 내 북한 여론이 급속도로 악화되었다. 이 때문에 북일 관계가 냉각되어 현재까지 북일 국교 정상화 논의는 중단되어 있다. 또 한국 국적을 포함한 재일 코리안 전체에 대한 일본 사회의 시선도 차가워졌다.

내셔널리즘을 자극한 측면은 있었다고 생각한다. 한국 응원단 중에 극도로 정치적인 사람들이 있었던 것도 사실이다. 일본이 지면 기뻐하고 일본이 이기면 일장기를 짓밟는 한국 응원단의 모습에 분개한 일본인도 적지 않았을 것이다. 그런 분노를 간단히 표출할 수 있었던 곳이 바로 인터넷이었다. 인터넷은 분명 내셔널리즘을 고양시킨 배양소와 같은 기능을 했다.

인터넷 여론을 달군 고이즈미의 방북은 더 알기 쉬운 사례다. 이때 북한 정부는 일본인 납치 사건을 처음 공식적으로 인정했다. 재일 코리안 사회에도 큰 충격을 안긴 이 국가적 범죄에 분노를 느끼지 않은 일본인은 드물 것이다. 당연히 인터넷 게시판에도 북한에 대한 비판과 원성이 넘쳐 났다. 남한의 내셔널리즘과 북한의 범죄를 보고 한반도뿐만 아니라 재일 코리안에 대해서도, 나아가서는 일본과 한반도의 역사적 관계에 대해서도 재고하게 되었다. 이것이 요네다가 말하는 인터넷 여론에서의 획기적인 사건이다.

그런 인터넷 논단에 혜성처럼 나타난 사람이 사쿠라이 마코토였다. 인터넷에서, 때로는 텔레비전에 얼굴을 보이며 사쿠라이는 선동을 계속했다. 그는 역사 교과서에 적힌 종군 위안부의 비참한 처지가 모두 엉터리이고, 제2차 세계대전 때 중국에서 벌어진 일본군의 난징 대학살은 허구라면서, 실추된 일본의 이미지를 되살리자고 주장했다. 사쿠라이가 말하는 이런 역사의 진실은 시대적 요구에 따라 순식간에 보수적인 네티즌들을 규합해 갔다.

요네다는 설명을 계속했다.

"재특회가 결성되기 전해인 2006년에 사쿠라이를 중심으로 '동아시아문제연구회'東亜細亜問題研究会라는 조직이 생겼죠. 어디까지나 인터넷상의 스터디 그룹이라는 성격이 강했지만, 채널 사쿠라 등에서도 방송되어 어느 정도 주목을 받았습니다."

이 연구회는 그 무렵 폭발적인 베스트셀러였던 『혐한류』嫌韓流(야마노 샤린山野車輪 지음)의 해설서를 같은 출판사[신유사晉遊舍]에서 내는 등 인쇄 매체에서도 활약했다. 한반도, 중국, 그리고 재일 코리안에 대한 여러 정보를 인터넷에서 수집·공유하고 각자의 블로그를 통해 확산시켰다. 요네다를 비롯한 고참 회원 대부분은 이 동아시아문제연구회 출신이다. 그러나 인터넷상의 스터디 그룹이라는 성격 때문인지 이 무렵에는 시위와 같은 활동은 하지 않았다. 2007년 동아시아문제연구회를 해산하고 창설한 것이 재특회였다.

"인터넷은 큰 무기였기 때문에 지지자를 많이 모을 수 있었습니다. 하지만 그것만으로 세상을 바꿀 순 없죠. 눈에 보이는 행동도 하자고 생각해 좀 더 능동적인 조직을 만들기로 한 겁니다."

2007년 1월 20일 도쿄 에도가와 구 동부의 친선회관에서 재특회의 첫 번째 총회가 개최되었다. 이는 사실상의 설립 집회로, 참석자는 1백 명이었다. 지금의 재특회와 비교하면 조촐한 집회였지만, 인터넷 활동 외에는 실적이 없던 조직의 시작치고는 꽤 많이 모인 편이다. 게다가 발족 당시의 회원이 5백 명이었으니 집회 출석률도 높은 편이었다. 그 무렵에는 밀월 관계에 있던 채널 사쿠라의 촬영 스태프도 현장을 취재했다.

그때의 동영상을 보면, 단상에 선 사쿠라이의 양복 왼쪽 가슴에는 장미 조화가 달렸고, 목 언저리에는 '북한에 납치된 일본인을 구출하기 위한 전국협의회'●의 블루리본이 반짝이고 있었다. 당시 블루리본 휘장을 단 재특회

───────────

● 1998년에 설립된 단체로, 현재는 보수 우익 세력에 의해 정치적으로 이용되고 있다는 혐의가 짙다.

회원은 적지 않았다. 일부 넷우익에게 블루리본은 '반북'의 상징이었다(그 후 '북한에 납치된 일본인을 구출하기 위한 전국협의회'와 재특회의 관계가 틀어지면서 블루리본을 단 재특회 회원은 확연히 줄어들었다). 초대 회장으로 소개된 사쿠라이는 단상의 마이크에 얼굴을 대고 숨을 고른 뒤 재특회 설립 동기에 대해 이렇게 말했다.

"제가 재특회를 만들려고 생각한 계기는 재일 코리안에 의한 연금 소송이었습니다. 저는 엄청난 분노를 느꼈습니다. 말도 안 돼! (여기저기서 "옳소!"라는 목소리) 보험료를 1엔도 안 낸 재일 코리안이 돈을 내놓으라는 겁니다. 많은 일본 국민들이 이를 악물고 적은 월급에서 보험료를 냈습니다. 이런 소송은 용납할 수 없습니다."

사쿠라이가 말한 '연금 소송'은 연금을 받을 수 없는 상태에 있는 전국 각지의 재일 코리안 고령자가 일본 정부에 위자료를 요구한 재판을 가리킨다. 1959년에 시행된 이전의 국민연금법은 국적 조항에 따라 노령연금 지급 대상자를 일본인으로 한정했다. 즉 재일 코리안을 포함한 외국인은 국민연금에 가입하고 싶어도 자격이 되지 않았던 것이다. 1982년에 국적 조항은 철폐되었지만, 당시 35세 이상의 재일 외국인은 가입 기간이 25년 미만이기 때문에 지급 요건이 되지 않는다고 해석되었다. 1986년의 법 개정으로 일부는 구제받았지만 60세 이상은 여전히 구제 대상이 되지 못했다. 그래서 각지의 재일 코리안 고령자가 중심이 되어 "세금을 내고 있는데 외국 국적을 이유로 연금을 받을 수 없는 것은 헌법의 평등 원칙에 반한다."라며 정부에 위자료를 청구한 것이다(2012년 현재, 모든 소송에서 원고 측이 패소했다). 이에 대해 사쿠라이는 "보험료를 내지 않은 재일 코리안이 돈을 내놓으라고 한다."

면서 비난한 것이다.

당시까지만 해도 사쿠라이는 "바퀴벌레"나 "죽여 버려."와 같은 야비한 말은 하지 않았다. 그렇지만 충분히 선동적인 표현을 사용하는 연설로 재일 코리안의 속성을 공격했다.

"재일 청년 열 명 중 한 명이 야쿠자라는 보고도 있습니다. 도대체 뭐하는 민족입니까? 우리가 이런 인간들을 방관한 겁니다. 게다가 생활보호 지원금까지 주고 있습니다. 생각해 보세요. 지금 얼마나 많은 일본인이 생활보호를 못 받아 목을 매고 자살합니까? 우리의 피와 땀과 눈물인 세금이 외국인에게 사용되어도 좋습니까!"

즉각 "좋지 않아!", "그 말이 맞다!"라는 소리가 나온다. 청중을 선동해 그 반응을 확인하고 때로는 빠른 말로 떠들어 대며 완급을 자유롭게 조절하는 화법은 이 무렵부터 탁월한 경지에 있었다. 대단하다고 감탄하는 한편으로, 아직 30대 중반인데도 노회한 기술을 구사하는 사쿠라이가 조금 섬뜩하게 느껴졌다.

재특회 간부가 몰래 밝힌 이야기가 있다. 사쿠라이가 효과적인 연설을 하기 위해 끊임없이 연습한다는 것이었다.

"회장의 자택에는 큰 거울이 있습니다. 그 앞에 서서 손가락 움직임까지 확인하며 매일 밤 선동 연습을 한답니다. 그렇게까지 노력하는 간부는 없거든요. 연습 성과도 있으니, 연설로는 역시 회장을 따라갈 사람이 없는 거죠."

이 이야기를 듣고, 수수하고 존재감이 없던 고등학교 시절의 다카다 마코토가 떠올랐다. 그리고 생각했다. 다카다 마코토는 변한 것이 아니라, 희대의 선동가 사쿠라이 마코토를 연기하는 것이 아닐까? 평범한 다카다 마코토에서 가장 멀리 떨어진 사쿠라이 마코토라는 캐릭터가 되려고 노력하는 것이 아닐까? 거울 앞에 서서 팔을 흔들며 대사를 외우는 그의 고독한 싸움을 상상해 보았다.

설립 총회를 마친 직후 사쿠라이는 블로그에 다음과 같은 결의를 발표했다.

재일특권의 폐지를 목표로 하여 재특회는 할 수 있는 한 모든 방법으로 재일 코리안 문제를 세상에 알려 나가겠습니다. 인터넷 세계에서는 주지의 사실이지만, 유감스럽게도 세상 많은 사람들에게는 아직 침투돼 있다고 말하기 힘든 상황입니다. 일한日韓 관계라는 역사적 문제에서 풀기 시작해, 재일특권이란 무엇인가, 재일 코리안에게 왜 이런 특권을 주었는가, 범죄투성이·부정투성이·반일투성이 불령 재일 코리안의 실태를 알기 쉽게 해설하여 여러 활동을 거쳐 사회에 전하여 나가겠습니다.

_〈Doronpa의 혼잣말〉 2007년 1월 26일.

연설과 마찬가지로 문장구조로나 논리로나 어딘가 어설픈 문장이다. 그러나 이것은 증오라는 에너지를 이끌어 내는 데 가장 효과적인 연료였다. 사쿠라이와 재특회의 '축제'가 시작되었던 것이다.

2
회원들의
본모습과
속마음

| 지극히 평범한 젊은이들이
| 왜 인종주의자로 돌변하는가

재특회 설립은 인터넷 여론에 큰 충격을 주었다. 그때까지 인터넷 게시판에 글을 쓰는 것으로 만족하던 넷우익 가운데 비로소 진짜 활동가가 나타난 것이다. 그들은 시민 단체를 자처하며, 재일 코리안의 특권 폐지라는 구체적 지침을 단체명으로 삼았다. 그때까지 현실 사회에서 큰 소리로 이야기할 수 없었던 '재일 코리안'이라는 주제가 마치 시민권을 얻은 것처럼 받아들여진 것이다. 설립 당시 재특회는 강령이라고 할 수 있는 '일곱 가지 공약'을 발표했다.

1. 재일 코리안이 차별을 내세우며 특권을 요구하는 것을 재특회는 용납하지 않습니다.

2. 공식 사이트를 확충하고 각지에서 강연회 등을 개최하며, 여러 매체를 통해 재일 코리안 문제를 적극적으로 알리겠습니다.

3. 각처에서 강연 요청 등이 있을 때 재특회는 가능한 한 응하며, 집회 규모와 상관없이 강사를 파견하겠습니다.

4. "재일특권에 단호히 반대하고, 재일 코리안 문제를 다음 세대에 떠넘기지 않겠다."라는 의사를 표명하기 위해 재특회 회원으로 등록해 주시기를 널리 권합니다.

5. 당면 목표를 회원 수 1만 명으로 정하고, 목표를 달성하면 경찰 당국이나 법무 당국, 지방자치단체, 정치가를 대상으로 재일 코리안 문제 해결을 위한 청원을 시작하겠습니다.

6. 재일 코리안들의 요청이 있으면 방송, 출판 등 여러 언론을 통해 공개 토론에 응하겠습니다.

7. 불령선인의 범죄행위로 고통 받는 각지의 실태를 알리고, 그 구제를 위해 노력하겠습니다.

발족 당시 5백 명이었던 회원 수는 불과 4년 만에 당면 목표였던 1만 명으로 늘어났다. 이런 종류의 단체치고는 급성장했다고 볼 수 있다.

그렇다 해도 재특회가 매번 주장하는 재일 코리안의 '특권'이 무엇인지는 잘 알 수가 없다. 홍보국장은 "외국 국적이면서 일본인과 동일한 권리가 주어지는 것 자체가 이상하다."라며 다음과 같은 특권을 지적했다.

• 그들은 특별 영주 자격에 의해 거의 무조건적으로 일본에 영주할 수 있다.

체류 자격에 따른 조건이 없다. 예를 들어, 다른 외국인이 범죄를 일으키면 강제송환이 되지만, 재일 코리안은 그렇지 않다.

- 그들은 통명通名(본명이 아닌 일본식 씨명)을 사용할 수 있도록 허용된다.
- 그들은 외국 국적이면서도 생활보호 지원금을 받을 수 있다.
- 일부 자치단체는 재일 코리안 관련 단체를 세금 면에서 우대하고 있다.

모두 사실이다. 사실이지만, 이것을 과연 특권이라고 부를 수 있을까? 그 자세한 내용은 5장에서 다루겠지만, 그들의 주장에는 일본이 한반도를 식민 지배했다는 역사 인식도, 구舊종주국으로서의 책임감도 완전히 결여된 것 같다. 오히려 재특회는 "애당초 식민 지배는 없었으며, 강제 연행이나 종군 위안부 등은 좌익 세력의 날조에 지나지 않는다. 제2차 세계대전 전에 일본은 한반도의 인프라를 정비하고, 근대화를 도왔으며, 교육의 부흥에 힘썼다. 그럼에도 그 은혜를 원수로 갚은 것이 남북한 양국이고, 재일 코리안은 그 영향 아래 있는 앞잡이·기생충이다."라고 주장한다.

나라마다 역사 인식에 차이가 있는 것은 당연하다. 강제 연행에 대해서는 일본 내에서도 여러 가지 논쟁이 있다. 역사 전문가가 아닌 나에게는 그 점을 간결하고 정확하게 판단할 능력도, 방법도 없다. 그러나 설령 '역사의 진실'이 재특회의 주장대로라고 하더라도, 도대체 왜 "조선인을 죽여 버려." 같은 이야기가 나오는 것일까? 나는 그 점을 이해할 수가 없다.

요네다는 생활보호 지원금 문제를 언급했다.

"지금 많은 일본인이 빈곤 때문에 고통을 받고 있습니다. 노숙자가 되거나 자살하는 사람이 꽤 많아요. 매년 3만 명이나 되는 사람이 스스로 목숨을 끊고 있습니다. 그런데 재일 코리안은 외국 국적이면서도 우선적으로 생활 보호 지원금을 받고는 일본에 대해 비판만 하고 있지 않습니까? 빈곤을 이유로 재일 코리안이 자살했다는 이야기는 들은 적이 없어요. 특권을 향유하면서 차별 반대 운동이나 전쟁범죄 추궁 같은 사실무근의 반일 활동을 하는 재일 코리안이야말로 일본의 적이 아닙니까?"

재특회의 전형적인 주장이다. 말단 회원부터 간부까지 이 문제에 관해서라면 반드시 처음에 '자살자 3만 명'을 끌어온 다음 외국 국적 주민에 대한 생활보호 지원금 지급을 비판한다.

도쿄대 대학원을 졸업한 엘리트 부회장

2011년 2월 26일 재특회는 도쿄 요요기 공원에서 '조총련과 조선학교 해체'를 외치는 가두연설을 했다. 이날 공원에서는 조총련을 비롯한 조직들이 조선학교 무상교육을 요구하는 집회를 벌였다. 재특회 집회는 이에 대항하기 위한 이른바 '맞불 집회'였다.

이때 가장 흥미로웠던 것은 재특회 부회장 야기 야스히로八木康洋의 선동적인 연설이었다. 일장기를 이마에 두른 야기는 신경질적인 표정으로 마이크를 쥐고는, 그날이 '2·26 사건'●이 일어난 지 75년째 되는 날이라고 강조했다.

● 1936년 2월 26일 일본 육군 장교들이 일으킨 쿠데타 미수 사건으로, 대표적인 우익 사건에 속한다.

"도대체 왜 2·26 사건이 일어났는가? 정치가 부패하고, 재벌은 돈 버는 데만 치중하고, 많은 농민이 굶어 죽었습니다. 너무나 심각한 빈부 격차가 있었습니다. 그래서 청년 장교들이 궐기한 겁니다. 그리고 지금의 일본 역시 그때와 같은 불황 속에서 다들 직업을 빼앗기고 있습니다. 생활보호 지원금이 끊긴 일본인도 적지 않습니다. 뉴스를 통해 아시는 분도 많겠지만, 생활보호 지원금이 끊겨 '주먹밥이 먹고 싶다.'라고 써놓고 굶어 죽은 일본인도 있습니다. 이런 상황인데도 조선인은 생활보호를 받는 걸로 모자라 더 많은 권리를 요구하고 있습니다! 조선인의 생활보호 지원금이 끊겼다는 얘기는 들은 적이 없습니다. 이런 말도 안 되는 일이 있어도 되는 겁니까!"

야기는 도쿄 공업대학東京工業大學을 졸업한 후 도쿄 대학東京大學 대학원에 진학했다가 현재는 거대 화학 기업의 연구소에서 일하고 있는, 재특회에서 보기 드문 고학력 엘리트다. 재특회 활동에는 반드시 양복에 넥타이 차림으로 나타나는데, 가끔 그 위에 흰 가운을 입기도 한다.

이날 집회는 2·26 사건 때 궐기한 청년 장교들에 대한 묵념으로 시작되었다. 2·26 사건과 재일 코리안의 생활보호가 어디서 어떻게 연결되는지 잘 모르겠고, 엉터리인 부분도 많을 것이다. 도대체 재특회가 사회의 불합리한 빈부 격차나 생활보호 지원금 지급을 미루는 행정을 바로잡기 위해 지금까지 어떤 활동을 해왔는지 모르겠다.

오히려 내 관심을 끈 것은, 재일특권 폐지를 위해 일어선 자신들을 2·26 사건에서 궐기한 청년 장교들과 동일시하며 세상의 부조리를 호소하는 그들의 영웅주의였다. 이 연설을 들은 우익 관계자는 "2·26 사건의 청년 장교들과 너희는 차원이 달라."라며 격노했다고 한다.

취재를 하면서 더욱 확신을 가지게 된 사실이지만, 재특회 회원들은 아무리 더러운 욕설을 입에 담아도 가해자 의식을 전혀 느끼지 않는다. 부끄러운 줄도 모른다. 오히려 자신들이 피해자라고 강조한다. 젊은이들이 직장이 없는 것도, 생활보호 지원금이 끊긴 것도, 재일 코리안과 같은 외국 국적 주민이 복지나 고용 정책에 무임승차하고 있기 때문이라고 믿을 뿐이다. 자신을 피해자라고 생각하는 이들에게 외국인을 약탈자에 비유하는 단순한 주장은 일정한 설득력을 가진다. 그렇기 때문에 그들은 청년 장교의 비극이나 곤궁한 농민의 눈물에 공감을 보임으로써 운동의 정당성을 보강하려는 것이다.

아키하바라의 재특회 사무실에서 취재에 응했던 요네다도 그랬다. 그는 "재일 코리안이야말로 일본의 적이다. 차별받고 있는 것은 일본인이다."라고 몇 번이나 강조했다. 나는 "그래요?"라고 애매모호하게 맞장구를 쳤다. 공감하거나 이해했기 때문이 아니다. 무슨 말이 하고 싶은지 알 것 같아서였다. 그것은 요네다가 이렇게 말하면서 더욱 명확해졌다.

"한마디로 말하면요."

거기서 요네다는 숨을 깊이 들이쉰 뒤, 나를 정면으로 쳐다보며 단숨에 말했다.

"우리는 일종의 계급투쟁을 하고 있습니다. 우리의 주장은 특권에 대한 비판이고, 엘리트 비판입니다."

"원래 좌익은 사회의 엘리트잖아요. 예전의 전공투 운동*도 사실은 엘리

---

* 1968~69년 일본의 각 대학에서 일어난 대규모 학생운동을 일컫는다.

트 운동이었습니다. 그 시절 대학생은 다들 특권계급이었잖아요. 차별이다 뭐다, 우리한테 따지는 노동조합도 다 엘리트예요. 그렇게 잘사는 사람들이 없어요. 언론은 말할 것도 없고요. 그런 엘리트들이 재일 코리안을 비호해 온 겁니다. 그래서 그들은 재일특권 문제에 경각심이 없는 거고요."

여기서 '계급투쟁'이라는 말이 나오리라고는 상상도 못했지만, 이해는 할 수 있었다. 그들은 자신들을 사회의 비주류로 인식하고 있는 것이다. 자신들을 비엘리트라고 규정함으로써 특권을 가진 자들에 대한 복수를 꾀하고 있다고도 볼 수 있다.

재특회는 시위나 집회 시에 좌익 학생 조직과 맞닥뜨리면 "부모한테 엎혀살면서 혁명이 웬 말이냐"라고 야유를 퍼붓는다. 상당히 상투적인 말이라고 생각했지만 어딘가 절실함이 묻어 있는, 비명과도 같은 목소리에는 어쩐지 현실적인 설득력이 있었다.

나는 재특회의 야비한 선동을 증오 연설[혐오 발화]hate speech(인종·속성·외견 등을 이유로 타인을 모욕하는 언동)이라고 생각하며, 특히 재일 코리안이나 중국인 유학생 등에 대한 공격은 약자를 괴롭히는 행위일 뿐이라고 확신한다. [재일 코리안이 운영하는] 고깃집 앞에서 "바퀴벌레 조선인!"이라고 외치고, 집회 중에 앞을 지나가는 중국인 여성에게 "꺼져, 짱깨!", "바보 새끼!"라고 말하면서 회원들이 덤비던 광경은 도저히 보고 있기 힘들었다. 회장인 사쿠라이는 "죽인다."라는 말을 너무 많이 한다. 조선대학교 앞에서 "우리는 조선인을 죽이러 왔다!"라고 마이크로 떠들기도 했다. 솔직히 말하면 이런 게 정치 활동이나 시민운동일 리 없다고 반발하면서 취재한 적도 많았다.

그러나 요네다를 비롯한 재특회 회원들은 자신들이야말로 약자이며 억압받고 있다고 믿는다. 그들은 약자로서 레지스탕스를 하고 있는 것이다. 요네다의 이야기를 들으며 나는 한 달 전쯤 취재한 오이타의 재특회 집회를 떠올렸다. 익숙한 느낌이 드는 사쿠라이의 연설과는 달리, 마이크를 차례로 잡은 회원들의 목소리나 표정에서 보이는 것은 분노라기보다는 정체를 알 수 없는 끈질긴 증오였다.

20대 여자 회사원의 격정적인 선동

"우리 일본인은 역차별을 받고 있습니다!"

오이타 시의 중심인 오래된 백화점 앞에 큰 소리가 울려 퍼졌다(〈사진 3〉). "'조선학교 무상교육'은 헌법 위반! 반일 조선인에게 공적 자금 투입을 허용하지 마라!"라고 큰 글씨로 쓰인 플래카드가 바람에 휘날리고 있었다. 사쿠라이 회장을 비롯해 재특회 오이타 지부와 후쿠오카 지부의 회원 15명이 모여 있었다. 각각 재특회의 깃발과 일장기, 그리고 '재일특권의 정체'라고 쓰인 플래카드를 들고 있었고, 북한에 납치된 요코타 메구미横田めぐみ의 사진을 손에 든 사람도 있었다.

마이크를 잡고 있는 사람은 오이타 지부에 소속된 30대 남성이었다. 하얀 반팔 와이셔츠에 감색 넥타이를 맨 회사원 차림이었다.

"재일 코리안은 생활보호 지원금 수급률이 대단히 높습니다. 그런데 일본인은 생활보호 지원금을 받기가 쉽지 않습니다!"

재특회 집회에서 빠지지 않는 생활보호에 대한 이야기다.

"통명 제도 역시 재일 코리안에게만 허용되고 있습니다. 이 때문에 일본인인 척할 수 있는 겁니다!"

이른바 재일특권 문제를 호소하고 있지만, 원고를 보면서 하는 연설이 어딘가 어설프다. 박력이 부족하고 어휘도 부족한 느낌이 든다. 사쿠라이와는 격이 다르다. 사쿠라이는 좌우로 쉴 새 없이 몸을 움직이고 손짓을 섞으며 청중의 이목을 집중시키는 재주가 있다. 발음도 확실해서 알아듣기 쉽다. 그러나 이 남성의 소박한 말투에서는 내용이야 어찌 되었든 간에 모종의 진정성이 느껴졌다. 이것이 아마 재특회 회원들의 평균적인 모습일 것이다. 사람들 앞에서 말하는 것이 익숙하지 않다. 지금까지 정치 활동을 한 경험도 없다. 한마디로 생판 아마추어인 것이다. 그러나 꾸민 티가 나지 않는 만큼 무언가 절실함이 느껴지기는 했다.

다음으로 마이크를 잡은 사람은 야기와 마찬가지로 재특회 부회장 직책을 가진 사키자키 아키라先崎玲(닉네임, 54세)였다. 사키자키는 규슈 지방을 담당하는 책임자로 설립 당시부터 회원이었다. 후쿠오카 시내에서 미용실을 경영하고 있다. 직업 때문인지 짧게 자른 머리는 50대치고 젊은 인상을 주며, 수수한 패션의 젊은이가 많은 재특회에서 옷차림도 세련된 편이다. 이날도 검정 셔츠의 단추를 풀어 몸에 딱 붙는 하얀 니트 상의와 매치한 '약간 불량스러운' 연출이 돋보였다. 그렇지만 고함만 지를 뿐 선동은 단조로웠다.

"지금까지 '일본인을 무시하지 마라. 조선인은 나가라.'라고 말할 수 있는 단체는 없었습니다. 왜일까요? 여러분, 조선인이 무서웠죠? 조총련이 무서웠죠? 민단이 두려웠죠? 얼마나 많은 선량한 시민들이 그들에게 당했습니까? 더는 못 참겠다며 나선 것이 우리입니다."

거기까지 말한 사키자키의 표정은 더욱 험악해졌다. 아마도 사쿠라이를 흉내 내는 듯 마이크를 잡지 않은 오른손을 과장되게 들어 올리며 절규했다.

"강제 연행이 있었습니까? ("없습니다!") 종군 위안부가 존재했습니까? ("없습니다!") 이 오이타에도 한국인 매춘부가 많죠? 일본 전역에 5만 명이나 되는 한국인 매춘부가 있습니다. 위안부도 마찬가지입니다. 한마디로 다리를 벌리고 돈을 받은 것뿐입니다. ("옳소!") 그런 여자들에게 왜 사죄나 배상을 해야 합니까! 그런데 사죄나 배상을 하라고 말한 무라야마 도미이치村山富市나 지쿠시 데쓰야筑紫哲也는 오이타 출신이죠.• 아시겠습니까? 오이타 시민 여러분! 일본을 무시하지 말란 말입니다."

어느 사이엔가 오이타 사람들이 규탄 대상이 되어 버렸다. 무언가를 호소하는 게 아니라 설교하는 듯했다. 빠른 걸음으로 앞을 지나가는 사람들에게 울분을 감추지 못했던 것일지도 모른다. 그러나 사키자키가 아무리 선동을 해도 이날 청중이라고 할 수 있는 사람들은 쇼핑에 지쳐 버스 정류장 의자에 앉아 있던 노인 몇 명 정도였고, 마지막까지 연설에 귀를 기울인 사람은 공안 형사뿐이었다.

그런 가운데 주목을 끈 것은 홍일점인 집회 참가자였다. 빨강과 하양 배색 티셔츠에 청바지를 입은 편한 차림의 29세 회사원이다. 어깨까지 내려온 긴 머리가 바람에 날리는 모습은 어딘가 촌스러운 남성 참가자들 사이에서

• 무라야마 도미이치는 81대 총리를 지낸 사회당 정치인으로, 총리로 있던 1995년 패전 50주년을 맞아 과거의 침략과 식민지 지배에 대한 사과 담화를 발표했다. 또 지쿠시 데쓰야는 대표적인 진보 언론인이다.

돋보였다. 쌍꺼풀이 진 동글동글한 눈은 어려 보였고, 소녀라고 해도 어색하지 않을 얼굴이었다.

"재일특권을 용납하지 않는 시민 모임입니다. 여러분, 잘 들어 주세요."라고 귀여운 목소리로 말하기 시작했지만, 이야기가 '재일특권'에 이르자 그 목소리는 갑자기 무시무시해졌다.

"너희 조선인은 차별이다, 인권이다, 떠들면서 걸핏하면 얼굴을 붉히고 돈을 요구하지. 그게 사람한테 부탁하는 태도냐! 고등학교 전국 축구 대회에 정식 고등학교도 아닌 조선학교가 출전하잖아. 그게 특권이야. 조선학교 같은 정체를 알 수 없는 곳에 대학 수험 자격까지 주고 있잖아. 거기다 수업료를 공짜로 해달라고? 어디까지 뻔뻔한 거야? 지금까지 한 번이라도 일본인에게 고맙다고 인사한 적 있어? 이런 무리가 다니는 조선학교에 세금을 투입하는 일은 없어야 합니다, 여러분!"

젊은 여성의 목소리는 주위에 잘 울려 퍼졌다. 가시 돋친 말본새와 너무도 평범한 외견 사이의 간극은 그때까지 무관심하던 쇼핑객들을 슬쩍 돌아보게 만들 정도의 힘이 있었던 듯하다. 그녀는 한층 날카로운 목소리로 이렇게 연설을 마쳤다.

"우리가 한 발 빼면 한 발 들어오는 족속이 조선인입니다. 은혜도 모르고, 부끄러움도 모르고, 예의도 모르는 조! 센! 진!"

강렬했다. 도취한 듯이 떠드는 사쿠라이나 고함만 지르는 사키자키와는 다르다. 공기를 찢을 것 같은 날카로움이 있다. 마치 눈앞에 있는 조선인을 규탄하는 듯한 박력이었다.

나는 연설을 마친 그녀에게 조심스레 말을 걸었다. 명함을 건네자 김이 빠질 정도로 연약한 목소리로 대답했다.

"아, 안녕하세요."

고개를 살짝 숙인 그녀의 표정은 경계하는 것 같기는 하나, 거절하는 태도는 아니었다(그 무렵에는 내가 말을 걸어도 재특회가 그다지 신경 쓰지 않았다). 후쿠오카 지부 소속인 그녀는 응원차 일부러 오이타까지 달려왔다고 한다. 왜 활동에 참가하느냐고 묻자 "늘어나는 외국인이 무서워서."라고 대답했다.

"제가 사는 후쿠오카에는 옛날부터 재일 코리안이 많이 살았어요. 게다가 요즘엔 무리 지어 활보하는 중국인을 많이 보게 돼요. 이대로 가다가는 동네가 재일 코리안이나 중국인에게 더럽혀질 것 같아서 슬퍼요."

고향이 외국 군대에게 침략이라도 당한 것 같은, 그야말로 슬픈 표정을 지으며 조용조용 말했다. 그녀는 화교나 재일 코리안 같은 올드 커머old comer와 유학생 같은 뉴 커머new comer의 차이,• 그리고 한국인과 중국인의 차이를 이해하지 못했다. 구체적으로 어떤 피해를 입은 적이 있느냐고 묻자 "뚜렷한 피해는 없지만 무서워 죽겠다."라고 되풀이할 뿐이었다. 외국인에 대한 막연한 공포를 증폭시킨 것은 인터넷이나 서적을 통해 얻은 지식이었다.

"2채널에서 정보를 검색하거나 『혐한류』를 읽거나 하면서 재일특권의 존재를 알게 됐어요. 외국인으로 일본에 살면서 반일을 주장하는 재일 코리안에게 굉장히 화가 났어요. 왜 그런 사람들에게 특권을 주는지 정말 모르겠어요. 이대로 가다가는 일본을 반일 세력에게 빼앗기고 말 거예요."

• 일본에서는 식민지 시대의 역사적 경위에 의한 이민을 올드 커머, 1980년대 이후의 이민을 뉴 커머로 분류하는 경향이 있다.

『혐한류』는 2005년에 발간되어 시리즈 누계 90만 부를 기록한 만화다. 이런 종류의 책치고는 경이적인 판매 실적이다. 그 내용은 한류에 대한 대항축, 이른바 '혐한'을 주제로 한일 간의 역사 문제(식민지 정책, 위안부 문제)에 관해 한국을 철저하게 비판한 것이다. 재특회뿐만 아니라 작금의 풀뿌리 보수를 지탱하는 넷우익 중에는 이 책의 영향을 받은 사람이 많다. 그들에게는 성경이라고 해도 좋을 작품이다.

솔직히 말해 잘 만들어진 책이기는 하다. 처음에 한일 월드컵을 다루면서 한국 선수의 거친 경기나 응원단의 반일 행각을 묘사하는 부분은 그야말로 당시의 우파적 심정을 대변한다. 이 묘사를 단서로 역사 문제나 재일특권을 다루는 수법도 교묘하다. "한국에는 자랑할 만한 문화가 없으니까!"라는 등장인물의 대사에 카타르시스를 느낀 사람도 적지 않을 것이다. 그러나 한편으로는 저자의 주장과 대립하는 인물(재일 코리안이나 그 권리를 옹호하는 사람)을 추악하게 그리는 표현 방법에서 나는 위화감을 느꼈다.

어쨌든 '혐한'이라는 운동의 원류가 되었다는 점에서 그 책의 역사적 가치를 기록해 둘 필요가 있다(2011년에 간행된 『혐한류』 문고판 마지막에는 야마노 샤린과 사쿠라이 마코토의 대담이 수록되어 있다. 거기에는 나에 대한 비판도 들어 있는데, 그에 대해서는 나중에 자세히 다루기로 한다).

칼데론 가족에 대한 항의 시위

후쿠오카 지부의 여성 회원 이야기로 돌아가자. 2채널이나 『혐한류』의 영향을 받은 그녀는 그 후 더욱 큰 충격에 빠지게 된다. 그녀가 재특회에 들어간 것은 유튜브에 올라온 영상을 보고 나서였다.

"칼데론 가족에 대한 재특회의 항의 시위였어요. 이 모습을 찍은 동영상을 보고, 일본에서 나가지 않는 외국인에게 강한 분노를 느꼈습니다. 동시에 당당히 소리 높여 시위를 하는 재특회의 모습에 공감했고요. 이 사건을 계기로 재특회에 들어가기로 결심했습니다."

칼데론 사건이란 2009년 4월에 있었던 칼데론 가족 추방 시위를 말한다. 그 무렵 불법체류를 이유로 입국관리국으로부터 강제송환을 명령받은 필리핀 가족의 문제가 연일 텔레비전과 신문에서 크게 보도되었다. 칼데론 가족은 부부와 딸로 이루어진 3인 가족으로, 이 중 중학교 1학년생인 딸만 일본에서 태어났다. 딸은 "친구들과 헤어지기 싫다."며 부모의 송환 처분을 철회해 달라고 울면서 호소했다. 그러나 입국관리국은 그녀의 부모를 필리핀으로 돌려보냈고, 가족은 끝내 헤어져 지내게 되었다. 이 가족을 지원했던 단체는 입국관리국의 처분에 비인도적 행위라며 강력하게 항의했고, 언론도연이어 '뿔뿔이 흩어진 가족의 비극'을 보도했다. 설령 불법적인 입국 수단으로 들어왔다 하더라도, 일본에 오래 거주하면서 생활 기반을 확립한 가족에게는 특별 체류 허가라는 선택지를 준비해도 좋지 않았을까. 일본은 이민 정책이 없는데도 단순 노동 분야를 외국인에게 의존해 왔다. 유연한 대응을 했어도 좋았을 것이다.

그렇지만 문제가 제기되었을 때부터 인터넷 여론은 일관되게 '강제송환 지지'를 주장했다. 2채널을 비롯한 인터넷 게시판에는 "송환 처분은 당연하다", "신파조 보도는 그만두라."라는 글이 쇄도했다. 재특회도 일찍부터 "외국인 범죄를 조장하지 마라."라는 메시지를 발표했고, 결국은 칼데론 가족의 거주지였던 사이타마 현 와라비 시에서 '국민 대행진'이라는 이름의 대대적인 시위를 전개했다. 2009년 4월 11일 집회에 모인 약 2백 명의 시위대는 "불법체류자를 즉각 추방하라", "외국인 범죄자를 옹호하는 좌익 언론은 꺼져라", "칼데론 가족을 쫓아내라." 등의 구호를 외치며 일장기를 들고 시내를 행진했다. 시위 코스에는 당사자인 중학교 1학년짜리 딸이 다니는 와라비 시 제1중학교 앞도 포함되어 있었다. 중학교 교문에 다다른 시위대는 일부러 그곳에 멈췄다. 선두에서 "여기가 제1중학교입니다. 분노의 목소리를 냅시다."라고 말하자 "불법체류자, 불법 노동자 칼데론 가족을 즉각 일본에서 추방하라!'라는 구호가 연이어 터져 나왔다.

나중에 재특회가 올린 동영상을 봤을 때, 아무리 그래도 열세 살 소녀를 상대로 "쫓아내라."라느니, "추방하라."라는 말을 하는 것이 용서되지 않아 불쾌했다. 이때 칼데론 가족의 딸은 음악부 활동 때문에 학교 안에 있었다. 그 소녀는 어떤 기분으로 욕설을 견뎠을까?

이날은 외국인을 지원하는 단체들이 와라비 시에 달려와 가두에서 재특회의 시위에 항의했다. 이때 재특회의 현수막을 끌어 내리려던 지원 단체 구성원이 체포되는 소동도 있었다. 우파 논객으로 유명하며 신우익 단체 일수회一水会● 대표인 기무라 미쓰히로木村三浩는 좌익 성향의 『진민 신문』人民新聞에

● 일본의 신우익은 전공투 운동 등의 신좌익 학생운동에 촉발되어 1970년대에 발생했다. 신우익은 반공주의에 경도되어 미국을 추종하는 기존 우익을 비판하며, 반미적인 일본 민족주의를 주장한다. 일수회는 1972년에 설립된 대표적인 신우익 단체로, 좌익 세력과도 활발히 교류하는 등 특이한 행보를 보이고 있다.

다음과 같은 글을 기고했다.

재특회는 길거리에서 소리를 지르며 상대방을 저열하게 욕하고 배제하는 운동 방식 때문에 우익들에게서도 품위가 없다는 비판을 받고 있다. 와라비 시의 칼데론 씨 가족에 대한 항의 시위만 해도 약자를 괴롭히는 행동이므로 도저히 찬성할 수 없다. 우익은 약자를 괴롭히지 않는다. 그러나 이마저도 매스컴이 많이 모인 곳에서나 펼치는 퍼포먼스 전술에 불과하다. 이런 표층적인 감정론에 휩쓸리는 것만큼 우스꽝스러운 일도 없다. 그들이 등장한 배경에는, 불안정 고용이 급증해 세상이 어지러워지면서 해소할 길이 없는 불안과 스트레스를 가진 젊은 이들이 많이 생겨났다는 사실이 있다. 그런 불안이나 스트레스를 배출할 곳을 찾아 약자를 공격하는 것은 아닐까?

그러나 인터넷에서 재특회를 비난하는 목소리는 소수에 불과했다. 중학생 소녀를 비난의 대상으로 삼는 시위를 두고 "속이 시원하다."라며 칭찬하는 목소리가 압도적으로 많았던 것이다. 칼데론 가족 추방 시위는 내가 취재한 후쿠오카 지부의 여성만이 아니라 많은 넷우익의 마음을 움직였고, 결과적으로는 재특회의 성장을 촉진하는 원동력이 되었다. 앞에서 나온 홍보국장 요네다는 이렇게 말했다.

"재특회로서는 (칼데론 가족 추방 시위가) 획기적인 사건이었죠. 시위 동영상을 올리자마자 엄청난 조회 수를 기록했고, 전례가 없는 큰 반향이 있었어요. 회원도 급증했고요. 시위가 있고 나서 한동안은 하루에 수백 명씩 회원이 늘었거든요."

요네다는 칼데론 가족 추방 시위의 목적을 이렇게 말했다.

"굳이 칼데론이 사는 동네에서 시위를 한 것은 시민들이나 지자체에게 좀 더 위기감을 느끼게 하고 싶었기 때문이죠. 국외 추방은 불쌍하다는 신파조 보도가 넘쳐 나는 가운데, 정작 해당 지역에서는 문제의 본질을 조금도 이해하지 못하고 있더군요. 국외 추방을 반대하는 서명 활동까지 있었을 정도죠. 밀입국한 외국인 범죄자를 정말 방치해도 좋은가? 저희는 그렇게 묻고 싶었어요. 애당초 칼데론이 불쌍하다는 주장은 정규적인 절차를 밟아 일본에 온 외국인에게도 실례죠."

불법 입국을 용서하지 말라는 주장은 많은 사람들에게 강력한 설득력을 가지는 것이 사실이다. 후쿠오카 지부의 여성 회원도 거기에서 재특회의 '정의'를 본 것이다.

"법률 위반을 용납하지 않는다, 범죄를 용서하지 않는다는 건 당연한 주장이잖아요. 그런데 그런 당연한 주장을 당당히 말할 수 없는 게 지금의 일본이에요. 재특회는 그런 상황에 대해 정론을 말하고 있을 뿐이고요. 저는 그런 모습에 감동한 거예요."

그 감동이 그녀를 재특회로 이끌어, 입회한 지 1년 후에는 "은혜도 모르고, 부끄러움도 모르고, 예의도 모르는 조! 센! 진!"이라며 길거리에서 재일 코리안을 욕하기에 이른 것이다.

이날 오이타에서 처음으로 집회에 참가했다는 남성(32세)도 "정당한 일을 정당하다고 말하지 못하는 일본"에 대한 불만을 토로했다. 오이타에서 가업을 이어 농사를 짓고 있다는 어눌한 인상의 청년이었다. 그는 "일본은 좌익 세력이 너무 강하다."라고 말했다. 언론, 교육, 정치, 어디를 봐도 좌익에게 침식당하고 있다는 것이 그의 인식이다. 아니, 재특회 회원들의 일반적인 인식이다. 정작 좌익이 들으면 깜짝 놀랄 만한 과대평가이지만, 제대로 된 군대를 갖추지 못하는 것*만으로도 그들은 좌익 세력이 일본을 지배하고 있다고 여긴다.

"사회주의 따위는 오래전에 끝났어요. 세계적으로 실패한 건 누가 봐도 명백한데, 일본에서는 아직도 좌익이 강하니 이상한 일이죠."

이 남자는 어릴 적부터 '강한 일본'을 동경했다. 외국인에게 무시당하지 않는, 일본인을 위한 일본을 원했다. 그렇지만 학교에서 배운 것은 '평화를 사랑하는 일본', '차별이 없는 일본'이고, 텔레비전에서도 '좌익적인 주장'이 활개를 치고 있었다.

"재일 코리안 문제도 그래요. 차별은 나쁘다든지, 다 같은 사람이라든지, 그런 이야기만 들었어요. 그런데 전 어째서 외국인이 특별히 보호받아야 하는지 잘 모르겠더라고요. 다들 너무 신경질적이에요. 제 친구 중에 재일 코리안이 있어요. '조국(한국)이 자랑스럽다.'라고 말하는데, 그러면 왜 일본에 살고 있을까요? 일본에서 우대받고 있기 때문이죠. 특권에 기대는 거예요. 많은 사람들이 그 사실을 알면서도 지적하지 않죠. 무서워서 그런지, 귀찮아서 그런지 몰라도, 이른바 보수라는 사람들을 포함해서 일본인은 이 문제를 피하기만 했어요."

• 패전 후에 성립된 일본국 헌법 9조에서 군사력 보유를 금지하기 때문에 명목상으로 일본에는 군대가 없다. 물론 실제로는 자위대라는 군대가 있지만, 일본의 보수 세력은 평화헌법이라 불리는 9조를 개정해 정식 군대를 가져야 한다고 집요하게 주장하고 있다.

그런 고민을 가지고 있던 그는 인터넷에서 사쿠라이의 동영상을 보게 되었다. 그때까지 보수파는 예의 바르고 얌전하며 말을 잘 못하는 사람들뿐이라고 생각했다. 그런데 사쿠라이는 달랐다. 사쿠라이의 입은 속사포 같았다. 한없이 공격적이고 무자비했다. 보수파에도 이렇게 강력한 사람이 있나 싶어 감동했다. 평소 자신이 가진 불만이나 의문을 사쿠라이가 모두 대변해 주는 기분이 들었던 것이다.

"강력한 동지가 있다고 생각하니 기뻤어요."

'나는 혼자가 아니구나.' 하고 느꼈다고 한다. 이 남성은 집회에 참가한다는 사실을 같이 사는 부모님에게 말하지 않았다.

"이런 활동에 참가하는 줄 알면 아마 걱정하실 거예요. 부모님은 저처럼 일본이 위험한 상황이라고 생각하지 않거든요. 게다가 오이타 농촌에는 사람이 부족해서 중국인 실습생을 적극적으로 유치하고 있어요. 저희 집도 언젠가는 그렇게 될지 모르죠. 앞으로도 앞장서서 활동에 참가하지는 못할 거예요."

방금 전까지 사쿠라이나 부회장인 사키자키는 "범죄자 짱개는 꺼져라."라고 외치고 있었다. 언젠가는 중국인 고용도 생각하게 될 농업 현장에서 일하는 그로서는 복잡한 심정으로 듣지 않을 수 없었을 것이다. 그래서인지 마지막에 자신도 모르게 내뱉은 그의 한마디가 인상적이었다.

"중국인 중에는 괜찮은 사람도 많은데 말이죠."

이날 내 취재에 가장 적극적으로 응해 준 사람은 39세의 자동차 정비공이었다. 럭비 셔츠에 청바지를 입고 집회에 참가한 그 역시 내게는 착한 남자로 보였다. 이야기를 들려 달라고 부탁하자 "그럼 따라오세요."라고 근처 주차장으로 안내했다. 그곳에는 그의 애차인 새하얀 자동차가 있었다. 이 정비공은 트렁크를 열어 내게 보여 주었다. 눈에 들어온 것은 1백 장도 훨씬 넘는 DVD였다. 하나같이 음악이나 영화에 관한 것이 아니었다.

"재특회 동영상입니다. 사이트에 올라온 집회나 시위 동영상을 DVD에 복사한 거예요."

자랑스러운 표정을 짓는 것을 보면 이 DVD가 그에게 얼마나 소중한 물건인지 알 수 있다. 그 역시 인터넷에서 사쿠라이가 연설하는 동영상을 본 것이 재특회에 들어간 계기였다고 말한다.

"동영상의 힘은 대단해요. 스트레이트하게 전달되거든요. 저도 재특회 동영상을 처음 봤을 때는 충격이었어요. 당당하게 '조선인은 나가라!'라고 외치는 사람은 본 적이 없었으니까요."

필사적으로 인터넷을 뒤져 재특회 동영상을 닥치는 대로 봤다. 그러다가 집에 있는 컴퓨터로 보는 것만으로는 만족하지 못하게 되었다. DVD로 복사하거나 재특회 전속 카메라맨에게서 한 장에 1천 엔씩 주고 구입해, 차에 있는 기기로 매일 출근 시간에 동영상을 보게 되었다고 한다.

"배우는 게 많아요. 일본이 지금 어떤 상황인지 이해할 수 있을 뿐만 아니라 연설 방법 같은 것도요."

그는 "사쿠라이 회장을 존경한다."라고 단언했다.

"심한 말을 하는 건 사실이에요. 하지만 그렇게 하지 않으면 아무도 주목해 주지 않잖아요. 지금까지 보수를 자칭하는 사람들은 재일 코리안이나 늘어나는 중국인 문제에 대해 확실하게 말을 하지 않았죠. 그래서 외국인이 특권을 가지게 되었던 겁니다. 회장은 그 사실을 직설적으로 호소해서 세상에 문제를 제기했어요. 많은 사람들이 그 덕분에 재일특권에 대해 이해하게 되었죠. 저도 재일특권의 진실을 사쿠라이 회장의 연설로 처음 알게 되었어요."

어린 시절 그의 조부모는 국경일이면 현관에 일장기를 걸었다. 어린 마음에도 아름다운 광경이라고 생각했다. 일장기로 상징되는 일본을 소중히 여기겠다고 다짐했다. 그러나 어른이 되자 국경일에 일장기를 거는 사람은 자신의 부모를 포함해 거의 없어졌다. 그런 일을 하면 우익이라고 불리는 풍조가 생겼다. 납득할 수 없는 기분이 자꾸 들었다. 중·고등학교에서는 부락 차별에 대해 배우는 '동화 교육'을 받았다. 그는 이 시간이 너무나도 싫었다.

"왜 학교가 군이 몰라도 되는 일을 가르치죠? 제 주변에 차별은 없었어요. 그런데도 학교는 지겨울 정도로 '차별은 나쁘다', '인권은 소중하다.'라고 강조했어요."

그 반동으로 인권이나 차별이라는 말에 반발하게 되었다. 그는 전문대를 졸업한 뒤 자동차 판매 회사에 정비공으로 취직했다. 직장에서는 정치적인 이야기를 하지 않는다. 다른 사람들이 이해할 수 없는 문제라고 생각하기 때문이다. 북한의 납치 사건이 밝혀졌을 때 주변 사람들은 모두 분개했다. 그렇지만 야만스러운 조선인을 일본에서 쫓아내야 한다는 의견은 들을 수 없었다.

"저는 납치 사건을 용서할 수 없었어요. 대체 북한은 어떤 나라일까? 인터넷에서 검색을 거듭하다가 나온 게 재특회 동영상이었죠. 동영상을 보고 북한뿐만 아니라 재일 코리안도 일본을 위기에 빠뜨리고 있다는 사실을 알게 됐어요. 진실을 알아 버린 거죠."

진실. 재특회 회원들이 가장 즐겨 쓰는 말이다. "진실에 눈을 떴다", "진실을 알았다." 그 출처는 모두 인터넷이다. 신문·잡지·텔레비전 등에 의해 은폐되었던 진실이 인터넷의 힘으로 간신히 세상에 알려지게 되었다. 자명종 소리에 깨어났을 때처럼 헉하고 일어나서 그때까지 보이지 않던 일본의 광경을 보게 되는 것이다.

정신을 차리자 주변이 모두 적이었다. 학교도, 언론도, 정부도. 게다가 최대의 적인 재일 코리안들이 오늘도 거만한 얼굴로 세상을 활보하고 있다. 재특회 회원들은 열을 내며 말한다. 재일 코리안은 너무 많은 것을 누리고 있다. 권리만 주장한다. 평범한 외국인이 되어야 한다. 일본에 더 감사하라.

나는 재특회 회원들이 말하는 '재일 코리안'이라는 말이 무기질 기호처럼 느껴졌다. 재일 코리안이라는 말로 분류되는 사람들의 얼굴도, 표정도, 생활도, 역사도, 풍경도, 그 자세한 모습은 전혀 떠오르지 않는다. 일본의 위기를 나타내는, 또는 모든 모순과 문제를 풀 블랙박스 같은 존재로 편의에 따라 사용하는 것처럼 보였다.

그래도 나는 그들을 단순히 인종차별주의자, 광신적 애국주의자라고 혐오하며 일방적으로 비판하는 것은 피해야겠다고 생각했다. 그런 자세로는 취재를 할 수 없다. 어쩌면 불만이나 불안을 갖고 오랜 시간 고민하며 살아온 그들이 나 자신의 모습과 겹쳐 보였기 때문인지도 모르겠다. 나는 이쪽과 저쪽을 나눌 수 없었다. 저쪽에도 나름대로 리얼리티가 있지 않을까 생각한 적도 많다. 무엇보다도 재특회가 사회에 일정한 영향을 주고 있다는 점을 인정하지 않을 수 없다. 그들을 쭉쭉 빨아들이는 강력한 자력磁力의 존재를 무시할 수는 없는 것이다.

"비판도 자유롭게 써주세요."

홋카이도 삿포로 시는 9월 하순이 되자 이미 가을 분위기가 농후해져, 오후의 온화한 햇살 속에도 오싹한 냉기가 스며들고 있었다. 2010년 가을의 어느 일요일이었다. 시의 중심부인 오도리 공원은 많은 사람들로 붐볐다. TV 타워를 배경으로 여성 관광객들이 익살스러운 자세를 취하며 사진을 찍고 있었고, 북쪽 나라의 가을 하늘은 한없이 높고 파랬다. 평화로운 광경이었다.

그 오도리 공원을 가로지르는 도로변에 어디서부터라고 할 것도 없이 일장기를 든 사람들이 모여들었다. 재특회 홋카이도 지부 사람들이었다. 아무리 평화롭게 보이는 장소라도 재특회가 등장하면 분위기가 순식간에 바뀐다. 불협화음이라고 해야 할까, 온화한 선율 속에 갑자기 음정이 맞지 않는 화음이 날아든 것 같은 어색함을 느끼고 마는 것이다. 집회에 참여한 사람은 약 20명. 언제나처럼 각각 마이크를 잡고 '재일특권 폐지'나 '중국의 군사적 위협'을 호소했다. 첫 타자는 중국의 위협을 매끄러운 어조로 이야기하는 여성(28세)으로, 다카하시 아야키高橋亜矢花라는 닉네임을 쓰고 있었다. 최근에 다니던 회사를 그만두고, 지금은 새 직장을 구하고 있다고 한다. 가볍게 웨이브 파마를 한 머리와 커다란 귀고리로 패션을 완성한 그녀는 지저분한 남자들 사이에서 유독 눈에 띄었다.

연설을 마친 다카하시에게 다가갔다. 명함을 건네자, 굳은 얼굴로 나를 보고는 조용히 고개를 숙여 인사했다. 경계심이라기보다는 언론인 따위는 믿지 못하겠다는 불신감이 처음부터 표정에 나타났다. 그 의지가 강해 보이는 얼굴에 오히려 나는 호감을 느꼈다.

"정치에는 원래 관심이 없었어요."라며 다카하시는 조용히 입을 열었다. 이데올로기와는 상관없는 평범한 회사원이었다고 한다. 그런 다카하시가 정치에 주목하게 된 계기는 2008년 국적법 개정이었다. 외국인과 혼인 관계를 맺지 않고 낳은 아이라도 부모가 인지認知[친아버지나 친어머니가 자기 자식임을 확인하는 일]하면 일본 국적을 취득할 수 있도록 개정한 것이었다.

"직감적으로 뭔가 이상하다고 생각했어요. 국적이라는 걸 이렇게 간단히 줘도 되는 걸가 하고."

정치에 무관심했던 평범한 회사원이 국적법에 반응했다는 점이 흥미로웠다. 그녀는 처음부터 결코 정치에 무관심하지 않았을 것이다. 적어도 국적에 대해 민감하게 반응할 정도의 멘탈리티를 가지고 있었던 것은 분명하다.

밤새 인터넷으로 국적법을 조사했다고 한다. 검색해서 나온 기사나 블로그를 닥치는 대로 읽었다. 일본인의 순혈성을 강조하는 보수파의 주장이 인기였고, 개정에 반대하는 목소리가 압도적으로 많았다. 왠지 안심이 되었고, 같은 의견을 가진 사람이 이렇게 많다고 생각하니 마음이 든든해졌다. 그리고 그때까지 거의 의식하지 않았던 국가의 존재를 발견하게 되었다.

"국가는 어떻게 존재해야 하는가? 국가는 누구를 위해 있어야 하는가? 국가가 해야 할 일은 무엇인가? 그런 문제를 진지하게 생각하게 됐어요."

다카하시가 의존한 것은 물론 인터넷이다. 인터넷은 보수적인 입장에서 국가를 논하는 사람들로 넘쳐 났다. '평화를 지키자', '차별은 나쁘다.'라는 주장보다 보수의 주장은 훨씬 강력하고 설득력이 넘쳤다. 그중에서도 다카하시에게 큰 영향을 미친 것은 채널 사쿠라와 재특회였다. 다카하시는 말한다. 모두 진심으로 나라를 걱정하고 있었다고. 강한 일본을 원하고 있었다고.

이들의 주장에는 거대 언론에서는 결코 볼 수 없는 힘이 넘쳤다. 그에 비하면 좌익이나 기존 보수는 칠칠치 못했다. 평화를 원하는 사람은 아무 일도 하지 않고 향락만 취하는 게으른 사람이다. 차별을 규탄하는 사람은 그저 듣기 좋은 소리를 할 뿐이다. 그런 생각이 강해졌다.

"특히 재특회의 동영상은 제게 강한 위기감을 심어 줬어요. 사쿠라이 회장은 '일본은 누구의 것이냐? 당연히 일본인의 것이지.'라고 호소했습니다. 재일 코리안이나 중국인이 권리만 주장하고 일본은 그런 상황에 문제의식이 없는 부조리를 규탄했습니다. 그리고 정신을 차려 보니, 저도 어느새 일장기를 들고 집회에 참가하고 있었던 거죠."

거기까지 이야기한 다카하시는 내 얼굴을 정면으로 바라보며 태연한 말투로 추궁했다.

"지금 이대로 가면 일본이 어떻게 된다고 생각하세요?"

갑작스러운 질문에 난감해진 나는 되물을 수밖에 없었다. "다카하시 씨는 어떻게 생각하세요?"라고. 다카하시는 어이가 없다는 표정을 지었다. 그래도 진지한 표정을 풀지 않고 나를 쳐다보며 중얼거리듯이 말했다.

"지금처럼 중국이나 한국이 하자는 대로 하다가는 일본은 식민지가 되고 말 거예요."

은색 귀고리가 반짝반짝 빛나고 있었다. 나는 눈을 마주치길 주저하며 귀고리만 보았다. '식민지'라는 듣기 거북한 말과 다카하시의 골똘한 표정이 나를 무척이나 우울하게 만들었다. 그런 생각까지 하나 싶은 놀라움과 식민지는 당연히 싫겠지 싶은 단순한 생각이 뒤섞여 나를 덮쳤다.

그녀의 위기감은 국가에 대해서만이 아니었다. 빠른 걸음으로 눈앞을 지나치는 사람들, 친구들, 가족, 그들 모두가 그녀에게는 "아직 각성하지 못한 사람들"인 것이다. "다들 너무 무관심해요."라고 이번에는 화난 어조로 말했다.

"우리가 필사적으로 호소하고 있는데 전혀 관심을 보이지 않고 지나가 버리면 정말 짜증이 나요."

나는 '당연하지.'라고 마음속으로 말했다. "조선인은 나가라", "짱깨를 쫓아내라."라는 구호를 들으면 못 들은 척하고, 될 수 있는 한 빨리 지나가는 것이 일반적인 반응일 것이다. 괜히 이견을 제기했다가는 순식간에 포위되어 린치를 당할지도 모른다. 그것이 재특회의 방식이다. 그러나 그녀의 입장에서 보면 자신들에게 찬성하지 않는 사람은 이미 의식이 뒤떨어진 사람이다. 가끔 좌익 당파에게서도 볼 수 있는 무오류에 대한 독선적인 신념을 느끼지 않을 수 없었다. 다카하시는 가까운 사람들을 향해 비난의 화살을 쏟아 냈다.

"친구들도 부모님도 전혀 말이 안 통해요. 친구들에게 외국인 참정권의 문제점을 이야기해도 어리둥절한 표정을 지을 뿐이에요. '갑자기 무슨 일이니?'라는 반응만 보이고."

같이 사는 부모님은 그녀의 주장을 이해조차 하지 못한다고 한다.

"우리 부모님은 구세대라서 기존 언론밖에 믿지 않거든요. 인터넷 정보는 보려고 하지도 않아요. 저는 어떻게든 이해받고 싶어서 부모님께 채널 사쿠라의 프로그램이나 재특회 사이트도 보여 드렸는데, 전혀 관심이 없으시더라고요. 오히려 사이비 종교라고 생각하는 모양이에요."

어느 정도 예상하고 있었지만, 내가 접한 재특회 회원들은 친구나 가족에게 활동 사실을 감추거나 처음부터 이해시키려는 노력을 반쯤 포기한 경우가 대부분이었다. 재특회 운동은 어디까지나 인터넷을 매개로 진행된다. 현실의 인간관계에서는 결코 나오지 않는다. 이 부분이 노동운동이나 학생운동과는 크게 다른 점이다. 즉 권유라는 게 없는 것이다. 권유를 위한 술집이나 카페도 필요 없다. 같이 회식을 하면서 설득하는, 귀찮기 짝이 없는 과정은 처음부터 생략된다. 인터넷이라는 드넓은 공간에 흩어져 있던 개인과 개인이 뭉쳐서 개인적으로는 전혀 관계없는 사람들끼리 단결한다. 친구끼리 의기투합해서 참가하는 경우는 거의 없다. 그래서 같은 회원이라도 서로의 본명이나 주소를 모르는 일이 허다하다. 인터넷에 올라온 블로그나 동영상은 미끼일 뿐이다.

"그래서 인터넷의 힘을 무시할 수 없는 거죠."라고 말한 사람은 홋카이도 지부장인 후지타 세이론藤田正論(닉네임)이었다. 30대 후반의 그는 삿포로에서 디자인 회사를 경영하고 있었다. 빡빡 민 머리가 무섭다기보다는 귀여워 보였고, 어눌한 인상도 정치 활동가처럼 보이지 않았다.

오도리 공원에서 인사를 나눈 다음 날 시내 카페에서 후지타를 다시 만났다. 회색 양복의 왼쪽 옷깃에는 '북한에 납치된 일본인을 구출하기 위한 전국협의회'의 블루리본이 빛나고 있었고, 오른쪽에는 Z 자가 빛나는 재특회 휘장이 달려 있었다. 일할 때도 이 두 개는 떼지 않는다고 한다. "확신범이니까요."라고 후지타는 장난스럽게 말했다. 그는 인터넷의 힘에 대해 이렇게 말했다.

"인터넷이 없었다면 불만이나 위기감을 가진 사람들을 모을 수 없었을 겁니다. 너무 가볍다는 비판도 들리지만, 그래서 나쁠 게 뭐죠? 입구는 넓을수록 좋습니다. 우리에게 인터넷은 계기일 뿐, 그곳에 안주하진 않아요. 직접 길거리에 나서서 호소하고 있습니다. 중요한 것은 수단이 아니라 '무엇을 하는가, 무엇을 목적으로 하고 있는가'가 아닐까요? 저는 그렇게까지 인터넷에 의존하지 않지만, 학생 시절에 인터넷이라는 입구가 있었다면 좀 더 빨리 운동에 참가했을지도 모르죠."

인터넷이 보급되기 전에 그는 "다른 사람과 분노를 공유할 수 없는 외로움"을 느꼈다고 한다. 후지타는 원래 보수적인 집안에서 자랐고, 특히 아버지는 '일본인으로서의 자각'을 엄격하게 가르쳤다. 아버지는 텔레비전에 천황의 모습이 나오면 즉시 무릎을 꿇는 사람이었다. 후지타는 아버지에게 교육칙어教育勅語*를 배웠고, 고등학생 때는 그것을 줄줄 외울 정도였다.

"그래서 어린 시절부터 줄곧 국가와 민족을 의식했습니다. 그런데 홋카이도는 일찍이 '사회당 천국'이라고 불렸을 정도로 좌파적인 곳입니다. 제 안의 애국심이나 천황 폐하에 대한 숭배를 드러낼 수 있는 환경이 아니었습니다."

후지타가 홋카이도에서 대학을 다닐 무렵의 이야기다. 친구와 길을 걷다가 "헌법 9조를 지키자."라는 슬로건이 적힌 평화운동 단체의 차가 지나가는 걸 보고, 후지타는 저도 모르게 "말도 안 되는 소리 하고 있네."라고 말하고 말았다. 그러자 친구가 몹시 놀란 얼굴로 후지타에게 이렇게 물었다.

"너는 전쟁이 좋니?"

이때의 허탈함은 지금도 잊을 수 없다.

"아, 단지 헌법 9조를 비판했다는 이유만으로 전쟁을 좋아한다고 생각하

---

* 1890년 천황의 명으로 교육에 관한 이데올로기를 공표한 칙어로, 일제 치하 조선에도 강요되었다.

나 싫어서 참을 수가 없더라고요. 그리고 나니 다른 사람과 토론할 생각이 들지 않았어요."

이후 한동안은 학교나 직장에서 정치적인 이야기를 꺼내는 일을 피했다.

"그래도 술의 힘을 빌려서 단골 술집 주인한테 이야기한 적은 있어요. 다른 사람에게 정치 이야기를 한 건 그게 다예요. 그에 비하면 요즘 젊은이들은 행복한 거죠. 인터넷에서 자유롭게 발언할 수 있고, 같은 생각을 가진 동지를 쉽게 만날 수 있으니까요. 좋은 시대죠."

그 말은 결코 비꼬는 것이 아니라 진심으로 '인터넷을 통한 연대'를 부러워하는 것처럼 보였다. 물론 후지타도 그동안 계속 정치에 무관심했던 것은 아니었다. 무관심은커녕 고독한 싸움을 계속하고 있었다.

"의지할 사람이 아무도 없었으니까요. '혼자서라도 일본을 바꾸고야 말겠다.'라는 기개가 있었습니다. 어쨌든 의사 표시는 해야겠더라고요."

의사 표시의 수단으로 후지타가 이용한 것은 팩스였다. 일본 정부가 외국에 나약한 태도를 보일 때, 또 야당이 외국에 영합하려는 견해를 발표했을 때 후지타는 자신이 쓴 항의 성명을 팩스로 보냈다. 총리 관저, 민주당, 자민당, 사민당의 팩스 번호는 지금도 수첩에 적혀 있다.

그 후 인터넷에서 재특회를 알게 된 그는 망설임 없이 재특회에 들어갔다. 2007년의 일이다. 그해 말에 후지타는 재특회 사이트에 홋카이도 거주자들끼리 모이자고 썼다. 과연 얼마나 많은 사람이 모일까? 아니, 홋카이도에 정말로 동지가 있기는 한 걸까? 모임 장소로 지정한 술집에 도착할 때까지는 의구심으로 가득했다.

"열 명이 모였어요. 열 명입니다. 홋카이도에 동지가 열 명이나 있다는 사실에 깜짝 놀랐습니다. 아는 사람은 한 명도 없었지만 정말 기뻤어요. 적색의 대지*라고 불렸던 홋카이도에서 동지를 발견했으니까요. 그때의 기쁨은 지금도 잊을 수 없습니다."

현재 홋카이도 지부는 회원이 5백 명을 넘을 정도로 성장했다. 후지타의 공적이다. 후지타의 태도는 부드러웠고 말투도 예의 발랐다. 과거에 자신이 가졌던 고뇌를 감추지 않고 이야기하는 그를 보고 성실한 성격의 소유자라고 생각했다. 그래서 나는 물어보고 싶었다. 재일 코리안을 "바퀴벌레"라고 욕하고 "쫓아내라."라고 외치는 운동 방식을 어떻게 생각하느냐고. 후지타는 표정을 바꾸지 않고 침착하게 말했다.

"저는 그런 방식을 부정하지 않습니다. 운동은 충격을 주는 것이 중요하니까요. '나가라', '쫓아내라.' 같은 말은 분명 반감을 사겠죠. 하지만 그렇기 때문에 오히려 사람들의 기억에 남는 거잖아요. 거기서 무언가를 느낄 수 있으면 됩니다. 왜 그런 말로 연설하는지 의문을 가지면, 그중에는 인터넷으로 조사하는 사람이 생길지도 모르죠. 사실 그런 걸 계기로 재특회에 들어오는 사람도 많고요. 물론 비난이나 비판은 언제나 각오하고 있습니다. 참고로 홋카이도 지부는 '바퀴벌레'라는 말은 하지 않습니다. 홋카이도에는 바퀴벌레가 없어서 아무리 크게 외쳐도 효과가 없으니까요(웃음)."

납득할 만한 답은 아니었다. 스스로에 대해 객관적으로 말할 수 있는 후지타가 '추방'의 공포를 느끼는 사람들의 심정에는 왜 이리도 둔감한 것일까?

• 홋카이도가 좌파적 성향이 강한 지역이어서 붙은 별명이다. 일본에서 가장 북쪽에 있는 홋카이도는 메이지유신 이전까지 아이누족이 사는 지역이었으며, 현재는 타지에서 온 개척민이 대부분이다.

그렇다면 어째서 기존의 우익 조직은 안 되는가? 재특회가 아니라도 되지 않나? 보수 정치가에게 기대할 수 없다면, 과격하다는 점에서는 기존 우익도 충분히 그 기대를 충족시킬 수 있지 않나? 그러나 후지타는 이 물음에 명확히 "노."라고 답했다.

"평범한 사람이 분노하기 때문에 세상을 바꿀 수 있는 겁니다. 우익이 지금까지 정치를 바꿀 수 있었나요? 검은색 자동차를 타고 다니면서 떠들어봤자 지금까지 아무것도 바뀌지 않았잖아요."

이것도 재특회 회원들의 공통된 의견이다. 재특회 중에 우익 조직에서 온 사람이 전혀 없지는 않다. 그러나 대다수 회원은 기존 우익 조직에 혐오감을 느끼고 있다. 그것은 일반적으로 유포되는 우익의 이미지, 즉 조폭을 연상시키는 유니폼이나 검은색 자동차, 헤어스타일 등의 요소에 대한 반발도 있다. 재특회에서는 집회 시에 '유니폼 착용 금지'를 내거는 경우가 많다. 우익과 혼동되고 싶지 않기 때문이다.

그러나 그보다는 아키하바라 근처에 있을 법한 평범한 젊은이들이 집단으로 욕설을 퍼붓는 광경이 훨씬 무섭다. 후지타가 말했던 '효과'라는 점에서도 나무랄 데가 없다. 참가 장벽도 훨씬 낮고, 입회 선서나 의식이 있는 것도 아니다. 컴퓨터로 신청 양식을 작성하고 클릭 한 번만 하면 회원이 된다. 재특회의 급성장을 촉진한 것은 각오도, 결심도 요구하지 않는 '장벽 없는 입구'가 아닐까?

후지타는 마지막까지 온후하고 예의가 발랐다. 헤어지면서 그는 이렇게 말했다.

"부디 비판도 자유롭게 써주세요. 우리 주장을 들어 주는 것만으로도 기뽑니다. 단, 허무맹랑한 이야기를 쓰면 제대로 항의할 겁니다."

나는 그 후 두 번에 걸쳐 재특회에 대한 글을 잡지에 썼다. 많은 간부들이 그 내용에 반발했고, 그중에는 내 얼굴을 보자마자 멱살을 잡으려는 이들도 있었지만, 후지타만은 재미있었다며 감상을 전했다. 비판도 자유롭게 써달라는 그의 말은 거짓이 아니었다.

기자에게 덤벼든 중학생

"저기요. 저는 언론 같은 거, 절대 안 믿어요."

갑자기 내게 달려든 것은 요트 파카에 카고 바지를 입은 젊은이였다. 얼굴의 여드름으로 보아 아직 10대였다.

"공정이니 중립이니 하는 것은 거짓말이잖아요. 일본의 언론은 좌편향이에요."

앞날이 기대되는 아이다. 어른들이나 언론의 말을 곧이곧대로 믿는 아이들보다 훨씬 낫다. 다만 '좌편향'이라는 진부한 표현을 쓰지 않았다면 훨씬 좋았을 것이다. 나이를 알고는 놀랐다. 열네 살. 아직 중학교 2학년이었다.

재특회 미야기 지부의 집회를 취재하려고 센다이로 간 것은 2010년 10월이었다. 집회 전 집합 장소에서 참가자들과 인사를 나누었을 때 나를 도발한 유일한 사람이 바로 이 소년이었다. "미안하지만"이라고 말한 소년은 전혀 미안하지 않은 태도로 날 추궁했다.

"고단샤 취재죠? 전 고단샤에 대해 좋은 인상을 받은 적이 없어요. 『닛칸

겐다이』日刊ゲンダイ•를 읽어 봐도 오자와 이치로小沢一郎의 주장을 그대로 싣고 있을 뿐이잖아요."

오자와 이치로(민주당 간사장)의 헌금 문제가 화제가 되던 시기였고, 실제로 『닛칸 겐다이』는 '오자와 옹호'에 가까운 논지를 폈다. 그러나 『닛칸 겐다이』는 고단샤와 다른 회사이고, 나 역시 프리랜서이므로 고단샤의 '사설'社說(이라는 게 있는지는 모르겠지만)과는 전혀 관련이 없다고 설명했다. 애당초 언론의 좌편향을 규탄하는데, 오자와 이치로가 무슨 상관이냐고는 묻지 않았다.•• 이 소년에게 오자와는 아마도 중국에 연줄이 있다는 이유만으로 충분히 좌익일 것이다. 이렇게 난폭한 흑백논리가 현재 인터넷 여론의 특징이기도 하다.

나는 두려움 없이 어른을 물고 늘어지는 소년을 재미있는 아이라고 생각했다. 이 소년도 인터넷을 보다가 재일 코리안이나 좌익의 악행을 알고는 이내 재특회에 들어갔다고 한다.

"학교에서는 아직도 '재일 코리안은 불쌍한 사람들'이라고 가르쳐요. 아주 웃기는 얘기죠. 일본이 싫으면 조국으로 돌아가면 되는데 재일 코리안은 안 가잖아요. 말도 안 되는 모순이죠. 학교에서는 이런 이야기를 안 하지만요. 학교는 정치를 위한 장소가 아니잖아요. 그 정도는 저도 알아요."

• 고단샤 계열의 출판사에서 발간하는 스포츠 신문.

•• 오자와 이치로는 민주당을 여당으로 만드는 데 크게 기여한 거물 정치가인데, 2012년 7월 11일 민주당을 탈당하고 신당을 창당했다. 외국인 참정권에 찬성한다는 이유로 재특회를 비롯한 보수 세력에게 비판의 대상이 되고 있다. 그러나 원래는 자민당 정치인으로 시작했고 징병제를 포함한 개헌을 주장한 보수 정치인이었다.

친한 친구와도 정치 이야기는 하지 않는다고 한다.

"다들 무관심해요, 정치에는. 재일특권에 대해 이야기해도 '관심 없다', '고등학교 입학시험과 상관없다.'라는 반응밖에 없어요."

학교는 '정치를 위한 장소'가 아니라고 하더니 정치 이야기에 관심이 없는 친구를 은근히 비판한다. 왠지 주위에서 약간 겉돌고 있는 소년의 위치를 상상할 수 있었다. 어른이 되고 싶어 견딜 수 없을 것이다. 어른들과 함께 정치를 이야기하고 일본의 위기를 호소하는 중학교 2학년생은 건방진 말투로 덤벼들면서도 어딘가 즐거워 보였다. 그런 소년과 나의 대화를 듣고 있던 참가자 중 하나가 나중에 낮은 목소리로 귀엣말을 했다.

"아직 어린아이예요. 헛똑똑이죠. 지식은 있어도 인생 경험이 없고, 사회도 잘 모르죠. 지식만 앞서는 경향이 있어 걱정입니다."

그런 주위의 걱정을 아는지 모르는지 여드름 가득한 중학교 2학년 남자아이는 보고 있으면 안쓰러울 정도로 어른들과의 교류를 즐기고 있었다.

이날 집회의 주제는 '민주당 규탄'이었다. 민주당 미야기 현 연맹 옆 노상에는 "국민의 생명과 재산, 영토를 소홀히 하는 매국 민주당을 용서하지 않겠다!"라고 큰 글씨로 적힌 플래카드가 걸렸다. 모인 사람은 지방 은행의 은행원이기도 한 미야기 지부장 기쿠치 나이키菊池内記(닉네임, 27세)를 필두로 한 10여 명. 평소와 마찬가지로 회사원이나 비정규직 같은 일반 시민이었다(〈사진 4〉).

작은 해프닝이 일어난 것은 기쿠치가 중국이나 남북한에 대한 민주당의 '매국 외교'에 관해 연설하던 도중이었다. 자전거를 탄 50대 남성이 갑자기 다가와서 "생각이 짧네."라고 말했던 것이다.

"사람이면 어느 나라 출신이든 사이좋게 지내야지."

"특권 같은 게 진짜로 있어?"

예상대로 남성은 격노한 회원들에게 순식간에 포위되었다. "무슨 소리를 하는 거야!", "너 조선인이지?", "까불지 마! 일본에서 나가!", "똑바로 알라고!" 등등 여러 가지 욕이 나왔다. 나는 '또 시작이군.' 하며 차갑게 바라보고 있었다. 재특회 집회에서 이런 광경은 일종의 코스라고 해도 과언이 아니다. 이 무의미해 보이는 화풀이가 그들에게는 기분을 고양시키고 단결과 연대를 공고히 하기 위해 필요한 것이다. 위협당한 쪽에서 보면 억울한 일이고, 그들의 언동에 분노를 느끼거나 마음에 상처를 입은 사람도 적지 않을 것이다. 평소에 싸움은 해본 적도 없는 젊은이가 흥분해서 상대를 욕하는 모습을 보면 나름대로 재미있어 보이기도 했다. 그러나 재특회의 방약무인한 태도는 눈꼴사납기 짝이 없다. 도대체 뭘 믿고 그리 함부로 구는지 불쾌해지는 일도 적지 않다.

하지만 재특회 활동을 모두 단순한 화풀이로 치부하는 것 역시 주저된다. 내용의 옳고 그름은 차치하더라도, 그들 개개인이 '분노'를 느끼고 있다는 사실만큼은 알고 있으니까. 그것은 사람에 따라서는 자신의 모든 것을 버려도 좋다고 생각할 정도로 중요한 문제이고 절실한 것이다. 그들은 결코 숫자를 채우기 위해 동원된 것이 아니고, 누군가에게 등을 떠밀려 운동에 참가한 것도 아니며, 참가자에게 일당이 지불되는 것은 더더욱 아니다. 어떤 의미에서는 풀뿌리라는 말이 이렇게 잘 어울리는 조직도 없다. 예를 들어, 그들에게서는 노동조합 집회에서 가끔 볼 수 있는 '어쩔 수 없이 하는' 분위기가 보이지 않는다. 그 점에서 재특회 회원 대부분이 진심이라는 사실을 나는 결코 부정할 수 없다. 그것이 내 눈에 아무리 불쾌하고 우스꽝스럽게 비친다 하더라도…….

센다이의 집회 이야기로 돌아가자. 이때 자전거를 탄 남성에게 가장 격렬하게 화를 낸 사람은 도쿠베 기쿠오德部喜久夫(41세)였다. 타월을 이마에 두른 덤프트럭 운전사인 그는 보기에도 무시무시했다. 자전거를 탄 남성을 쫓아낸 후 도쿠베는 "화나는 일이 너무 많다."라며 소리 높여 말했다.

"특히 재일 코리안 녀석들. 조용히 평범하게 살면 우리도 아무 말 않죠. 그런데 생활보호 지원금을 받으면서 고급 승용차를 타고 다니는 놈들이 있어요. 직접 본 적은 없지만 그런 이야기는 흔해요. 정부만 해도 일본인을 먼저 구해야죠. 외국인한테만 신경 쓰고, 용납이 안 돼요. 그러니까 짱개들이 늘어나는 겁니다. 어쩔 작정인지 모르겠어요. 놈들한테 점령당해 버린다고요. 일도 점점 짱개들한테 빼앗기고."

도쿠베는 진심으로 분노하고 있었다.

"그런데도 텔레비전은 한가롭게 한류 드라마나 틀고 있고. 한류 드라마도 용납이 안 돼요. 왜 일본인이 굳이 한국 드라마를 봐야 합니까? 이것도 일종의 음모예요. 덴쓰電通*에 의해 날조된 붐이라고요. 알고 있었어요? 그래서 나는 텔레비전을 안 믿어요. 진실은 인터넷에 있으니까. 인터넷만으로 충분해요."

이날 유일한 여성 참가자였던 30대 회사원도 내게 '언론의 편향'을 지적했다.

---

* 일본의 거대 광고 회사.

"언론 따위는 믿을 수 없어요. 지방신문인 『가호쿠 신보』河北新報 같은 경우 좌익 시위는 사람이 아무리 적어도 보도하면서, 우리 같은 보수 단체는 취재조차 하지 않아요. 완전히 무시하는 거죠. 우리는 다들 자기 돈을 쓰면서 열심히 하고 있어요. 그런데 언론은 너무 냉담해요. 일반인들은 이렇게 편향된 언론의 영향을 받고 있어요."

그녀의 연설도 주로 언론 비판에 초점이 가 있다. 이날 집회 장소는 NHK 센다이 지국 맞은편이었다. 그녀는 NHK 건물에 대고 크게 외쳤다.

"NHK는 도대체 무얼 보도합니까? 온통 중국이나 조선 이야기뿐이잖아요. 불쾌해요! NHK는 우리 이야기는 결코 보도하지 않습니다. 시청료를 물어내세요!"

그리고 마지막으로 "NHK는 우리를 보도하라!", "편향 방송을 그만두라!", "NHK는 일본을 위해 일하라!"라는 구호를 선창했다. 그녀도 오래전부터 재일 코리안이나 조선의 '횡포'에 화가 나 있었다. 그러나 친구나 가족에게 그런 이야기를 해봤자 아무도 상대해 주지 않았다. 주변 사람들은 "신문에 나온 이야기를 곧이곧대로 받아들이는 사람들뿐"이라고 했다. 그래서 인터넷에 불만을 토로했고, 인터넷에서 진실을 발견했다. 그러다 만난 것이 재특회였다. 재특회에 들어가서 집회에 참가하자, 같은 불만을 가진 사람들과 실제로 만날 수 있었다. 직장이나 가정에서 이야기할 수 없는 속마음을 동지들과 공유할 수 있게 된 것이다.

"전 지금 무척 즐거워요. 이제야 동지들을 만났으니까요."

험악한 얼굴로 언론을 비판하던 그녀도 동료에 대해 언급할 때는 밝은 표정을 지었다.

지부장 기쿠치는 은행원답게 나와 이야기하는 내내 신사적인 태도를 보였다. 흥미로웠던 사실은, 기쿠치가 연설 중에 "이걸 읽으세요!"라며 손에 든 것이 일본공산당 기관지인 『신문 아카하타』しんぶん赤旗[이하 『아카하타』]였다는 것이다.

"『아카하타』는 좋아요. 영토 문제에 관해서는 우리와 같은 주장입니다. 공산당은 쿠릴 열도도, 다케시마나 센카쿠 열도도 일본 영토라고 주장합니다.• 게다가 공산당은 다른 문제에 대해서도 흔들리지 않아요. 물론 근본적인 곳에서는 공존할 수 없는 부분이 많습니다. 하지만 공산당은 외국에서 돈을 받고 움직이는 정당이 아니죠. 중국이나 러시아, 북한과도 싸워 온, 어떤 의미에서는 민족주의 정당입니다. 도리에 맞는 이야기를 하고 있는 점이 훌륭하다고 생각해요."

『아카하타』에 대한 높은 평가는 곧 상업지에 대한 안티테제를 의미한다.

"일본 언론은 결국 외국에 아무 말도 못합니다. 중국이 그렇게 흉악한 짓(영해 침범)을 해도 언론은 너무 조용해요."

기쿠치가 중국 문제와 관련해 언급한 것은 '중일 기자 협정'이다.

"이 협정 때문에 일본 언론은 중국을 전혀 비판하지 못해요. 중국 마음에 드는 보도밖에 못하는 거죠. 이래도 됩니까?"

이 문제는 중요한 지점이므로 조금 길지만 설명을 해야겠다. 재특회를 비

• 일본은 독도를 자국 영토라고 주장하며 다케시마라고 부른다. 러시아가 실효 지배를 하는 쿠릴 열도에 대해 일본은 영유권을 주장하고 있으며, 반대로 일본이 실효 지배를 하는 센카쿠 열도(중국명 댜오위다오)에 대해서는 중국이 영유권을 주장하고 있다.

롯한 보수 단체를 취재하는 동안 나는 몇 번이나 중일 기자 협정에 대해 들어야 했다. "이 협정 때문에 중국을 비판하지 못한다", "이것 때문에 친중파 기자만 출세하는 시스템이 생겼다." 등등. 이 협정의 정식 이름은 '중일 기자 교환 협정'이다. 양국의 국교가 회복되기 8년 전인 1964년에 일본과 중국 사이에 맺은 협정으로, 양국 기자를 상주시키자는 약속이다. 주로 자신의 나라에 지국을 둔 상대국 주재 기자에게 필요한 편의를 봐주자는 내용인데, 일부 보수파는 [이 협정문에 들어 있는] "중국을 적대시하지 않는다", "두 개의 중국(타이완을 가리킨다)을 인정하지 않는다."라는 조항을 문제 삼고 있다. 이것이 인터넷에 알려지면서 "중국에 대한 일본의 보도가 굴욕적인 것은 이 협정 때문이다."라는 이야기가 네티즌들 사이에서 퍼진 것이다.

요즘 같은 시대에 이는 죄다 헛소리에 불과하다고 말할 수 있다. 일본의 보도기관이 개혁·개방을 하기 이전의 중국에 지국을 개설하거나 유지하기 위해 중국에 모종의 배려를 했던 것은 사실이라고 생각한다. 실제로, 협정을 위반했다는 이유로 기자가 국외로 추방당하거나 지국이 폐쇄되기도 했다. 그러나 이렇게 곰팡이 냄새가 나는 협정이 지금도 기자를 옭아매고 있다고 생각해야 하는가? 나는 여러 베이징 주재 기자와 주재 경험이 있는 기자에게 이야기를 들었지만, 그들은 '굴욕 보도'의 원인이 협정 때문이라는 이야기를 웃어넘겼다. 현역 중국 주재 기자는 이렇게 말한다.

"협정이 기자를 꼼짝 못하게 한다는 이야기는 사실무근이에요. 일상적인 취재 중에 협정 때문에 자숙하거나 원고의 톤을 조정한다는 이야기는 들은 적이 없습니다. 무엇보다 협정 자체의 구체적인 내용을 모르는 기자도 있고요. 저도 과거 중일 교류의 경위를 조사하기 위해 읽어 본 적은 있지만, 회사상사나 전임자에게 이 협정에 대해 설명을 들은 적은 전혀 없습니다. 솔직히 일본 언론은 중국을 비판하지 못한다고 주장하는 사람들이 신문을 읽기나 하는지 의문이네요. 최근 저장浙江 성에서 있었던 고속철도 사고에 대해서만 해도, 일본의 주요 신문들은 중국 철도부의 대응부터 공산당 일당독재 체제에 이르기까지 강하게 비판했습니다. '신문은 중국을 비판하지 않는다.'라고 주장하려면 막연한 이야기가 아니라 구체적인 사례(고속철도 사고, 희토류 문제, 티베트·위구르 등 소수민족 문제)를 들어 지적해야죠. 중국에 있는 일본 기자가 보도에 제약을 받는다면 중국 국내법 때문일 겁니다. 일본을 포함한 서방과 비교하면, 중국은 국가 기밀의 범위가 넓어 취재 규제가 광범위하다는 건 잘 아시겠죠. 취재 현장에서는 일본뿐만 아니라 홍콩, 타이완, 한국, 그리고 유럽이나 미국의 주재 기자들이 보도 규제를 일상적으로 겪고 있어요. 중일 기자 협정과는 관련이 없습니다."

물론 재특회 회원들은 이런 설명을 믿을 수 없을 것이다. 그들이 원하는 것은 사실 확인이 아니라 '야만스러운 이웃 나라'를 격렬하게 욕할 수 있는 힘 있는 주장이다. 그것은 일찍이 학생운동 시절 거대 신문을 '부르주아 신문'이라고 매도했던 감성과 비슷한 것인지도 모른다.

기쿠치는 의연한 표정으로 내 눈을 보며 말했다.

"실제로 일본의 영해가 침범당하고 있습니다. 여러 가지 횡포를 확인할 수 있어요. 일본이 얕보이고 있다는 증거 아닙니까? 그런데 언론도, 정치인들도, 일반인들도, 지금껏 적당히 넘어간 것입니다. 강제 연행이나 종군 위안부처럼 근거가 불확실한 사실을 이용해 간섭하고, 동요시키고, 게다가 납치까지 했어요. 여기서 화내지 않으면 앞으로 일본의 주권은 없는 거나 마찬가지입니다."

'영토 문제에서 일본은 당하기만 하잖아.'라는 느낌은 나도 이해가 간다. 센카쿠 열도 부근에서 거듭되는 중국 어선의 영해 침범에 대다수 일본 국민들이 분노를 느끼고 있을 것이다. 때로는 무력 사용을 예고하면서 영역 확대를 노리는 중국의 패권주의에는 나 역시 화가 난다. 또한 일본이 영토라고 주장하는 다케시마에서도 한국의 실효 지배가 계속되고 있다. 대화할 의지가 없는 중국과 한국의 과격한 내셔널리즘에는 나조차도 질리고 만다.

기쿠치는 대학에서 역사를 전공하고, 중국에도 몇 번 간 적이 있으며, 또 직장에서는 중국인이나 한국인 고객과 거래를 한다. 결코 "배외주의排外主義적인 입장은 아니다."라고 강조한다.

"저는 사쿠라이 회장의 동영상이나 저작을 접하고 이것이야말로 일본의 올바른 길이라고 확신했습니다. 우리는 돈 때문에 활동하는 우익도 아니고, 듣기 좋은 소리로 주의를 끌려는 정치인도 아닙니다. 위기의식을 가진, 그리고 일본을 정말 사랑하는 평범한 일본인입니다. 그래서 소리 높여 주장하는 것입니다. 그 사실만은 제발 알아주세요."

집회가 끝나고 현장을 떠나기 전, 나는 다시 한 번 예의 그 건방진 중학교 2학년 남자아이에게 물었다.

"나중에 무슨 일을 하고 싶니?"

소년은 전혀 표정을 바꾸지 않고 시원스럽게 대답했다.

"중학생이니 앞으로의 일은 모르죠. 그렇지만 공무원은 절대 싫어요. 공무원이 되면 정치 활동을 못하잖아요."

역시 시건방진 녀석이다. 하지만 나는 그 점이 마음에 들었다. 이 아이뿐만 아니라 재특회 집회에서 몇 번이나 고등학생 같은 미성년자를 본 적이 있다.[●] 다들 성실해 보였고 똑똑했다.

내가 아는 베테랑 고등학교 교사가 이렇게 지적한 적이 있다.

"예전에도 어른스럽고, 머리가 좋고, 교사에게 논쟁을 거는 학생은 있었어요. 비교적 좌파적인 생각을 가진 아이들이었죠. 그런데 요즘에 논리로 교사를 이기려 드는 아이는 오히려 '우파적인' 아이들이에요. 우익이 훨씬 잘나간다니까요."

재특회는 시대를 비추는 거울이기도 하다.

● [원주] 재특회는 젊은 세대를 적극적으로 모집하려는 움직임을 보이기도 했다. 2010년 9월에는 사가佐賀와 도쿄에서 미성년자만을 대상으로 사쿠라이의 강연회가 열렸다. 이것은 철저히 폐쇄적인 행사였기 때문에 사전에 예약하지 않으면 참가할 수 없었지만, 나는 이 집회에 참가한 어느 소년에게 이야기를 들을 수 있었다. 그는 "마치 일본사 수업처럼 역사 이야기만 계속되었다. 야마토가 어쩌고저쩌고하는, 너무 지겨워서 졸음을 참기 힘든 내용이었다."라고 말했다. 상대가 미성년자였기 때문에 사쿠라이의 주 무기인 증오 연설을 자제했는지도 모른다.

3

범죄 또는
퍼포먼스

| '교토 조선학교 방해' 사건과
| '도쿠시마 현 교직원 조합 난입'
| 사건의 진상

관광객이 모르는 또 하나의 교토가 있다. 교토 역 하치조 출구를 나와 남쪽으로 계속 가다 역 앞의 패션가나 호텔을 지나면, 교토 최대의 재일 코리안 밀집 지역인 히가시쿠조 거리가 나타난다. 코리아타운이라 불리기도 하지만, 도쿄의 오쿠보나 오사카의 쓰루하시와는 분위기가 전혀 달라 외국 문화를 가볍게 즐길 수 있는 곳은 아니다. 이곳은 지역에 뿌리를 내린 사람들의 냄새가 농후하다. 어깨가 맞닿을 것처럼 늘어선 오래된 가옥, 뒷골목의 한국 식당, 아무런 특색도 없는 주택가 속에 희미한 민족 정서가 떠돈다.

나는 교토를 들를 때마다 이 동네에 사는 친구가 가르쳐 준 히가시쿠조의 곱창 가게에 간다. 등받이가 없는 의자에 앉아 먼저 김치를 수육에 싸서 맥주와 함께 먹으면 식욕이 솟구친다. 불 위에 각종 내장을 늘어놓고 배가 터질 때까지 먹어도 지갑이 가벼워지는 일은 없다. 이 일대에는 그런 식당이 적지 않다.

히가시쿠조에 조선인이 살기 시작한 것은 1920년대부터라고 한다. 국철에 의한 도카이도 선*과 히가시야마 터널**의 대규모 공사 때문에 많은 조선인 노동자가 징용되어 이 지역에 살게 되었다. 또 패전 직후에는 교토 역 남쪽에 암시장이 생기면서 조선인 인구가 급증했다. 지금은 왕년의 정경을 보기 어렵지만, 골목을 걷다 보면 역사에 농락당한 재일 코리안의 조용한 숨소리가 들리는 듯하다.

사건은 바로 이 지역에서 벌어졌다. 간사이에 거주하는 재특회 회원을 중심으로 한 '간사이 팀' 구성원 10여 명이 교토 조선제1초급학교에 들이닥친 것은 2009년 12월 4일 오후 1시였다(〈사진 5〉). 간사이 팀은 말 그대로 간사이 지역에 사는 보수 활동가들의 모임이다. 소속 단체는 각각 다르지만, 재일특권의 폐지를 요구하며 재일 코리안을 적대시한다는 것이 공통점이며, 재특회가 중심이 된 공동전선이다. 그 구성원들이 "조선학교를 부숴라!" 라고 외치며 교문 앞에서 가두집회를 시작한 것이다.

평일 오후였고, 당연히 학교 안에서는 수업을 하고 있었다. 교직원뿐만 아니라 졸업생들도 소식을 듣고 달려왔고, 경찰들도 나타나면서 주위는 소란스러워졌다. 교토 조선제1초급학교는 1946년에 설립된 학교로, 일본의

---

* 도쿄에서 교토, 오사카를 거쳐 고베에 이르는 713킬로미터 길이의 철도 구간을 가리킨다. 수도권과 나고야, 간사이 지방을 잇는 일본의 주요 철도다.
** 교토 역과 야마시나 역을 연결하는 철도 터널.

유치원과 초등학교에 해당하며, 아동 1백여 명이 재학하고 있다. 사건이 있기 한 달 전, 재특회는 "교토 조선학교가 어린이 공원을 불법점거"라는 제목으로 유튜브에 선전 영상을 올렸다. 여기서 회원 중 한 명이 "어서 쫓아내자."라고 발언했고 "12월 중에 돌격합니다. 기대해 주세요!"라는 자막도 나왔다. 사실상의 범행 예고였다. 학교 측은 반신반의하며 경계했지만, 그야말로 돌격은 기습적으로 일어났다.

정의의 싸움

이 사건은 도대체 왜 일어난 걸까? 조선제1초급학교 정문 맞은편에는 교토 시가 관리하는 간진바시 어린이 공원이 있다. 재특회는 이 공원이 "조선학교에 의해 50년 동안 불법점거를 당하고 있다."며 항의하기 위해 학교에 들이닥쳤던 것이다. 학교 운동장이 없는 조선제1초급학교는 간진바시 어린이 공원을 운동장 대신 이용해 왔다. 조회나 체육 수업, 운동회 때 공원을 사용한 것이다. "교토 시 당국이나 인근 주민들과 공원 사용에 대해 협의해 왔다."는 것이 학교 측의 주장이다. 재특회는 이를 불법점거로 간주하고 일본인의 토지가 빼앗기고 있다며 직접행동이라는 강경한 수단을 취했던 것이다.

재특회 회장 사쿠라이 마코토는 사건이 있고 난 6일 후 자신의 블로그에 다음과 같이 경위를 설명했다.

재특회에 "조선학교에 의한 어린이 공원의 불법점거 실태 조사와 그 해결을 바란다."라는 지역 주민의 메일 한 통이 온 것이 계기였습니다. 간사이 지부가 사실 여부를 조사한 결과, 놀랍게도 반세기에 걸쳐 공원 내에는 관리자인 교토 시청의 허가 없이 골대나 조회대가 방치되었고, 마찬가지로 학교 전용 스피커가 무허가로 설치되어 있었습니다.

현장에서 탐문 조사를 해보니 "조선학교가 어린이 공원을 자신들의 전용 운동장처럼 사용하고 있다", "공원 안에서는 공놀이가 금지되어 있는데도 조선학교 아이들이 축구를 하고 있고, 공이 여기저기 날아다녀 위험하다." 등의 증언이 있었습니다. 그리고 "아마추어가 한 것인지 배선이 엉망이다. 언제 누전될지 모르겠다."라는 전기공사 전문가의 견해에 따르면, 위험한 상황임이 확인되었습니다. 간사이 지부는 재차 교토 시청에 어린이 공원 안의 설치물이 교토 시청이 허가한 것이 아니며 위험하다는 확인을 거쳐, 어린이 공원 내의 불법점거물(또는 불법 투기된 폐기물)을 철거하기로 결정했습니다.

학교 운동장에서 골대가 쓰러져 어린이가 부상을 당하는 불행한 사고에 대한 뉴스가 나오는 요즘, 공원 안에 무허가로 방치된 골대가 쓰러지기라도 해서 어린이 공원에서 놀던 일본 어린이들이 다치면 누가 책임지겠습니까? 아마추어가 배선한 스피커의 전선이 끊기거나 누전되어 어린이 공원에서 놀던 일본 어린이들이 감전되면 누가 책임지겠습니까? 자신들의 범죄행위를 모른 척하고, 재특회가 조선학교를 습격했다는 둥(습격하고 싶어도 학교 문이 굳게 잠겨 있어 부지 안에는 한 발짝도 들어가지 않았습니다), 조선학교에 다니는 아이들이 불쌍하다는 둥 헛소리를 지껄이는 조선인들이 있습니다.

_〈Doronpa의 혼잣말〉 2009년 12월 10일.

학교 측이 공원을 사용하게 된 경위에 대해서는 나중에 이야기하겠지만, 재특회가 평소처럼 나름의 대의명분(이 경우에는 어린이의 안전)을 내세우고 있다는 점이 흥미롭다. 재특회는 반드시 '피해자인 일본인'을 주장한다. 그래서 그런 목적을 위해서는 어떤 수단이든 정당화된다고 생각하는 것이다.

이날 모인 회원들은 먼저 학교 측이 공원에 설치한 스피커의 전원 코드를 절단하고, 체육 수업에 사용하던 골대와 조회대를 돌려주겠다며 교문 앞까지 이동시켰다. 그리고 수업 중인데도 확성기를 사용해 조선학교와 재일코리안을 비난하는 집회를 벌였다.

"조선학교, 이런 건 부숴 버려!"

"우리는 다른 단체들처럼 만만하게 당하지 않아!"

"일본에 살게 해주고 있잖아! 너희는 구석에 처박혀 있으면 돼!"

"조선인은 우리 선조의 토지를 빼앗았다. 여기는 일본 여자를 강간하고 빼앗은 땅이다!"

"김치 냄새 난다!"

"조선인은 똥이나 먹어!"

공원 사용에 대한 항의가 아니라 단순한 욕설에 가깝다. 말만 보면 아이들 장난 같기도 하다. 아무리 변명해도 인종적 편견과 멸시를 느끼지 않을 수 없는 말이다. 참다못한 교사들이 "아이들이 안에 있으니 조용히 하라."라고 해도, "아이는 뭐가 아이야! 스파이 자식들이잖아!"라고 응수했다. 공원 사용에 대해 "시 당국과 교섭 중이다."라고 주장해도, "약속은 사람들끼리 하는 거다. 사람과 조선인 사이의 약속은 성립하지 않는다!"라고 화난 목소리로 말했다. 학교 안에서는 욕설에 떨며 울음을 터뜨리는 아이도 있었다.

신고를 받고 달려온 교토 경찰도 재특회에 그만하라고 주의를 줄 뿐 기본적으로는 방관했다. 이윽고 학교의 비상사태를 알게 된 학부모들과 졸업생들이 현장으로 달려왔다. 류코쿠 대학龍谷大学 법과대학원 교수인 김상균金尙均(45세)도 그중 하나였다. 오전 강의를 마치고 연구실에서 점심 대용으로 컵라면을 먹으려고 물을 끓이기 시작했을 때 학교에서 큰일이 났다는 연락이 왔다. 학교에 세 자녀를 보내고 있던 김상균은 라면을 포기하고 연구실을 뛰쳐나왔다. 학교까지는 자전거로 10분 거리. 전속력으로 달려가 보니, 마침 젊은 남자가 "조선인은 똥이나 먹어!"라고 소리를 지르고 있었다.

"사실 자전거로 현장에 갈 때까지는 어떻게든 그들(재특회)을 설득할 수 없을까 생각했어요. 제대로 이야기하면 알아주리라 생각한 거죠. 학교에 아이를 보내는 부모로서 운동장 문제는 확실하게 해결하고 싶었고, 동네 사람들과 마찰을 일으키고 싶지도 않았어요. 여기서 사는 이상, 일본인과 대립하길 원하는 재일 코리안이 있을 리 없잖아요. 잘 이야기하면 알아줄 거라 생각했습니다."

김상균은 학교의 아버지회アボジ会 간부이기도 했다. 공원에서 운동회나 벼룩시장을 열 때면 학교 근처의 집들을 하나하나 돌아다니며 인사했다. 부침개나 고기를 먹을 수 있는 무료 티켓을 주기도 하고, 꼭 놀러 와달라고 머리를 숙였다. 좋아하는 주민들도 적지 않았다. 학교가 설치한 골대는 동네 아이들도 이용한다. 어떻게든 공존할 수 있지 않을까 생각했고, 그런 사실을 잘 설명하면 재특회도 이해해 주리라는 기대가 있었다. 그러나 재특회는 대화의 여지가 없었다. 일방적으로 욕설을 퍼붓는 그들에게 처음부터 대화할 생각 같은 건 없었을 것이다.

"똥이다, 김치 냄새다, 그런 말을 하면 대화는 불가능하죠. 솔직히 당혹스러웠습니다. 이야기의 실마리조차 찾을 수 없었으니까요. 무슨 말을 어떻게 해야 할지도 모르겠고. 욕설을 계속 듣다 보니 겨우 이해할 수 있었습니다. 공원 문제 때문에 화내는 게 아니라, 공원 문제를 구실로 조선인 자체를 차별하고 공격하고 싶었다는 것을."

집회에 참가했던 이들 중 한 명은 후일 내게 몰래 밝혔다.

"지금 생각해 보면 바보 같은 짓이었죠. 그런데 그때는 어째서인지 제 안의 증오가 불타고 있었어요. 조선인 때문에 일본인이 괴로워한다는 생각 때문에 진심으로 분개했으니까요."

집회는 한 시간 넘게 계속되었다. 그동안 교문은 닫히고 철문을 사이에 두고 교직원과 재특회가 대치했다. 조선학교 출신 졸업생들과 재특회 회원들 사이에 다툼도 있었다. 학교 안에 있던 아이들은 위험을 피하기 위해 강당에 모였다. 집회가 끝날 때까지 그 자리에서 가만히 기다리고 있을 수밖에 없었다. 사건은 재특회에 의해 비디오로 촬영되어 당일 곧바로 유튜브를 비롯한 동영상 사이트에 올라왔다. 동영상은 대량 복사되어 인터넷을 휩쓸었고, 어떤 동영상은 조회 수가 10만 건을 넘겼다. 학교를 상대로 한 항의였기 때문에 동영상 사이트에서도 비판 댓글이 많이 달렸다. 충격을 받은 각지의 인권 단체가 일제히 비난 성명을 발표한 것도 당연하다. 그러나 인터넷에는 비판이나 비난 댓글을 훨씬 넘는 막대한 지지 댓글이 달렸다. 이렇게 많은 격려와 찬성은 그 뒤 재특회의 자신감과 과격화로 이어지게 된다.

"잘했다."

"재특회, 고맙다."

"재특회, 파이팅!"

"(재특회에) 박수!"

지금 일본을 감도는 분위기가 여기에 반영되어 있다. 불과 10여 명의 항의 활동이었지만, 그 배후에 수백, 수천, 어쩌면 수만의 사람들이 인터넷을 통해 재특회와 공명하고 카타르시스를 느꼈다. 그 사실을 직시하지 않는 한, 조선학교를 습격한 이들의 정체는 보이지 않는다.

나는 이 동영상을 본 것이 계기가 되어 재특회에 들어간 20대 젊은이와 대화를 나눈 적이 있다. 그는 이 사건에 비판적인 나를 "일본인이면서 조선인 같은 사고를 한다."라며 호되게 나무란 후, 싸늘한 어조로 이렇게 말했다.

"지금까지 아무도 하지 못한 일을 재특회가 했잖아요. 정의의 싸움이라고요. 전 용기를 얻었어요."

'그렇구나. 용기를 얻었구나.'

나는 확신에 찬 그의 눈을 보면서 애매모호하게 고개를 끄덕일 수밖에 없었다. 그들에게 재특회란 재일 코리안이라는 거대한 적에 대항하는 레지스탕스 조직으로 보일 것이다. 빼앗긴 땅을 되찾는다. 일본 어린이들의 안전을 구한다. 잔학무도한 침략자를 배제한다. 정의는 가장 격렬하게, 그리고 가장 앞에 서서 싸운 이들 속에 있다. 그렇다. 재특회야말로 '전위'인 것이다.

실제로 아직까지 재특회는 이 사건을 일본을 지키기 위한 '정의의 싸움'이라 규정하고, 체포된 회원들을 '용사'라며 칭찬한다. 물론 재특회는 진지하다. 유엔의 인종차별철폐위원회가 이 사건에 우려를 표명하자, 재특회는 2010년 4월 다음과 같은 항의문을 제출했다.

저는 위원회 여러분이 일찍이 남아프리카공화국에서 있었던 아파르트헤이트 정책을 아시리라 믿습니다. 아파르트헤이트 정책은 외국에서 온 백인들이 원래 살고 있던 흑인들을 차별하고 흑인들이 들어갈 수 없는 구역을 만든 것입니다. 현재 재일 코리안이 향유하고 있는 특권은 아직까지 계속되는 아파르트헤이트라고 할 수 있습니다. 교토 조선학교 앞에 있는 간진바시 어린이 공원이나 전국의 조선학교, 조선 관련 공공시설은 일본인의 출입이 엄격하게 제한되는 장소입니다. 설사 규약을 지키도록 한 그런 제한이 있다 하더라도, 아직까지 원주민인 일본인 대다수는 조선학교와 공적 시설을 이용할 수 없습니다. 그런데 일본의 학교와 공원, 공공 회관을 비롯한 공공시설은 모든 사람이 평등하게 이용할 수 있습니다. 재특회의 주장은 아파르트헤이트를 그만두도록 요청하는 것이고, 유엔의 의향과 부합됩니다.

재특회는 재일 코리안을 '외국에서 온 백인'으로, 그리고 일본인을 '원래 살고 있던 흑인'으로 비유하며, 자신들의 행동을 '차별과 압제로부터의 해방운동'이라고 주장하는 것이다. 아무리 궤변이라지만, 이런 인식은 허무맹랑하기 짝이 없다. 참정권도 없는 재일 코리안이 일본을 지배할 리 만무하다. 그러나 재특회는 그 뒤로도 일관되게 이런 견해를 바꾸지 않고 있다. 홍보국장 요네다가 역설한 '계급투쟁'이라는 말이 새삼 떠올랐다. 그들의 인식에 따르면, 황량한 정치의 땅에서 재특회는 레지스탕스로서 계속 행군하고 있는 것이다.

조선학교는 집회에 참가한 구성원들을 즉각 업무방해로 경찰에 형사 고발했다. 재특회 역시 도시공원법 위반으로 학교를 고소했다.

재특회 대 교토변호사회

"엄마."

슈퍼마켓에서 딸이 한국어로 어머니를 부르자, 심장이 덜컥 내려앉았다. 어머니는 자신도 모르게 주위를 둘러보았다.

"그 사건 이후로 약간 신경질적이 되었어요. 모르는 사람이 많은 공간에서 우리가 재일 코리안이라는 게 알려지면 다른 사람에게 공격당하지는 않을까 하고."

열한 살 난 딸을 제1초급학교에 보내고 있는 어머니(42세)는 어두운 표정으로 그렇게 말했다. 사건이 있던 날 밤, 딸이 물었다고 한다.

"그 사람들, 왜 화내는 거야?"

그 사람들이란 학교에 들이닥친 재특회를 말한다.

"학교에 대고 돌아가라, 돌아가라, 그랬어. 엄마, 우리 어딘가로 돌아가는 게 나을까? 돌아갈 곳 있어?"

뭐라고 대답하면 좋을지 몰랐다. 딸은 두려워하는 표정이 아니었고, 오히려 담담했다. 그러나 틀림없이 그 욕설이 가슴속 깊은 곳에 박혀 있을 것이다. "조선인은 구석에나 처박혀 있어!" 이 말을 딸은 어떻게 받아들였을까. 어머니는 묻고 싶어도 물을 수가 없었다. 그저 딸의 머리카락을 조용히 쓰다듬을 뿐이었다.

"분노 같은 감정 대신 마냥 슬펐어요. 생각에 빠져 있는 딸의 얼굴을 보면 울고 싶어 어쩔 줄 모르겠더라고요. 그 후로 너무 겁이 나요."

교토 시내에서 고깃집을 경영하는 김의광金義広(40세)은 열 살짜리 딸에게 생긴 급작스러운 변화의 이유를 처음에는 알지 못했다고 한다. 그날 밤 딸이 갑자기 경련을 일으키고, 불에 덴 것처럼 울음을 터뜨렸던 것이다.

"학교 가기 싫어."

시위 당시 딸은 점심을 먹고 나서 양치를 하기 위해 혼자 교문 근처 세면대로 향했다. 교실에서 내려온 순간 집회 현장과 마주쳤다. 철문 건너편에서 남자들이 소란을 피우고 있었다. 그중 한 사람과 눈이 마주쳤다. 남자는 이리 오라고 손을 흔들었고, 딸은 몸이 굳었다. 직접 무슨 말을 들은 것은 아니었다. 그러나 무서운 현장과 맞닥뜨리고 말았다는 생각이 그 뒤로도 떠날 줄 몰랐다.

그날 김의광은 지인으로부터 휴대전화 문자를 받았지만, 일을 하던 중이라 방치했다. 우익이라면 경찰이 어떻게든 처리하리라고 생각했다. 밤에 흐느껴 우는 딸을 달래고, 컴퓨터로 지인이 가르쳐 준 동영상 사이트를 봤다. 집회를 보고 딸의 공포를 간신히 이해할 수 있었다. 몸이 떨렸다.

"제가 생각하던 우익과 전혀 달랐어요. 정치 활동도 아니고, 싸움도 아니고, 약자를 괴롭히는 걸로만 보였어요. 저까지 울고 싶어졌어요."

교토에서 재특회의 항의 활동은 이것으로 끝나지 않았다. 그 후의 움직임을 따라가 보자. 소동이 있은 지 약 한 달 후인 2010년 1월 6일 재특회는 홈페이지에 제1초급학교에 대한 항의 시위를 공지한다.

1·14 조선학교에 의한 침략을 용서하지 않는다! 교토 시위

어린이를 방패로 삼아 범죄행위를 정당화하는 불령선인을 용서하지 않는다!

조선인 범죄를 조장하는 범죄 좌익·언론을 일본에서 내쫓아라! …… 자신들의 악업은 모른 체하고 오로지 눈물만으로 피해자인 척하며 사실을 왜곡하는 것은 불령선인의 상투적인 수법입니다. 우리는 결코 수세에 몰리지 않을 것입니다. 도리를 방패 삼아 철저하게 매진할 것입니다. 약 50년에 걸쳐 어린이 공원에서 일본 어린이들의 웃음소리를 빼앗아 간 비열하고 흉악한 민족에게서 공원을 되찾는 행동을 일으키겠습니다.

예고된 대로 1월 14일 학교 근처에서 재특회의 시위행진이 있었다. 참가자는 약 50명이었다. 간진바시 어린이 공원 연설에서 부회장인 야기 야스히로는 이렇게 인사했다.

"우리가 목소리를 내기 시작한 것은 굉장한 의미가 있다고 생각합니다. 여러분, 각오하고 좌익을 박멸합시다."

시위가 한창일 때 참가자들 사이에서는 "보건소에서는 조선인을 안락사 시켜라!"라는 소리가 들리기도 했다.

재특회의 움직임에 대해 1월 19일 교토변호사회의 무라이 도요아키村井豊明 회장이 재특회를 비판한 '회장 성명'을 발표했고, 이에 당일 사쿠라이 회장이 '반론 성명'을 발표했다. 약간 길지만, 결코 넘어설 수 없는 쌍방의 인식 차이를 보여 주고자 전문을 소개하겠다.

교토변호사회 '회장 성명'

1. 2009년 12월 4일(금) 오후 1시 무렵, 교토 시 미나미 구에 있는 교토 조선

제1초급학교 교문 앞에서 수업 중에 '재일특권을 용납하지 않는 시민 모임'을 비롯한 그룹 몇 명이 "조선학교, 이런 건 학교도 아니다", "어이, 조선 부락, 나와라."…… 등의 욕설을 확성기를 사용해 약 한 시간 동안 학교에 큰 소리로 퍼붓는 사건이 있었다. 동시에 공원에 있던 조회대를 학교 문 앞까지 끌고 오고, 문 앞에 모여 문을 열 것을 거듭 요구하며, 공원에 있던 스피커 선을 절단하는 등의 행위도 있었다.

2. 이 그룹은 학교에 인접한 간진바시 어린이 공원의 사용을 둘러싸고 학교를 비판하는 모양이다. 그러나 이번 행위는 공원의 사용 상황에 대한 비판적 언론으로서 허용되는 범위를 넘어 국적이나 민족에 의한 차별 조장과 선동에 해당하며, 이런 박해나 협박적 언동은 어떤 이유에서도 용서할 수 없고, 재일 코리안 아이들의 자유와 안전을 위협하고 교육을 받을 권리를 침해하는 것이다. 동시에 이런 행위는 헌법 13조와 세계인권선언 1조, 2조, 3조를 비롯해 국제인권규약, 인종차별철폐조약, 어린이권리조약 등의 인간 존엄성 보장, 인종차별 금지 이념 및 규정에 반한다.

3. 이런 학대나 협박적 언동은 조선학교에 다니는 아이들이나 그 가족, 조선학교 관계자 등 재일 코리안에게 불안과 공포를 불러일으켰으므로, 국적과 민족에 의한 차별을 없애기 위한 조속한 조치가 필요하다. 인터넷에 공개된 동영상을 보면 위법행위에 해당될 가능성이 있으므로, 경찰은 필요한 대처를 해야 한다. 교토변호사회는 앞에서 기술한 것과 같은 헌법과 국제인권법에 기초하여, 국적이나 민족이 다르더라도 누구나 차별을 받지 않고 안전하고 평온하게 생활하며 교육을 받을 권리를 보장하고, 그를 위한 방법을 궁리하고 실현할 것을 각 관계 기관에 요청한다. 교토변호사회는 앞으

로 국적이나 민족이 다른 사람들이 공생할 수 있는 사회의 실현에 더욱 적극적으로 관여할 것을 결의한다.

재특회 '반론 성명'

1. 2009년 12월 4일에 있었던 교토 간진바시 어린이 공원에서의 위법 위험물 철거 작업에 대해 교토변호사회 회장 무라이 도요아키 명의로 된 성명문은 법조 관계자에 의한 범죄행위 조장, 민주주의의 부정이다. 재일특권을 용납하지 않는 시민 모임(이하 재특회)은 이를 받아들일 수 없다.

2. 교토 조선제1초급학교가 약 반세기에 걸쳐 공원 안에 허가 없이 위험물을 설치했던 사실은 명백하고, 교토 경찰은 재특회가 제출한 고발장에 의거해 도시공원법 위반의 증거로 골대와 조회대를 압수했다. 이 어린이 공원은 일본 국적 어린이들이 자유롭게 놀 수 있는 장소로 정비되었는데도, 일본 국적 어린이들이 배제되고 조선학교가 점유·사용하고 있었던 것은 일본 국적 어린이들에 대한 중대한 인권침해이며 용납할 수 없다.

3. 전기공사 자격을 가진 전문가에 의해 "공원에 설치된 1백 볼트의 스피커 배선은 정식 공사에 따른 것이 아니고, 언제 누전으로 감전 사고가 일어날지 모르는 상황이었다."라는 사실이 확인되었다. 일본 국적 어린이들뿐만 아니라 조선인 어린이들도 위험한 상황이었으며, 이를 긴급히 제거한 행위는 추호도 비판받을 성질의 것이 아니다. 그 전에 이런 위험을 일상적인 상태로 방치했던 교토 조선제1초급학교야말로 비난받아야 한다.

4. 교토변호사회의 성명에서는 교토 조선제1초급학교에 대한 항의의 목소리

를 하나하나 들어 "비판적 언론으로서 허용되는 범위를 넘었다."라고 말하지만, 이는 언론의 자유를 변호사회 자신이 부정하는 것이며, 민주주의 국가의 국민으로서 결코 용서할 수 없다. 앞에서 말했듯이 반세기 이상 범죄 행위를 계속한 것은 교토 조선제1초급학교이며, 그와 동시에 일본 국민의 인권을 짓밟아 위험에 노출시켰던 것이다. 이에 일본 국민으로서 분노의 목소리를 내는 것은 당연하며, 그런 목소리를 봉쇄하려는 교토변호사회의 반민주주의적 성명에 단호히 항의한다.

5. 교토변호사회 회장 무라이 도요아키는 교토 조선제1초급학교의 범죄행위를 조장하는 내용의 성명을 즉각 철회하고, 재특회 및 '주권 회복을 도모하는 모임'主権回復を目指す会, 그리고 2009년 12월 4일에 있었던 교토 간진바시 어린이 공원의 위법 위험물 철거 작업에 참가한 일본 국민 유지 일동 및 반세기에 걸쳐 학교의 범죄로 피해를 입은 인근 주민에게 사과해야 한다.

"언론으로서 허용되는 범위를 넘어 국적이나 민족에 의한 차별 조장과 선동에 해당"한다고 재특회를 비판한 교토변호사회에 대해 재특회가 언론의 자유와 민주주의를 내세워 반론한 점이 흥미롭다. 보수 우파를 자칭하는 단체가 이렇게까지 민주주의를 지키라고 주장하며 자기 정당화를 시도한 일은 여태까지 없었다.

양측이 성명을 발표한 지 한 달 후인 2월 10일, 재특회는 교토변호사회가 있는 변호사 회관 앞에서 "교토변호사회 회장 무라이 도요아키는 무릎 꿇고 사과하라."라고 쓰인 플래카드를 걸고 집회를 했다. 재특회는 격앙되어 있었다. 교토변호사회 소속 변호사를 중심으로 98명이나 되는 변호인단이 조선학교 측에 서서 재특회 등에 위자료 청구 소송을 걸었기 때문이다. 재특회는 "변호사가 1백 명이나 있으면서 약자라는 게 말이 되느냐."라고 조선학교에 더욱 강하게 반발했다. 실제로 고문 변호사가 한 명도 없는 재특회에게 조선학교 측의 거대 변호인단은 위협적으로 느껴졌을 것이다. 그러나 이것은 그 사건의 충격이 얼마나 컸는지를 이야기하는 것이 아닐까. 사상적 입장과 상관없이 이름을 올린 변호사가 많았다는 사실이 이를 증명한다.

3월 28일 재특회와 그 지지자 약 1백 명은 제1초급학교 주변에서 또다시 시위행진을 했다. 시위를 선도하는 자동차의 스피커에서 흘러나오는 젊은 여성의 선동을 주변 주민들은 멍하니 듣고 있었다.

"전쟁이 끝나고 재일 코리안은 집단 폭행을 하고, 무전취식을 하고, 부녀자를 노상에서 집단 강간하는 게 일상다반사였던 악당들이었습니다. 또 불령선인은 허리에 권총을 차고 쇠파이프를 들어 일본인을 닥치는 대로 살상하고, 폭행하고, 온갖 악행을 저질렀습니다. 지금 당장 불령선인을 감옥에 처넣어라! 처넣어라!"

구호는 평상시보다 격렬하고 저열했다.

"바퀴벌레 조선인, 구더기 조선인은 반도로 돌아가라!"

"교토를 김치 냄새로 더럽히지 마라!"

주먹을 들어 거기에 응했던 이들은 시위에 참가한 사람들만이 아니었다. 생중계되는 동영상을 시청한 이들이 "옳소!", "맞다!"라며 격려 댓글을 달았던 것이다. 현실과 가상의 양쪽에서 항의는 고조되었고, 항의가 고조될수록 공원 문제는 어느새 '불령선인' 문제가 되어 있었다. 해결을 요구하는 운동이 아니라, 적나라한 배외주의가 사람들의 증오를 부채질했던 것이다.

"항의를 의뢰한 건 접니다."

제2차 세계대전이 끝난 다음 해에 설립된 제1초급학교가 교토 시내의 다른 장소에서 현재 위치로 옮긴 것은 1960년이었다. 재일 코리안 밀집 지역인 히가시쿠조의 동쪽 끝으로, 가모가와를 끼고 후시미 구의 건너편에 있다. 요즘은 신축 빌라가 더러 눈에 띈다. 당시 이 부근에는 공터가 많았는데, 운동장이 없던 조선학교는 이 공터에서 체육 수업을 했다. 그리고 3년 후 이곳에 간진바시 어린이 공원이 만들어졌다. 학교 측은 공원을 무단으로 사용하지 않았다고 해명한다. 갈색으로 변색된 오래된 메모가 있었다. 메모에 적힌 날짜는 1963년 12월 3일. 거기에는 교토 시, 주민회, 조선학교라는 세 주체가 모여 공원 이용에 대해 대화를 나눈 결과가 한글로 기록되어 있다.

운동장 사용 문제로 수차례 교섭을 진행한 끝에 오늘 최종적으로 합의했다. 서남쪽 입구를 중심으로 철망을 치고, 남쪽에 놀이 기구를 만들고, 현재 사용 중인 부분은 학교 측에서 계속 사용해도 문제가 없다는 결론에 이르렀다.

회의에 출석한 교토 시, 주민회, 학교 측 참가자의 이름도 기록되어 있었다. 나는 공원을 관리하는 교토 시 남부 녹화관리사무실을 찾아 담당자에게 합의 내용이 사실인지 물었으나, 담당자는 "50년도 더 된 기록이 남아 있을리 없다."라며 곤혹스러운 표정으로 대답했다. 다만 '어느 시점까지'는 학교가 공원을 사용해도 문제시되지 않았다.

"교토 시가 합의 내용을 확인해 줄 수는 없지만, 동네 아이들과 학교 사이에 모종의 공생이 가능했던 것은 사실이라고 생각합니다. 학교가 운동장으로 사용하던 곳도 체육이나 조회 외의 시간에는 동네 아이들이 이용하고 있었고요. 시민들의 불만이나 요청도 없었던 것 같고, 실제로 그런 기록도 없습니다."

상황이 바뀐 것은 2009년 2월 공원 일부를 가로지르는 한신 고속도로 확장 공사가 시작되면서였다. 공사 때문에 공원 면적이 대폭 축소되었을 뿐만 아니라 [공간을 구획해] '공생'하고자 설치했던 철망도 철거되었다. 이때를 기점으로 관리사무실에 인근 주민을 자처하는 사람들의 항의가 하나둘 들어왔다.

"조선학교가 공원을 사유화하는 것은 문제 아닌가?"

"학교가 설치한 골대를 치워라. 아이들이 놀지 못하잖아."

관리사무실 담당자는 조선학교로 가서 주민들의 불만을 전하고 다음과 같이 요청했다.

"공원은 서로 양보하면서 사용하세요. 골대나 조회대는 될 수 있는 한 빨리 철거하시고요."

몇 번의 대화 끝에 학교는 2010년 1월에 골대와 비품을 철거하기로 약속했다. 참고로 재특회는 2009년 가을에 관리사무실을 찾아가 학교가 공원을 사용하는 데 항의했다고 한다. 그때 교토 시가 1월에 철거한다는 정보를 알렸다고 하니, 재특회는 그 사실을 알고 일부러 그 직전인 12월에 소동을 일으킨 것이다. 담당자는 문제의 배경에 대해 문득 다음과 같이 말했다.

"그 지역은 요즘 빌라가 늘면서 전입 주민이 급증하고 있어요. 예전부터 살던 주민들과는 지역 환경에 대한 생각이 다른지도 모르겠습니다."

공원 주변을 걸었다. 오랜 가옥과 신축 빌라가 혼재된 지역인 것은 사실이다. 공원에는 이미 학교의 비품이 모두 철거되어 있었다. 나는 어린아이들과 놀고 있는 주부에게 말을 걸었다. 2년쯤 전에 근처 빌라로 이사를 왔다고 한다. 그녀는 사건에 대해 알고 있었다.

"(학교의 공원 사용에 대해) 저는 문제없다고 생각해요. 공원을 온종일 점유했다면 몰라도, 그렇진 않았어요. 잘 해결하면 좋을 텐데요."

장을 보고 온 것 같은 주부도 "우리 아이는 예전부터 여기서 놀았어요. 조선학교의 골대도 맘대로 썼나 봐요. 피장파장이죠."라고 웃어넘겼다. 이런 이야기만 들으면 관리사무실이나 재특회가 주장하는 '주민의 불만'이 실제로 있었을까 의심스럽다.

결론부터 말하자면, 불만이 있었던 것은 사실이다. 공원에 인접한 빌라를 찾았을 때 나온 30대 남성은 굳은 표정으로 말했다.

"재특회에 감사하고 있어요. 잘했다고 생각해요."

그리고 이렇게 덧붙였다.

"재특회에 항의를 의뢰한 건 접니다."

남성은 10년쯤 전에 이 빌라에 들어왔다. 교토 역과 비교적 가까운 장소라는 편리성이 마음에 들었다. 그러나 편리성 외에는 화가 나는 일이 많았다. 모두 조선학교의 공원 사용 때문이었다.

"그 사람들(학교 관계자들), 공원에서 벼룩시장을 연단 말이에요. 술 마시고 고기 먹고 야단법석이에요. 고기 굽는 냄새가 집까지 들어오죠. 민폐도 이런 민폐가 없어요. 게다가 무슨 행사가 있을 때마다 공원 주변은 불법 주차로 가득합니다."

불법 주차에 대해 몇 번이고 경찰에 단속을 의뢰했지만 "잘 지도하겠습니다."라는 말만 할 뿐, 진지하게 단속한 적은 없었다고 한다.

"우리 아이가 공원에서 놀려고 하면 조선학교 애들이 방해되니까 저리 가라고 위협했대요. 이게 말이 돼요? 그곳은 누구나 이용할 수 있는 지역 공원입니다. 뭐랄까, 인종의 차이랄까, 사고방식의 차이랄까, 이해할 수 없는 부분이 많아요. 그쪽 사람들은."

남성은 관공서에 상담도 했다. 몇 번이고 해결해 줄 것을 요청했지만 전혀 나아지지 않았다. 경찰도 가만히 있고 관공서도 움직이지 않았다.

"그래서 과격한 짓을 하는 사람들한테 부탁하지 않으면 안 되겠다고 생각했습니다."

남성은 인터넷에서 조선학교와 싸워 줄 것 같은 곳을 찾았다. 일반적인 우익 단체는 피했다고 한다. 왠지 자신에게 위험이 닥칠 것 같아서였다. 그런 와중에 발견한 것이 시민 단체를 자처하는 재특회였다.

"여기라면 시민의 힘으로 과격한 행동을 해주리라고 생각했습니다. 즉시 사정을 메일로 보냈죠. 불법 주차 사진도 첨부했고요."

재특회는 빨랐다. 상담 메일을 보낸 직후 관리사무실에 항의를 하러 갔을 뿐만 아니라 주변 조사도 했다. 재특회와는 모두 메일로 대화했고, 남성과 재특회 회원들은 얼굴을 마주친 적이 한 번도 없다고 한다. 그리고 사건이 일어났다.

"항의를 하러 간다는 이야기를 들은 적은 없습니다. 저도 인터넷 동영상으로 처음 알았어요. 약간 심하다는 생각이 든 건 사실이에요. 그렇게까지 할 필요가 있나 싶기도 했고요. 그래도 주민을 위해 움직이는 기관이 없는 상황에서 재특회가 나서 준 거니까요. 그 사실만은 감사하고 있습니다."

사건이 있고 나서 재특회에는 감사의 의미로 '통상보다 많은 기부'를 했다고 한다. 나는 남성에게 물었다.

"본인이 직접 학교에 항의할 생각을 하지는 않으셨나요?"

"못해요. 살아서 돌아올 자신이 없어요. 조선학교 같은 데 혼자 항의라니."

"학교와 공존할 길은 없을까요?"

"학교가 지역을 위해 좋은 일을 해야 말이죠."

"당신 외에도 재특회에 감사하는 사람이 많습니까?"

"많다고 생각합니다. 재특회가 다소 거친 건 사실이지만, 그들의 주장은 우리의 마음속 외침이기도 해요."

"재일 코리안에 대해 어떻게 생각하십니까?"

"저는 어렸을 때 재일 코리안 밀집 지역에서 살았어요. 여러 가지로 힘들었죠. 괴롭힘을 당한 적도 있고요. (그들은) 수준이 낮아요."

회사원이라는 이 남성은 약간 신경질적인 분위기가 있긴 했지만, 거짓말을 하는 것 같지는 않았다. 아마도 모두 사실일 것이다. 새삼스럽지만, 지역과 학교 사이의 신뢰 관계를 좀 더 공고히 할 수 있는 회로는 없었을까. 물론 운동장이 없는 학교는 학생들에게도 불행이다. 한편으로 남성이 때때로 입에 담는 재일 코리안에 대한 편견이 거슬렸다. 본인의 경험에 기초한 것이겠지만, 뭔가 자신의 마음속에서 거대한 괴물을 만들어 버린 듯한 느낌도 들었다. 어쩌면 그것 역시 우리 일본인 안에 서식하는 차별의 시선인지 모른다. 남성이 사는 빌라에는 조선학교가 무섭다는 또 다른 주민이 있었다. 이 주민은 재특회를 지원하지 않는 것은 물론이고 재특회를 알지도 못했다. 공원에 대해서도 잘 모르고, 그저 "근처에 (조선학교가) 있다는 사실이 왠지 무섭다."라고 말했다.

선두에 서서 소동을 일으킨 재특회, 항의를 요청한 주민, 그리고 항의에 가담하지는 않았지만 조선학교를 혐오하는 주민. 이 삼자가 보이지 않는 실로 엮여 있는 것은 아닐까? 추악한 형태로 난동을 부리는 재특회이지만, 어딘가 일부 사람들의 본심을 대변하고 있는 것만 같은 생각이 든다.

도쿠시마 사건과 중심 구성원의 체포

교토 사건의 중심 구성원이었던 재특회 회원들이 업무방해 등의 죄목으로 체포된 것은 사건이 발생하고 8개월이 지난 2010년 8월이었다. 그러나 그보다 먼저 언급해 두지 않으면 안 될 사건이 있다. 2010년 4월 14일, 앞에서 말한 구성원들을 포함한 재특회 회원들이 도쿠시마 현 교직원 조합 사무실에 난입한 이른바 '도쿠시마 사건'이다. 이날 오후 1시를 지난 시각, 도쿠시마 현 교직원 조합이 있는 도쿠시마 현 교육회관 앞의 길거리에 남녀 약 20명이 모여들어 갑작스럽게 집회를 시작했다.

"모금 사기 일교조를 용납하지 마라!"

"선의의 모금을 조선학교에 보낸 일교조는 나와라!"

평소에는 사람이 적은 주택가다. 큰 소리로 쏟아진 구호가 근처에 울려 퍼졌다.

도쿠시마 현 교직원 조합이 공격 대상이 된 이유는 이곳이 시코쿠 조선

초중급학교(에히메 현 마쓰야마 시)에 150만 엔을 기부했기 때문이다. 그보다 1년 전 도쿠시마 현 교직원 조합의 상부 단체인 일본 교직원 조합(일교조)이 '어린이 빈곤 대책'이라는 명목으로 전국에서 모금 활동을 실시했다. 1년 가까이 계속된 모금으로 약 1억7천만 엔이 모였다. 그중 약 7천만 엔을 한부모 가정 구제 사업 등에 나선 '키다리 아저씨 육영회'あしなが育英会에 기부했고, 나머지 1억 엔은 일본 노동조합 총연합회의 '고용과 취업, 자립 지원 프로젝트'에 사용되었다. 그리고 그중 일부가 각 현의 교직원 조합을 통해 조선학교에 기부되어 아이들의 취업 지원 등에 사용된 것이었다.

이를 문제시한 사람이 현재 일교조 비판의 최선봉으로 알려진 요시이에 히로유키義家弘介 자민당 의원이었다. 한때 '불량 선생'으로 언론에도 빈번하게 등장했던 인물이다.• 2010년 3월 참의원 예산위원회에서 "키다리 아저씨 육영회에 기부해야 할 모금이 조선학교로 유용되었다."라고 지적했다. 『산케이 신문』産経新聞이 이를 크게 보도하면서 일부 네티즌이 '모금 사기'라고 소란을 벌인 것이다.

재특회도 여기에 편승했다. 그중에서도 교토 사건으로 큰 주목을 받은 재특회 간사이 지부 회원들은 조선학교에 150만 엔을 기부한 사실이 밝혀진 도쿠시마 현 교직원 조합을 목표로 직접행동을 꾀했다. 당초 회원들은 건물 밖에 서서 "반일 교육으로 일본 어린이들에게서 자긍심을 빼앗고, 이상한 성교육으로 일본 어린이들을 해치는 변태 집단 일교조"라는 현수막을 걸

• 학창 시절에 불량 서클에서 활동했던 요시이에 히로유키는 고등학교 교사가 되었고, 언론을 통해 '불량 선생'이라는 별명으로 유명해졌다. 이 지명도를 바탕으로 2007년 참의원 의원이 되었다.

고 집회를 하고 있었다. 그런데 무슨 생각에서였는지 갑자기 건물 안으로 난입해, 어안이 벙벙한 경비원을 지나쳐 2층의 교직원 조합 사무실에 들이닥친 것이다.

"모금 사기!"

"조선의 개!"

"횡령 교조!"

일장기를 몸에 두른 그들은 실내에서 확성기로 연신 소리를 질렀다. 당시 사무실 안에는 조합 서기장(58세)과 서기(44세)인 두 여성이 일하고 있었다.

"야, 비국민非國民!"

"너, 할복해!"

"사형이다, 사형!"

두 명밖에 되지 않는 여성 직원들을 상대로 못하는 말이 없다. 그러고는 경찰에 신고하려는 서기장의 손목을 붙잡아 전화를 끊고 책상 위의 서류를 던졌다. 확성기로 비상 사이렌을 울리는 등 일반적인 정치 활동이라고는 볼 수 없는 난폭한 행패였다. 이것은 거의 폭력범에 가깝다. 서기장은 "말로 표현할 수 없는 공포를 느꼈다."라며 당시를 회상했다.

"일교조에서 집회가 있을 때마다 우익 단체가 항의하기는 합니다. 하지만 재특회의 행동은 다른 우익들과 비교해도 이례적이었어요."

이윽고 신고를 받은 경찰관들이 왔지만, 그 후로도 회원들은 "북한이 납치해 간 피해자들을 돌려 달라."라는 엉뚱한 소리를 퍼부으며 사무실에서 소란을 피웠다. 카메라로 사무실 안을 촬영하는 사람, 행패를 시종일관 인터넷으로 생중계하는 사람, 그야말로 제멋대로였다. 서기장은 그중에 코를 찌르는 술 냄새를 풍기는 남자가 있었다는 사실을 분명히 기억하고 있었다.

"당신, 술 마셨죠?"

남자는 그게 어쨌냐는 표정으로 "오는 길에 좀 마셨다."라고 대답했다. 난입은 약 20분 동안 계속되었다. 그들은 마지막에 "일본이 싫으면 떠나라." 라는 선언문을 낭독하고 의기양양하게 떠났다.

도쿠시마 현 교직원 조합이 건물 침입, 업무방해죄로 회원들을 형사 고발한 것은 1주일 뒤였다. 기다렸다는 듯이 재특회도 일교조와 도쿠시마 현 교직원 조합을 사기 등의 혐의로 형사 고발했지만, 수리되지는 않았다.

일련의 사건에서 가장 흥미로웠던 점은 도쿠시마 현 교직원 조합에 난입한 당사자들이 도쿠시마 현청에서 기자회견을 연 것이었다. 재특회가 개별적인 취재에 응하는 일은 드물지 않지만, 공동 기자회견을 연 것은 이것이 처음이다. 4월 27일 도쿠시마 현의 기자 클럽 회견장에 몇몇 신문과 방송국 기자들이 모였다. 재특회 측에서는 사건을 일으킨 당사자인 가와히가시 다이료川東大了(40세)와 니시무라 히토시西村斉(42세) 등이 참석했다. 회견이라 그런지 평소와 달리 긴장된 표정으로 넥타이까지 매고 있었다. 주로 발언한 사람은 니시무라였다. 그는 일교조의 모금이 조선학교에 유용된 사실을 '모금 사기'라고 지적하며 이렇게 말했다.

"(항의는) 당연한 일이다. 수사기관도, 언론도 모금 사기에는 무관심했고, 그래서 우리가 희생정신으로 행동할 수밖에 없었다. 사람들의 선의를 짓밟고 도쿠시마 현 교직원 조합은 조선의 반일 단체에 돈을 줬다. 일본에 미사일을 쏘는 나라에 돈이 흘러갔다는 사실은 원숭이라도 알 수 있다."

재특회에게 조선학교는 북한을 뜻하며, 니시무라의 발언은 그런 논리에 기반을 두고 있다. 참고로 도쿠시마 현 교직원 조합은 가두모금을 전혀 하지 않았고, 모인 돈은 모두 조합원들이 낸 것이었다. 또 상부 단체인 일교조도 당초부터 모금의 용도에 대해 홈페이지 등에서 "키다리 아저씨 육영회 장학금에 기부하겠습니다. 또 일본 노동조합 총연합회를 통해 보호자의 어려운 사정 때문에 학교에 다니지 못하는 아이들, 외국 국적, 병이나 장애가 있는 아이들을 지원하겠습니다."라고 밝혔다. 물론 재특회는 모금 방법이 아니라 '조선학교에 돈이 들어갔다는 사실'을 문제 삼았으므로, 그런 의미에서 그들이 항의한 이유가 사라지는 것은 아니다.

회견에서 니시무라의 발언 이외에 주목할 만한 이야기는 없었고, 기자들도 제대로 된 질문을 하지 않았다. 간사가 질문을 재촉해도 침묵이 흘렀고, 솔직히 말해 재미는 없었다. 그래도 회견에 임한 니시무라와 가와히가시를 나는 조금은 좋게 보고 싶다. 그 당시 재특회는 외부와 대화할 의향이 조금이나마 있었다. 아무리 몰상식한 언동이라 하더라도 주장하려는 의지가 중요하다. 지금처럼 '아는 사람만 알아주면 된다.'는 식의 고립된 노선과 비교하면 훨씬 나았다. 결코 찬성하지는 않지만, 만약 '죽여.'라는 말에 정당성이 있다고 생각한다면 인터넷에 쓰거나 쳐들어가는 대신에 당당하게 주장해야 한다.

결국 경찰이 움직였다. 2010년 8월 10일, 먼저 교토 경찰이 업무방해 등의 혐의로 교토 사건에 가담한 재특회 회원들을 체포했다. 체포된 사람은 앞에서 말한 가와히가시 다이료, 니시무라 히토시와 함께 아라마키 하루히코荒巻晴彦(47세), 나카타니 다쓰이치로中谷辰一郎(42세) 등 모두 네 명이다. 이 넷은 간사이의 '사천왕'이라 불리며, 항상 운동의 선두에 섰다. 체포 당일 오후 6

시, 재특회는 아키하바라의 본부 사무실에서 니코니코 동영상을 통해 긴급 생방송을 했다. 화면에 등장한 사람은 회장인 사쿠라이 마코토였다. 나비넥타이에 멜빵바지 차림으로 등장한 사쿠라이의 표정은 굳어 있었고, 어딘가 피곤해 보였다. 그의 집과 사무실까지 가택수사가 들어와 컴퓨터 등을 압수당하자 불만을 감출 수 없었는지도 모른다. 사쿠라이는 네 명의 체포 사실을 고한 다음, 어조를 높여 말했다.

"체포당할 이유가 전혀 없다. 어린이 공원을 반세기 동안이나 불법으로 점거한 것은 도대체 누구냐! 그들이 불법점거를 하지 않았으면 우리가 소동을 일으킬 필요도 없었다. 조선인의 범죄를 방치하는 주제에 항의하는 일본인만 체포하고 무너뜨리려 한다면, 우리는 끝까지 싸울 것이다. 그들(체포된 사람들)이 한 일에는 아무런 잘못도 없다. 오늘 아침에 교토 경찰이 우리 집에 왔을 때 나는 '나도 잡아가라.'고 몇 번이나 말했다. 일본인 아이들이 놀아야 할 어린이 공원을 불법으로 점거한 조선학교에 항의의 목소리를 내는 일이 잘못이라고 생각하지 않는다. 이 정도로 무너질 재특회가 아니다."

그로부터 한 달 뒤 이번에는 도쿠시마도 움직였다. 도쿠시마 경찰은 교직원 조합에 대한 업무방해와 건물 침입 혐의로 나카타니 요시코中谷良子(35세), 오카모토 히로키岡本裕樹(21세), 호시 에리야스星エリヤス(24세), 마쓰모토 슈이치松本修一(35세)와 교토 사건으로 구류 중이던 니시무라 히토시, 아라마키 하루히코, 가와히가시 다이료 등 모두 일곱 명을 체포했다.

사쿠라이는 이때도 당일 블로그에 "조총련, 조선학교, 일교조…… 사회의 거대 악惡에 일개 시민 단체가 맞서 싸우는 것이 얼마나 힘든지 절감하고 있지만, 그래도 재특회는 절대로 멈추지 않을 것입니다. 지금까지 금기시되어 방치되었던 사회의 암을 일본에서 제거하기 위해 전국의 회원 여러분과 협력해 '행동하는 보수 운동'을 전개해 나가겠습니다."라는 긴급 성명을 발표했다.[•]

체포된 사람들의 주장

4층짜리 아담한 아파트였다. 문을 두드리자 청바지에 흰 셔츠를 입은 아라마키 하루히코가 나왔다. 의아한 표정을 짓는 아라마키에게 취재하러 왔다고 말하자 "아, 수고가 많으십니다."라며 의외로 온화한 목소리로 대답했다. 교토와 도쿠시마 건으로 체포된 아라마키가 보석으로 풀려난 지 채 한 달도 되지 않았을 때였다. 그때까지 취재 현장에서 아라마키를 몇 번 본 적은 있지만, 이렇게 얼굴을 마주하고 이야기하는 것은 처음이었다. 군살 없는 체형에 티셔츠가 잘 어울린다. 야무진 인상이다. 명함을 교환하는 손놀림이나 태도, 말씨도 예의 발랐다.

솔직히 말해 나는 아라마키에 대한 취재가 '싸움'이 되리라고 예상했다. 그때까지 시위나 집회, 동영상에서 본 아라마키는 함께 체포된 니시무라 히토시와 더불어 누구보다도 전투적이었기 때문이다. "야, 이 새끼야, 까불지

[•] [원주] 교토 경찰은 재특회 회원들을 체포한 직후인 8월 27일, 교토 조선제1초급학교 전직 교장(53세)을 도시공원법 위반으로 송치했다. 골대 등을 설치한 데 대해 무허가로 공원을 점유했다는 혐의였다. 재특회에서는 이를 두고 "우리 주장이 옳았다."라고 말하는 사람이 많다.

마!"라고 외치며 적에게 달려드는 아라마키의 폭주는 회원들 사이에서도 유명하다. 집회 도중에 항의를 한 고령의 여성에게 욕설을 퍼부으며 집요하게 쫓아간 적도 있다.

"일본에서 꺼져, 이 멍청아!"

오사카 우메다의 길가였다. 아라마키는 도망치는 여성에게 한껏 행패를 부렸다.

"이 할망구 얼굴 좀 보세요. 총코예요! 여러분, 얼굴을 잘 기억하세요. 길에서 우연히 만나면 패버리세요! 꺼져, 조센진!"

그런 아라마키의 모습에 진절머리가 났다. 그래서 아라마키를 취재하러 갈 때는 싸움을 각오하고 있었다. 그러나 내 눈앞에 있는 사람은 쾌활하고 예의 바른 남자다. 허탈한 기분이 들었다.

아라마키는 오사카의 기타신치에서 바를 경영하고 있다. 눈이 조금 충혈된 것은 오후의 이른 시간대, 일어나서 얼마 안 된 무렵이기 때문일 것이다. 그는 사건에 대해 이렇게 말했다.

"아무런 후회도 없습니다. 반성도 하지 않습니다. 잘못된 일을 했다고는 생각하지 않아요. 오히려 잘했다고 생각해요. 우리 방식에 대한 비판도 많겠지만, 그래도 우리가 행동하면서 많은 사람들이 모르던 문제를 세상에 알릴 수 있었습니다. 교토에서는 조선학교의 불법행위가 만천하에 드러났잖아요? 도쿠시마도 마찬가지고요. 모금으로 모은 돈을 조선학교에 유용하는 일은 시시비비를 가려야 하니까요."

사건이 있고 나서 많은 사람들에게 격려를 받았다고 한다.

"인터넷은 물론이고 구류 중에도 '고맙다', '지금까지 재일 코리안의 악행에 대해 몰랐다.'는 내용의 엽서를 받았어요. 응원해 주는 사람이 많아서 힘이 되었습니다. 재일 코리안의 막무가내에 대해 많은 사람들이 알아줬다고 생각해요. 우리 목적은 그걸로 어느 정도 달성된 거죠."

나는 그에게 조선인이 싫으냐고 물었다.

"저는 매일 재일 코리안과 싸우고 있습니다."

아라마키가 약간 노기를 띠며 대답했다.

"기타신치에서 가게를 하면, 재일 코리안 야쿠자나 깡패가 많이 옵니다. 말도 안 되는 일로 시비를 거는 사람들은 대부분 재일 코리안이에요. 국적을 확인한 건 아니지만, 대화를 나누거나 얼굴을 보면 대강 알 수 있어요."

고등학교 때까지는 재일 코리안이 많은 오사카 가도마 시에 살았다.

"버릇이 나쁜 재일 코리안이 많았어요. 그렇다고 재일 코리안이라서 싫어하는 건 아닙니다. 친구 중에는 재일 코리안도 있어요. 권리만 주장하면서 일본을 모욕하는 재일 코리안이 싫을 뿐이죠."

아라마키는 엄격한 가정에서 자랐다고 한다. 1930년대생인 부모는 이발소를 운영했다. 특히 구舊일본군을 숭배하는 부친은 무척 엄격했는데, 그것이 싫었던 아라마키는 반항도 많이 했다. 고등학교 시절에는 무정부주의를 찬양하는 아나키 펑크 밴드에서 활동했으며, 그 때문에 한때 아버지와 연을 끊은 적도 있을 정도다. 고등학교를 졸업하고 도쿄로 가서 가수가 되려고 한적도 있지만, 결국은 포기하고 오사카로 돌아왔다. 아버지가 권하는 대로 경찰관 채용 시험을 쳤으나, 당시 규정에 따라 경미한 색각이상으로 낙방했다. 그 후 음식점 등에서 일하다 2003년부터 3년 동안 상하이에서 라운지를 경영했다고 한다. 이때의 경험이 아라마키를 애국주의에 눈뜨게 만들었다.

"일본 교민을 상대로 한 가게였어요. 지금 생각하면 귀중한 경험이었죠. 중국의 부패한 현실을 봤으니까요. 장사하면서 공안(중국 경찰)한테 여러 명목으로 돈을 뜯기고, 거절하면 불이익을 당합니다. 말도 안 되죠. 일본인을 완전히 얕잡아 보고 있어요."

2005년에는 반일 폭동을 경험하기도 했다.

"군중이 날뛰는 바람에 일본계 상점이 당했어요. 제 친구가 경영하던 레스토랑도 엉망이 됐죠. 실은 사전에 공안이 그 친구에게 와서 이렇게 말했대요. '군중의 불만을 해소해야 하니 가게를 습격하도록 놓아두어라. 수리비는 나중에 물어 주겠다.'라고. 그래서 친구는 가게가 부서져도 가만히 보고만 있었죠. 그런데 공안은 그 약속을 지키지 않았어요. 당연히 손해가 엄청났죠. 그런 걸 보고도 중국이라는 나라를 신용할 수 있겠어요?"

일본을 얕보는 중국, 그리고 일본을 멸시하는 재일 코리안. 언젠가 일본은 당하고 만다. 그렇게 생각한 아라마키는 강한 일본을 만들기 위해 활동을 시작했던 것이다. 고바야시 요시노리小林よしのり●의 책을 읽고, 『산케이 신문』을 구독했다. 그리고 인터넷에서 재특회를 만났다.

아라마키는 교토·도쿠시마 사건 공판에서 이렇게 역설했다.

"재특회 활동에 처음 참가했을 때 진심으로 감동했다. 시민 단체의 힘을 알게 되었다."

● 보수 우익 만화가. 만화를 통해 1990년대 일본 젊은이들의 우경화에 큰 영향을 끼쳤다. 역사 전공이 아님에도 '새 역사 교과서를 만드는 모임'新しい歴史教科書をつくる会에서 교과서를 집필하는 등 보수 우익 운동의 대중화에 앞장섰다.

강해지고 싶다는 생각은 이해할 수 있다. 가게에 시비를 걸러 오는 사람이 있으면 끝까지 싸워야 한다. 그러나 그것이 지금까지의 행동을 정당화할 논리가 될 것 같지는 않았다. 하물며 장사를 방해하러 온 사람도 아닌 나이 든 여성을 쫓아가며 '총코'라고 모욕하는 아라마키는 전혀 이해할 수 없었다.

그래도 아라마키에 대한 후일담을 하나 적고 싶다. 2010년 말에서 2011년에 걸쳐 재특회에 관한 기사를 발표한 후, 재특회의 주요 회원들은 나를 열렬히 비난했다. 지금도 대화하는 사람은 있지만, 취재할 때는 본부에 들키지 않도록 몰래 만나는 수밖에 없다. 아라마키는 그런 것을 신경 쓰지 않는 인물이었다. 집회 현장을 취재할 때 내 어깨를 두드리는 사람이 있었다. 돌아보니 아라마키였다. 그는 웃으면서 "수고하십니다."라고 말했고, 앞으로도 재특회에 대해 쓸 생각이냐고 물었다. 내가 "물론입니다."라고 하자, 그는 다시 어깨를 두드리며 "어떻게 써도 좋으니 마음대로 취재하세요."라고 말한 뒤 집회 대열로 돌아갔다. 그 당시의 아라마키에 대해, 나는 조금도 나쁘게 생각하지 않는다. 다만, 그런 인물이 아직도 총코가 어쩌고저쩌고하면서 길거리에서 소동을 벌이고 있으니 착잡한 기분이 들 뿐이다.

가와히가시 다이료는 가업인 전기공사를 하며 오사카 히라카타 시 교외에서 부모님과 함께 살고 있었다. 아라마키와 마찬가지로 교토·도쿠시마 사건으로 체포된 그는 앞에서 나온 야기, 사키자키와 함께 재특회 부회장이라는 요직에 있다. 교토 사건에서 공원에 설치된 스피커를 철거한 사람으로, 그가 바로 재특회가 교토변호사회에 보낸 반론 성명에 등장하는 "전기공사 자격을 가진 전문가"다. 당시 스피커 전선을 니퍼로 인정사정없이 절단하는 가와히가시는 어딘가 의기양양했다. 작업복을 입고 머리에는 매직펜으로

'재특공무소'在特工務店라고 갈겨쓴 헬멧을 쓰고 있었다.

내가 가와히가시와 만난 것은 그가 보석으로 나온 직후였다. 자택을 찾은 내게 가와히가시는 곤혹스러운 표정을 지었다.

"보석 중이기도 하고, 별로 할 말이 없습니다만······."

가느다란 목소리였다. 작은 체구에 여린 가와히가시에게는 중성적인 분위기가 있었다. 자신의 홈페이지에 '헬로 키티' 상품을 모으는 취미를 드러내는 한편, 주위에서는 "그만큼 활동에 열심인 사람도 없다."라는 평가를 받고 있다. 개근상이라도 받아야 할 정도로 시위나 집회에 꼬박꼬박 참가하며, 자기가 사는 지역 밖에서 열리는 집회에도 적극적으로 동참한다. 그런 열성 때문에 부회장이라는 직책이 주어진 것이다. 어떻게든 이야기를 들으려고 나는 일부러 도발적인 말을 건넸다.

"재특회의 난폭한 행동은 보는 것만으로도 불쾌합니다."

과연 가와히가시는 화가 난 얼굴로 "그거야 사람마다 생각이 다르니까요."라고 무신경하게 말했다. 내가 노린 대로 불쾌한 감정이 그의 입을 약간 풀어 놓은 모양이었다.

"재일 코리안에게 무슨 원한이라도 있습니까?"

"있다면 있고, 없다면 없습니다. 개인적으로 조선인에게 나쁜 짓을 당한 적은 없어요. 하지만 조선인은 일본인의 생명과 안전을 위협하고 있습니다. 일본의 장래를 위해서라도 바로잡지 않으면 안 됩니다."

"재일 코리안이 일본에서 사라져야 한다고 생각하십니까?"

"한마디로 대답하면 '예스'입니다. 녀석들은 은혜도 모르고 수준이 떨어져요. 일본에 얹혀사는 주제에 생트집만 잡잖아요. 강제 연행이나 종군 위안부 문제를 생각하면 그렇지 않나요?"

"그러면 쫓아내는 수밖에 없을까요?"

"그거야 한국과 북한으로 돌아가기만 한다면 그만큼 좋은 일이 없겠죠. 민족 차별은 없어져야 한다고 생각합니다. 지금 일본에서는 그들(재일 코리안) 자신이 차별을 만들고 있어요. 적어도 모든 특권을 포기하고 평범한 외국인으로 살아야죠."

나는 이 기회에 부회장이라는 요직에 있는 가와히가시에게 물어보고 싶은 것이 있었다.

"특권을 이야기하자면, 일본에서 특권을 가장 많이 누리고 있는 외국인은 같은 '재일'이라도 재일 미군이라고 생각합니다. 그 문제는 어떻게 생각하십니까?"

"미국은 일본의 경제 부흥을 도와줬죠. 긍정적인 측면이 많아요. 일본을 괴롭히는 한국이나 북한과는 다릅니다. 물론 (재일 미군에) 문제가 없다고는 할 수 없죠. 예를 들어 이렇게 생각하면 어떨까요? 지금 눈앞에 출혈이 심해 죽을 것 같은 사람이 있어요. 살펴보니 그 사람에게 충치가 있었어요. 이 경우에 충치부터 치료해야 할까요? 그보다 먼저 지혈을 해야겠죠. 눈앞에 있는 가장 큰 위기를 제거하기 위해 활동하는 게 재특회입니다."

미국을 충치에 비유하는 논법은 재미있다. 사실 여부를 떠나 명쾌한 비유다.

"공부를 많이 하신 모양인데 어디에서 지식을 얻고 있습니까?"

"인터넷. 그리고 텔레비전이죠. 활자가 싫어서 책은 잘 안 읽어요."

고등학교를 졸업한 후 회사원을 거쳐 가업을 돕게 되었다고 한다. 재특회에 들어간 동기도 인터넷 동영상 사이트에서 사쿠라이의 연설을 본 것이었다. 가와히가시는 결코 달변가가 아니었다. 작은 목소리로 억양도 없이 나긋나긋하게 말해 감정이 별로 느껴지지 않았다. 하지만 집회에서는 "핵무기가 없는 사회 대신에 조선인이 없는 미래를!"이라고 절규하기도 한다. 알 수 없는 사람이다.

어느 재특회 관계자에게 이런 이야기를 들은 적이 있다. 가와히가시가 아직 구류 중이던 때였다. 그 관계자가 가와히가시의 집을 방문하자, 그의 어머니는 복잡한 표정으로 이렇게 말했다고 한다.

"우리 아이는 일도 안 하고 방에 처박혀 밤새 컴퓨터만 하고 있어요. 언제 자는지도 모르겠어요. 옴진리교° 같아서 걱정이에요."

어떻게 보면 공부를 열심히 하는 사람이기는 하다. 눈에 띄는 타입은 아니지만, 대화를 나눠 보니 빈틈없는 진지함이 느껴졌다. 그러나 그런 진지함이 가와히가시의 더 큰 폭주를 불렀다. 나중에 자세히 이야기하겠지만, 그가 홀로 무모한 싸움에 돌입하는 것은 그로부터 반년 후의 일이다.

집에서는 좋은 아빠, 좋은 가장

마찬가지로 교토·도쿠시마 사건에서 체포된 니시무라 히토시만은 "직접 취재에 응할 수 없다."라며 메일로 답변했다. 아래는 니시무라에게서 온 메

● 1995년 지하철에 사린 가스를 살포해 26명을 살해한 테러를 일으킨 사이비 종교.

일의 일부다.

제 주장의 정당성은 흔들리지 않습니다. 주로 문제 제기를 목적으로 했고, 봉화를 올리기 위해 어느 정도 각오는 하고 있었기 때문에 반성할 점도 없습니다. 저개인은 "바퀴벌레", "김치 냄새 난다." 등의 발언을 한 적이 없습니다. 왜냐하면 조선인 친구 앞에서도 할 수 있는 말만 하겠다고 마음속으로 정했기 때문입니다.

그런 말을 한 것은 전후 60년 이상 신사적인 대응을 해도 조선인은 상대를 해주지 않고, 일본인의 미덕은 일본인(또는 정치 활동을 하지 않는 평범한 재일 외국인)끼리만 통할 뿐, 반일 외국인에게는 통하지 않기 때문입니다. 조총련도, 사이비 부락 단체도 떼를 지어 관공서에 쳐들어가서 위협하고, 주장을 관철하려 듭니다. 또한 외교, 사업 등에서 외국인과 교섭할 때, 저쪽이 한 발 양보해서 원만히 해결되는 일은 거의 없고, 사람 좋은 일본인이 전 세계에서 이용당하며, ATM이 돈을 내주듯 돈을 뜯기고, 양식 있는 친일 외국인에게 "일본인의 상식은 세계의 몰상식"이라는 이야기까지 듣고 있는 까닭입니다.

끝도 없이 일본을 모욕하고, 날조된 역사로 보상금, 그리고 일본에서 일본인보다 우위에 서기 위해(일본에 재일 코리안이라는 나라를 세우려는 생각) 정치활동을 하고 있는 반일 재일 코리안에게 항의하고 있을 뿐입니다. 재일 코리안이다른 외국인과 같은 대우를 받으며 생활한다면 아무 불만도 없고, 일본인에게 행한 도리에 맞지 않는 과거에 대해서도 따지지 않습니다.

도쿠시마 사건에 대해서도, 기부한 사람은 설마 조선학교에 돈이 유용되리라고는 생각하지 않았을 것입니다. 돈을 낸 사람은 '키다리 아저씨 육영회'에 전액기부되리라고 생각했던 것이 명백하고, 그 외에 돈을 보낼 예정이었다면 "어디

어디에 기부금의 일부를 보냅니다."라고 명시하지 않았기에 2008년 판결에서 모금 사기가 확정된 사안이 있습니다.

중간중간 비문이 있기는 하지만, 성실한 내용의 메일이었다. 취재가 싫으면 거절해도 되건만, 니시무라는 그 나름의 언어로 대응해 주었다. 솔직히 말하면 의외였다. 앞에서 말했듯이 그는 아라마키와 함께 재특회의 제일가는 싸움꾼이었다. 항상 거친 말로 상대를 도발하고, 때로는 몸을 써서 달려든다. 왜소한 타입이 많은 재특회 활동가 중에서 그는 소수파에 속한다. 실제로 니시무라는 "젊은 시절에는 상당히 난폭했다", "야쿠자 따위 무섭지 않다."라고 공언했다. '프로 싸움꾼'을 자처하며, 시위를 방해하러 온 젊은이를 발로 찬 적도 있다. 재특회 내부에서 협객 흉내를 낸다는 비판도 듣지만, 젊은 회원들은 '형님'이라고 부르며 우러러보는 일도 많다. 부모는 교토 시내에 건물을 여러 개 가진 부자이며, 그도 그중 한 건물의 관리인을 하고 있다. 아내와 아이도 있다. 일찍이 집회 현장에서 니시무라와 몸싸움 일보 직전까지 갔던 재일 코리안 청년은 우연히 근처 슈퍼마켓에서 니시무라를 보았다고 했다.

"아이와 있는 니시무라를 본 것은 처음이었어요. 집회 때와 달리 아버지의 얼굴을 하고 있었어요. 교토 사건 때 '조선학교는 스파이 양성기관', '(학교 토지는) 조선인에게 빼앗겼다.'라고 외친 사람이 니시무라였어요. 제가 보기엔 그 사람이 주범이죠. 그런데 아이와 함께 있는 니시무라는 온화한 표정이었고, 전혀 다른 사람처럼 보였어요. 때려 주고 싶을 만큼 미운 놈이었는데 선량해 보이는 얼굴을 보자 그런 생각도 사라졌어요."

니시무라는 사실 섬세한 성격이 아닐까. 집회 현장에서 나와 얼굴을 마주쳤을 때의 대응만 봐도 그렇게 느끼지 않을 수 없었다. 내가 말을 걸면 그는 결코 무시하지 않는다. 똑바로 인사하고 내 이야기를 듣는다. 그러나 중요한 이야기는 절대로 하지 않는다. 나 같은 인간은 신용할 수 없다는 강한 의지와 그래도 인간으로서 최소한의 대응만은 유념하겠다는 나름대로의 미학이 나타나 있는 것이다.

사건 공판에서는 변호사의 물음에 그는 이렇게 대답했다.

"집회 등에서 항상 심한 말로 항의합니까?"

"저는 바퀴벌레라는 말은 쓰지 않습니다. 제 친구들 중 40퍼센트는 재일 코리안입니다. 그 친구들 앞에서 할 수 있는 말밖에 하지 않습니다."

니시무라 나름의 기준이 있는 것이다. 앞서 인용한 메일에도 비슷한 표현이 있었다. 반면에 난폭한 논리를 내세우는 경우도 적지 않다. 마찬가지로 공판에서 변호사와의 문답이다.

"(교토 사건에 대해) 항의할 당시 학교에서 수업 중이었던 사실은 알고 있습니까?"

"법에 의거한 교육을 하고 있지 않기 때문에 학교라고 생각하지 않습니다."

"적어도 아이들은 당신들의 심한 항의를 들었습니다."

"그 아이들도 조총련의 피해자죠. 제대로 된 역사 인식을 가지지 않은 사람과는 공생할 수 없다는 것이 우리의 주장입니다. 항의는 아이들에게도 좋은 기회였다고 생각합니다. 공공복지를 위해 허용되는 범위죠."

나는 니시무라에게 다시 메일을 보냈다. 아무래도 천천히 한번 이야기를 듣고 싶다, 당신 생각을 자세히 듣고 싶다, 그런 내용이었다. 그러나 그에게서 답장은 없었다.

그 후에도 집회 현장에서 니시무라와 만날 기회는 적지 않았다. 니시무라는 여전히 내 얼굴을 보면 웃으며 인사한다. 그러나 무엇을 물어도 그의 입은 열리지 않는다.

나카타니 다쓰이치로는 체포된 후, 근무하던 건설 회사를 퇴직했다. 물의를 일으킨 책임을 지고 싶었다고 한다. 오사카 시내의 자택을 찾아가자, 아무런 약속도 잡지 않고 갔던 나를 내치지 않고 집 안에 들였다.

"직장이 없어서 지금은 집에서 책을 읽거나 아이들과 노는 일만 하고 있어요."

쓴웃음을 지으며 나카타니는 가족을 소개했다. 착한 인상의 부인과 초등학교 저학년인 두 딸. 벽에는 아이들이 그린 나카타니의 그림이 붙어 있었다. 부인은 홍차와 쿠키를 테이블 위에 놓았다. 아이들이 나카타니의 무릎 위에 앉으려 하자 나카타니는 "조금만 기다려, 나중에."라고 나긋나긋한 목소리로 저지했다. 나카타니의 집은 온화한 가정의 향기로 가득했다.

나카타니는 교토 사건에 참가했다가 체포되었다. 내가 사건에 대해 묻자, 그는 "솔직히 무서웠다."라고 대답했다. 의외였다.

"이래도 되는 걸까? 이런 운동 방식으로 괜찮은 걸까 하고 예전이나 지금이나 생각하고 있습니다. 우리 운동은 많은 사람들에게 기대를 받았어요. 그래서 거기에 부응하려고 다들 필사적이었죠. 저는 그게 무서워서 어쩔 줄 몰랐습니다만, 그래도 내달렸습니다. 어쩌면 그래서 스스로를 객관적으로 볼 수 없었는지도 모르겠어요."

꽃무늬 찻잔을 조용히 입으로 가져가며 나카타니는 말했다.

"반성해야 할 점은…… 있었을 겁니다. 우리가 하려고 했던 것은 어디까지나 문제 제기였어요. 그래도 법에 저촉되는 부분이 있다면 법치국가의 국민으로서 사죄하고 싶습니다."

그 말에 나카타니의 망설임이 드러나 있었다. 나카타니가 가해자로서 자책하고 있는 것은 아니다. 그가 말하는 사죄는 어디까지나 법을 어기고 만 것에 대한 사죄다. 그러나 활동의 정당성에 대한 이야기가 나오자 고뇌에 찬 표정을 보였다.

"기존 보수나 우익이 하지 않은 일을 우리가 했다는 자부심은 있습니다. 우리는 돈을 벌기 위해 운동을 한 게 아니에요. 이런 일을 해도 돈은 안 나오니까요. 다들 자기 돈을 쓰면서 활동하고 있고 성실한 사람들이에요. 어떻게든 나라를 바꾸고 싶다, 지키고 싶다는 생각만은 가지고 있죠. 그런데 인터넷으로 저변을 넓혀서 세력을 확대하고 사람들의 이목을 끄는 운동을 전개하는 방법에 한계가 보이기 시작한 것 같아요. 블로그나 동영상의 조회 수를 늘리려면 과격한 방향으로 치달을 수밖에 없으니까요. 자신을 객관화할 여유가 없어집니다."

어느새 나카타니의 무릎 위에서 딸이 놀고 있었다. 나카타니는 딸의 머리를 쓰다듬으며 조용히 미소를 지었다. 운동을 하게 된 계기는 이 아이의 탄생이었다고 한다.

"아이가 태어났던 7년 전은 마침 고이즈미가 방북해서 납치 문제로 세상이 떠들썩했어요. 그때까지는 정치에 대해 진지하게 생각한 적이 없었죠. 학력이 중졸밖에 안 되는 저는 그저 열심히 일하는 것밖에 몰랐어요. 그런데 납치 문제를 접하고 일본이 이대로 괜찮을까 생각하게 되었습니다. 그리고 아이의 장래가 걱정됐어요. 강하고 올바른 국가를 만들기 위해서는 먼저 일본인 자신이 확고한 국가관을 가질 필요가 있습니다. 국방 문제만이 아니라 교육이나 경제에 대해서도 마찬가지입니다. 불행한 나라에서 딸을 기르고 싶지 않다고 생각했어요."

보수에 경도된 것은 좌파가 너무나도 나약하고 매국적으로 보였기 때문이다. 닥치는 대로 책을 읽었고, 보수파 세미나에도 몇 번이나 나갔다. 그러다 보니 어느새 운동의 소용돌이 안에 있었다.

"저는 어디까지나 시민운동으로 참가했다고 생각했습니다. 그런데 어느새 운동 내부에서 '시민운동이니까 무슨 주장을 해도 상관없다.'는 착각이 생긴 듯합니다. 하고 싶은 말을 하고, 하고 싶은 일을 하고, 그건 아이들 놀이죠. 게다가 운동이 인터넷으로 확대되면서 정치적 목적이 아니라 그저 불만을 해소하고 싶은 젊은이들까지 참가하게 되었어요. 서로 과격함을 경쟁하는 장면도 많아졌고요."

이때 나카타니는 운동을 계속해야 할지 말지 고민하고 있었다.

"지금 여러 가지 생각을 하고 있어요. 어떤 운동이 되면 사람들의 이해를 얻을 수 있을까. 적어도 폭주족이라는 오해를 살 운동과는 거리를 두고 싶습니다."

헤어질 때 나카타니가 문득 내뱉은 말이 지금도 귓가에 맴돈다.

"우리 집회에 과연 설득력이 있었을까요? 요즘은 동네 할아버지들이 하는 이야기가 훨씬 심도 있다는 생각이 들어요."

나카타니가 재특회에서 물러난 것은 아니며, 지금도 가끔 집회에 얼굴을 비친다. 그러나 이전처럼 격렬하게 시비를 걸지는 않는다. 한 걸음 물러서서 '마지못해 그곳에 있는' 듯한 분위기를 감추지 않는 것이다. 거기에 그의 망설임과 고뇌가 나타나 있다.

나라를 사랑하는 일본인으로서

"호시 군은 혼혈이지?"

그는 말없이 고개를 끄덕였다.

"어머니는 이란인이고 아버지가 일본인, 맞지?"

호시 에리야스는 훗 하고 가볍게 웃고는 한숨 섞인 어조로 입을 열었다.

"그런 질문, 지금까지 수백 번, 아니 수천 번은 들었어요."

자세히 보니 그의 눈은 웃지 않고 있었다. 아무 생각 없이 마치 심문이라도 하는 것처럼 질문한 나를 경멸하고 있는지도 모른다. 나 자신이 부끄러울 따름이었다.

도쿠시마 사건으로 체포된 호시는 교토 시내에서 부모와 함께 살고 있다. 188센티미터의 장신과 혼혈 특유의 단정한 얼굴이 특징이다. 재특회에서는 '다르빗슈*'라는 별명으로 불리는데, 모델을 해도 될 정도로 미남이다. 체포될 때까지는 정원 용품 판매점에서 일하면서 디제이로도 일했다. 교토 시내의 클럽에서는 나름대로 유명하다. 언젠가는 음악만 하며 살고 싶다고 생각하고 있다. 그런 호시는 지금까지 혼혈로 살아오며 힘들었다고 밝혔다.

● 메이저리그에서 활약하는 일본 투수. 이란인 아버지와 일본인 어머니 사이에서 태어났다.

"야스다 씨도 그랬죠. 먼저 제가 혼혈인가부터 물었어요. 저는 항상 그것부터 대답해야 했어요. 어릴 때부터 계속."

뭐라고 답해야 좋을지 몰랐다. 단정한 호시의 얼굴을 가만히 보고 있을 수밖에 없었다.

"저는요, 일본에서 태어난 일본인이에요."

그는 목소리를 높이지도 않고 아주 담담하게 "그런데도……"라며 이야기를 계속했다.

"사람들은 절 보면 꼭 물어요. 어느 나라 사람이냐고. 어느 나라 사람과의 혼혈이냐고. 물론 얼굴색이 검고 이목구비가 뚜렷하고 일본인처럼 안 보이니 그렇게 묻는 건 당연하겠죠. 그때마다 대답해야 돼요. 어머니는 이란인이고 아버지는 일본인이에요. 저는 일본에서 태어났고 일본어밖에 할 줄 몰라요. 이거, 정말로 힘들어요. 했던 이야기를 계속 또 해야 하니까요."

호시는 미간을 찌푸렸다. 자택 소파에서 긴 손발을 불편하게 구부린 채 그는 한마디, 한마디 나누어 가며 천천히 말했다.

"이 외모 때문에 일본인으로 인정받지 못했어요. 그래서 저는 일본인이라는 사실을 모두에게 인정받고 싶었어요. 재특회에서 활동하게 된 것도 일본인으로서 강하게 살고 싶었기 때문이에요."

일몰에 가까운 시간, 창밖에서 석양이 들어와 호시의 얼굴을 비췄다. 표정에 걱정이 깃든 것처럼 보였다.

"재특회 활동에 참가하면서 일장기를 들고 있을 때 저는 그제야 일본인이라는 사실을 강하게 자각할 수 있었어요. 재특회 회원들은 저 같은 혼혈을 아무런 저항이나 편견도 없이 받아 줬죠. 일본을 사랑한다고 얘기하는 저를 애국자로 인정해 줬던 거예요."

그는 집회에서 "일본을 지켜라."라고 소리쳤다. 좌익에게는 "매국노."라고 욕했고, "일본을 욕하는 조선인은 나가라."라고 크게 외쳤다. 그 순간 무언가 응어리가 풀린 것 같은 기분이 들었다. 이로써 일본인이 될 수 있다는 기쁨이 온몸을 휘감았다.

호시는 초등학교 때부터 역사를 좋아했다. 일본에서 태어났으니 일본에 대해서만큼은 제대로 공부하고 싶었다. 일본인으로 봐주기를 바라는 의식이 있었는지도 모른다. 스무 살 때 미국에 어학연수를 다녀왔다. 일본이라는 나라를 밖에서 객관적으로 보고 싶었기 때문이지만, 결과적으로 일본을 더욱 사랑하게 되었다. 다른 나라 유학생 중 대부분은 자기 나라를 자랑스럽게 생각하고 있었고, 심각하게 걱정하고 있었다. 그에 비해 일본은 어떤가? 외국에 주권을 유린당해도 시위 하나 일어나지 않는다. 일본인 유학생들 역시 사회적인 문제에 관심을 가지지 않는 것은 물론, 나라의 장래에 대해서도 관심이 없다. 화가 났다. '같은 일본인'으로서 화가 났다.

그때 인터넷에서 재특회를 알게 되었다. 유학 중이던 기숙사에서 재특회 사이트를 볼 때만은 마음속에 있던 애국심이 끓어올랐다. 격렬한 활동을 전개하는 재특회는 일본을 생각하는 호시에게 희망이자 정신적 지주였다. 귀국한 직후부터 재특회 활동에 참가했고, 거리에서 일장기를 휘날렸다. 호시는 그렇게 '일본인'이 되었다. 도쿠시마 현 교직원 조합에 난입했을 때도 그는 자기 키만큼 커다란 일장기를 망토처럼 등에 두르고 있었다. 호시 특유의 스타일이다. 거기에서 '일본을 짊어지고 있다', '나야말로 일본인이다.'라는 그의 생각을 읽을 수 있다.

그렇지만 지금은 재특회 활동에 의문을 가지게 되었다고 한다.

"활동을 계속하면서 점점 감각이 마비됐어요. 그때까지 밉다고 생각한 적이 없는 조선인을 증오하게 되어 버렸어요."

호시는 일본인이고 싶었을 뿐이었다. 국적이나 피부색으로 차별당하는 아픔은 호시 자신이 누구보다도 잘 알고 있다. 체포되면서 그는 자기 자신을 되돌아보게 되었다. 서서히 열이 식어 가는 것을 느꼈다.

"증오의 정체에 대해 좀 더 생각해 보고 싶어요. 일본을 사랑하는 마음은 변함없고, 일본인이라는 사실도 자랑스럽게 생각해요. 그렇지만 타자를 공격하는 것으로 일본인의 자부심을 확립하는 것이 옳은지 잘 모르겠어요. 그런 의미에서는 체포되면서 생각할 시간이 생긴 게 다행이라고 생각해요."

재특회에 들어가면서 친구도 줄어 버렸다.

"음악 하는 친구들이 많았는데, 재특회에 열중하는 사이 다들 멀어져 갔어요. 그땐 다른 사람들이 절 어떻게 보는지 몰랐죠. 솔직히 재특회에는 활동 외엔 아무 취미도 없고, 친구도 적은 사람이 많은 것 같아요. 그래서 재특회 활동에서 보람을 느낄 수밖에 없지 않을까요?"

호시는 흔들리고 있었다. 운동을 그만둔다는 이야기는 하지 않았지만, 계속하기를 주저하고 있었다. 그런 호시를 보며 왠지 안쓰러웠다. 일본인으로서 살고 싶다는 호시에게 생의 열정과 자신감을 갖게 한 것은 분명 재특회였다. 그리고 동시에 타자에 대한 불필요한 증오까지 심어 주었다. 호시뿐만이 아니다. 재특회에 모이는 사람들은 재일특권이야말로 세상의 부조리를 풀 열쇠라고 믿어 의심치 않으며, 그것의 박탈을 추구하는 것이 애국적인 행위라고 굳게 믿고 있다.

아무것도 가질 수 없는 사람에게 '애국'이란 유일한 존재 증명이 되기도 한다. 18세기 영국의 문학가 새뮤얼 존슨Samuel Johnson은 "애국심은 악당의 마지막 은신처다."라는 유명한 경구를 남겼다. 그러나 정말로 그럴까? 재특회를 보고 있으면, 애국심은 외로운 사람들의 마지막 피난처가 아닐까 하는 생각이 든다.

오사카 시내의 고깃집에서 오카모토 히로키를 만났다. 오카모토는 재특회 오사카 지부의 간부로, 도쿠시마 사건 때 체포되었다. 그는 "친구들은 대부분 돈과 여자밖에 관심이 없고 정치에는 무관심하다."라고 한탄했다. 그러고는 익은 고기를 먹으며, 학교교육이 얼마나 일교조 주도로 이루어졌는가를 혀를 차면서 이야기했다.

내가 오카모토를 가까이에서 처음 본 것은 도쿠시마 재판소의 법정에서였다. 다른 피고들은 일찍부터 자리에 앉아 있는 가운데, 시작하기 직전에 법정에 도착한 그였다. 재판 중이라는 사실을 모르는 듯한 복장도 강한 인상을 남겼다. 등에 용무늬 자수가 있는 화려한 점퍼와 마찬가지로 자수가 있는 청바지. 검찰관의 질문에는 뻔뻔한 태도로 성의 없이 대답했다.

"다음부터는 방법을 바꿔서 또 할 겁니다."

"일교조가 싫으니까요."

질 나쁜 양아치로밖에 보이지 않았다.

그런 오카모토도 일대일로 마주 앉으면 평범한 스무 살이다. 연상인 내게 존댓말을 쓰고 예의를 갖춘다. 나는 재판에서 왜 그렇게 튀는 복장을 했는지 물었다. 오카모토는 부끄럽다는 표정을 지었다.

"저한테 외출용 옷은 그것밖에 없거든요. 양복도 없고, 그것도 꽤 고민해서 고른 옷이에요."

그는 오랫동안 시장의 생선 가게에서 일했다. 장화와 추리닝밖에 없지만 캐주얼한 티셔츠는 있다. 재판이니 조금은 멋진 복장을 하고 가야지 하고 생각한 오카모토는 처음에 생선 가게 작업복을 입고 가려 했다. 하지만 법정에서 작업복은 좀 곤란하겠다 하며 이것저것 고민한 끝에 자수 점퍼를 입고 가기로 했다. 누가 뭐래도 그에게는 그것이 최선의 정장이었다. 또 하나 의외의 사실(재특회 회원들에게는 모두 의외의 측면이 있다)은 오카모토가 독서를 좋아한다는 점이다. 좋아하는 작가는 미네 류이치로峰隆一郎, 1931~2000로, 구류 중에도 그의 역사소설만 읽었다.

오카모토는 젊은이답게 호탕하게 고기를 먹으며, 내 잔이 비면 맥주를 부어 주고, 재특회 회원들이 얼마나 좋은 사람들인지, 그리고 지금까지의 활동이 얼마나 즐거웠는지를 이야기했다. 그런 오카모토가 난감한 표정을 지은 순간이 있었다. 오사카 쓰루하시 집회에 대해 물었을 때다. 프롤로그에서 쓴 것처럼 쓰루하시는 일본 최대의 코리아타운이다. 평소와 마찬가지로 재특회는 그곳에서 "조선인을 쫓아내라!"라고 떠들며 시위행진을 했다. 그리고 오카모토 역시 그 자리에 있었다.

"솔직히…… 그때는 괴로웠어요."

오카모토도 이때만큼은 신음하듯이 말했다. 쓰루하시에는 그의 친척이 많이 살고 있었기 때문이다. 오카모토의 조부는 한국 국적이었다. 그 후 일본으로 귀화했기 때문에 오카모토 자신은 일본인으로서 자랐지만, 지금도 재일 코리안 친척이 적지 않다.

"'조선인을 죽여 버려라.'라고 외친 기억이 있는데, 진심은 아니었어요."

어딘가 불량스러운 오카모토이지만, 이때만은 무척이나 어린 표정으로, 갑자기 꺼져 들어가는 목소리로 말했다. 당연히 나는 "왜?"라고 물었다. 재일 코리안 친척이 있으면서, 아니 자기 자신이 재일 코리안의 피를 이어받았으면서 왜 재특회 활동에 참가하고 있느냐고. 그러나 오카모토는 "우익에 관심이 있었다. 그중에서도 재특회가 들어가기 쉬웠다."라고 대답할 뿐이었다. 회피하지도 않고, 진지하게 대응하지도 않고, 그저 내 물음에 대수롭지 않게 대답했다. 그 이상 물으면, 그 안에 있는 무언가 소중한 것을 부숴 버릴 것만 같은 기분이 들었다.

우리는 할 말을 잃고 어색하게 고기만 먹었다. 그리고 껄끄러운 이야기에서 도망치듯이 젊은 여성들이 접대하는 근처 바로 가서 줄곧 야한 이야기를 하며 즐겼다. 내게 예의 바른 존댓말을 하고 즐겁게 술을 마시는 오카모토를 보며, 그의 가슴속에 있는 '일본'에 대해 생각했다. 오카모토가 바라는 일본은 도대체 어떤 모습일까? 도대체 무엇이 그렇게까지 그를 매료시킨 걸까?

내가 접한 수많은 재특회 회원이나 넷우익의 얼굴이 오카모토의 착한 표정과 겹쳐 보였다. 그럴듯한 논리를 내세우면서도 그들은 무언가를 마음속에 품고 있었던 것 같다. 연대를 원하고, 모순에 얽매인 채, 실상조차 명확하지 않은 적에 대한 증오를 불태우고 있었다.

동일본 대지진이 일어났던 날, 진동이 가라앉은 직후 오카모토에게서 연락이 왔다.

"괜찮으세요? 무사하죠?"

전화기에서 들려오는 헐떡이는 소리가 내 귀에 따뜻하게 울렸다. "안심했어요."라며 오카모토가 전화를 끊은 직후, 나도 모르게 뜨거운 무언가가

복받쳐 올랐다. 열심히 어른인 척하지만, 어딘가 어려 보이고 미숙한 그의 모습이 떠올랐다. 재특회 활동을 계속하면서 재일 코리안 친척을 신경 쓰는 오카모토의 심정을 생각해 보았다. 그리고 동시에 "비국민! 할복해라!"라고 도쿠시마 현 교직원 조합의 여성에게 화난 목소리로 외쳤다는, 내가 모르는 오카모토의 또 다른 얼굴을 상상했다. 그렇기 때문에 더 알고 싶었다. 오카모토와 그 동지들을.

도쿠시마 사건에서 체포된 홍일점 나카타니 요시코에 대해서도 간단하게나마 써야겠다. 교직원 조합 사무실에 난입했을 때, 책상 위의 서류를 내던지고, 통화 중인 직원의 전화기를 빼앗는 대활약을 보인 사람이 바로 나카타니였다. 그녀는 간사이에서 가장 눈에 띄는 여성 활동가였다고 할 수 있다. 몸매를 강조하는 복장이나 화려한 화장은 어쩔 수 없이 주위의 시선을 끈다. 게다가 집회에서 그녀는 항상 선두에 섰다.

나는 나카타니에게 몇 번이나 취재를 시도했지만, 그때마다 싸늘하게 거절당했다. 명함을 내밀어도 받지 않고, 나와 시선을 마주치는 것조차 피했다. 오사카 시내의 자택을 방문한 적도 있다. 아파트 문을 두드리자 그녀가 얼굴을 내밀었다. 긴 생머리를 뒤로 묶고, 화장을 하지 않은 나카타니는 의외로 청순해 보였다. 그러나 내 얼굴을 보자마자 "아." 하고 작은 소리를 낸 뒤 문을 닫아 버렸다. 너 따위와 말할 것 같으냐는 철저한 취재 거부 자세가 오히려 시원하다는 기분도 들었다.

나카타니는 사건 전부터 블로그에 일기를 쓰고 있었다. 재특회 활동의 비망록도 있기 때문에 나 역시 열렬한 독자의 한 사람이었다. 사건이 있기 전까지 블로그에 있는 그녀의 생활은 행복으로 가득했다. 미국인 남편과의 풍요롭고 부유한 생활, 로큰롤 스타나 스포츠 선수와의 화려한 교류, 나카타니는 행복해 보였다.

그러나 도쿠시마 사건의 공판으로 밝혀진 그녀의 실상은 너무나 평범한, 아니 어딘가 적막한 느낌이 드는 모습이었다. 나카타니가 같이 살던 사람은 미국인 남편이 아니라 늙은 모친이었다. 고등학교를 중퇴한 나카타니는 공장에서 일하다 네일 아티스트가 되었지만, 그것만으로는 생활을 유지할 수 없어 밤에는 바에서 일하고 있었다. 그녀는 증인석에서 "깊이 반성하고 있다."라며 고개를 숙였다.

나카타니에게 블로그나 재특회 활동은 '또 하나의 자신'을 돋보이도록 하기 위해 중요한 아이템이 아니었을까? 여러 얼굴을 가진 것은 결코 나쁜 일이 아니다. 현실과 가상을 구분하며 생활하기는 힘들지만, 그렇게 하지 않으면 자아를 유지할 수 없는 경우도 있을 것이다. 어쩌면 재특회 활동이 그녀에게 자신의 현실과 가상의 모습을 구분하는 데 필요한 '칸막이'로 기능했던 것은 아닐까 하는 생각도 든다.

교토 사건과 도쿠시마 사건은 나중에 같이 심리되었고, 두 사건에 모두 관여한 니시무라 히토시에게 징역 2년, 아라마키 하루히코와 가와히가시 다이료에게 징역 1년 6개월, 교토 사건에 관여한 나카타니 다쓰이치로에게 징역 1년의 유죄판결이 내려졌다(모두 집행유예 4년). 한편 도쿠시마 사건에 관련된 나카타니 요시코●에게는 징역 2년(집행유예 5년), 호시 에리야스에게

● [원주] 나카타니 요시코는 2012년 1월 지인의 건강보험증을 사용해 병원에서 진료를 받는 바람에 사기 혐의로 체포되었다. 어딘가 안쓰러운 사건이지만, 그보다 더 씁쓸했던 것은 사건 직후 재특

는 징역 8개월(집행유예 3년), 오카모토 히로키에게도 징역 8개월(집행유예 4년)이 언도되었다. 판결에 불복해 항소한 사람은 나카타니 다쓰이치로[•]뿐이었고, 다른 사람들은 모두 형이 확정되었다.

회 회장 사쿠라이가 회원들을 상대로 한 생방송에서 "그녀는 재특회와 무관"하다고 말한 것이다. 나카타니는 도쿠시마 사건 이후 재특회에서 탈퇴했지만, 그 후로도 간사이 팀의 일원으로 재특회와 함께 여러 활동에 참가했다. 그녀는 너무나도 허약한 이 '연대'의 결말을 어떻게 받아들였을까?
• [원주] 나카타니 다쓰이치로는 유일하게 자신의 '죄'를 의식한 인물이지만, 자신을 '주범'이라고 한 검찰의 주장에는 납득하지 못했던 것 같다. 오사카 고등재판소는 2심에서 그의 항소를 기각했다.

4

반재일反在日 조직의 뿌리

| 행동하는 보수와
| 신흥 넷우익 세력의 면면

앞에서도 이야기한 것처럼 재특회는 인터넷을 이용한 정보 전략과 길거리에서의 과격함, 그리고 지나칠 정도로 직설적인 주장으로 세력을 확대했다. "바퀴벌레 조선인", "짱개를 내쫓아라." 등 모욕적인 구호를 외치는 것은 그 전형으로, 국가적인 명제를 내세우면서도 표적은 항상 '재일 코리안'이나 '짱개'를 향한다. 언제나 집단으로 행동하고, 서로를 닉네임으로 부르며, 동영상이나 사진 촬영을 과도하게 고집하는 등 운동 성과를 인터넷으로 연결시키려는 경향이 무척 강하다.

기존의 좌익이나 언론이 거듭 밝힌 종군 위안부의 비참한 처지는 말도 안 된다, 난징 대학살은 허구 그 자체다, 억압받는 존재로 그려지는 재일 코리안은 사실 약자인 척하는 특권 인종이다, 이렇게 재특회는 그들 나름의 '역사적 진실'을 줄기차게 주장하며 보수 네티즌들을 규합해 왔다.

　그러나 그들이 처음부터 지금과 같은 시위와 집회 중심의 직접행동 노선을 취했던 것은 아니다. 재특회 홍보국장 요네다가 "원래는 스터디 그룹 같은 분위기에 가까웠다."라고 말했듯이, 처음에는 행동보다 학습에 중점을 두고 있었다. 그런 온건 노선을 급격히 변화시킨 사건이 2007년 여름에 일어났다. 재특회 회장 사쿠라이 마코토와 니시무라 슈헤이西村修平(62세)의 만남이었다. 니시무라는 '주권 회복을 도모하는 모임'이라는 우파 단체의 리더로, 오랫동안 티베트 해방과 반중국 등의 보수 운동에 관여해 왔다. 강렬한 선동이 주특기인 니시무라는 보수 운동의 이단아로 알려져 있다.

　"사쿠라이는 니시무라를 만나면서 변했습니다. 그 무렵부터 운동 방식이 확 바뀌고 말았어요."라고 어느 재특회 관계자는 말했다. 사실 니시무라는 위험한 매력으로 가득한 인물이다. 과거에 몇 번인가 취재 현장에서 니시무라를 만난 적이 있는 나는 충분히 이해할 수 있다. 직접행동을 신조로 하는 니시무라는 예전부터 '행동하는 보수 운동'을 제창해 왔다. "일본혼日本魂은 자아를 장식하는 액세서리가 아니다."라는 것이 그의 말버릇이다. 니시무라는 기존의 우익이나 보수를 부정하며 줄곧 과격하게 적과 대치하는 운동을 전개해 왔다. 좌익이나 노동조합의 집회, 관공서, 중국 대사관, 민단, 조총련, 경찰, 무슨 일만 있으면 어디든 혼자서라도 달려간다. "너는 짱개냐!", "조선인은 꺼져라!"라고 큰 소리로 달려드는 니시무라의 모습은, 같은 편이어야 할 보수 진영에서도 비판의 대상이 되었다. 또한 활동 내용을 동영상 사이트에 자세히 올리는 등, 인터넷을 이용한 운동 방식의 원조이기도 하다. 재특회 관계자는 이렇게 말한다.

"그러니까 사쿠라이는 니시무라에게서 집회 테크닉을 배운 거죠."

그 무렵의 귀중한 동영상이 아직 인터넷에 남아 있다. "고노 담화河野談話의 백지 철회를 요구하는 서명 활동"이라는 제목의 동영상이다. 1993년 고노 요헤이河野洋平 관방장관이 담화를 통해 종군 위안부에 대한 사죄를 표명한 적이 있었는데, 2007년 7월 8일 도쿄 긴자에서 펼쳐진 서명 활동은 이에 대한 항의의 일환이었다. 이때 서명을 중지하라고 요구하는 경찰관에게 니시무라가 맹렬하게 항의하는 장면이 있는데, 그 옆에는 아직 멜빵바지나 나비 넥타이와는 인연이 없던 시절의 사쿠라이가 보인다. 같은 해 1월 재특회를 결성하고 약 6개월이 지났을 때의 사쿠라이다. 지금이라면 상대가 경찰이라도 "너희들은 조선인을 편드는 거냐", "체포하려면 조선인이나 체포해!"라며 화를 냈겠지만, 당시 사쿠라이는 마치 충실한 조수라도 되는 양 니시무라 옆에서 주의 깊게 지켜보고 있을 뿐이었다.

"사쿠라이는 이 무렵부터 마치 니시무라가 빙의라도 된 것처럼 선동을 하게 됩니다. 아마도 니시무라의 과격함에 감화되어 필사적으로 그의 화술이나 논리를 배웠겠죠. 그러니까 사쿠라이의 운동 방식은 니시무라를 흉내 내는 데서 시작된 겁니다."

사쿠라이는 시간이 지날수록 니시무라의 과격함을 따라 하게 된다. 그리고 사쿠라이의 변모와 함께 재특회 역시 스터디 그룹에서 탈피해 행동하는 단체로 변모해 갔다.

마오쩌둥을 읽는 보수 활동가

"자네는 일본인의 생명과 안전을 어떻게 생각하는 거야!"

일찍이 니시무라는 나를 그렇게 꾸짖은 적이 있다. 2007년 가을의 일이다. 당시 재일 외국인을 둘러싼 여러 문제를 취재하던 나는 불법체류 중국인 노동자가 경찰관의 발포로 사망한 사건을 취재하고 있었다. 가혹한 노동 현장에서 도망친 중국인 실습생이 도치기 현 도치기 시에서 경찰관에게 불심 검문을 받게 된다. 정해진 체류 기간이 지났던 중국인은 그 자리에서 도주를 꾀했으나, 경찰관에게 붙잡혀 몸싸움을 벌인다. 위험을 느낀 경찰관은 위협 사격도 없이 발포, 복부에 총탄을 맞은 중국인은 이송된 병원에서 사망했다. 이에 유족은 경찰관을 특별공무원 폭행치사죄로 고소했다. 그리고 우쓰노미야 지방재판소에서 재판이 열리게 되었다.

그곳에 니시무라가 이끄는 주권 회복을 도모하는 모임 회원들이 들이닥쳤다. "도치기 현의 외국인 단속을 지지한다!", "짱개 새끼들의 횡포에 맞서라!", "발포는 당연하다!"라고 쓰인 현수막과 플래카드를 들고 재판소 앞에서 시끄럽게 집회를 벌였다(〈사진 6〉). 유족 측 변호사가 재판소에 들어갈 때는 "짱개의 개!"라며 욕설을 퍼부었다. 이 재판을 취재하던 나는 그들의 주장 자체보다도 저열한 욕설이 더욱 혐오스러웠다. 그래서 한판 붙을 작정으로 니시무라에게 달려들었고, 앞에 나온 저 말을 들었던 것이다. 얼마나 괴상한 보수 활동가인가 싶어 화가 나는 동시에 관심도 생겼다. 재특회를 취재하는 과정에서 나는 다시금 니시무라를 의식하게 되었다. 사실 사쿠라이의 선동을 처음 들었을 때 가장 먼저 머릿속에 떠오른 것이 바로 니시무라였다. 과격함이나 논리뿐만 아니라 자세나 표정까지도 똑같이 닮아 있었던 것이다.

　도쿄 진보초의 세련된 아파트에 주권 회복을 도모하는 모임의 사무실이 있었다. 2008년 4월 이곳을 처음 방문했을 때 가장 먼저 눈에 들어온 것은 책장에 가득한 마오쩌둥毛澤東의 저작이었다. 흥미롭게 보고 있자니, 니시무라가 책장에서 『실천론』實踐論을 꺼내 보이며 말했다.

　"제 바이블입니다."

　두고두고 읽은 흔적이 있었고, 페이지를 넘기자 곳곳에 빨간 펜으로 밑줄이 그어져 있었다. 단순한 책장 장식이 아닌 것은 분명했다. 니시무라와 마오쩌둥, 이 기묘한 조합은 니시무라의 과거가 밝혀지면서 납득이 갔다.

　니시무라가 마오쩌둥의 사상을 접한 것은 아키타에서 고등학교를 다니던 시절의 일이다. 1960년대 후반, 학생운동이 절정에 달한 때였다. 학생운동을 했던 형에게 마오쩌둥의 이야기를 들은 후, 관심을 갖고 그의 책을 닥치는 대로 읽었다. 그 후 센슈 대학專修大学에 입학한 니시무라는 마오쩌둥 문헌을 읽는 독서회에 들어갔고, 일중우호협회日中友好協会에도 가입했다. 당시 우호협회는 문화대혁명에 대한 평가를 둘러싸고 문혁 지지파(반일본공산당계)와 문혁 비판파(일본공산당계)로 분열되어 있었다. 니시무라는 전자에 속했다. 1972년에는 협회의 '학생 방중訪中단' 구성원으로 뽑혀 문화대혁명이 한창인 중국을 방문했다. 각지에서 국빈급의 열렬한 환영을 받았고, 중국 학생들과 어깨동무를 하고 〈인터내셔널가〉를 불렀다. 그러나 이때의 경험은 오히려 니시무라에게 '혁명에 대한 정열'을 꺼뜨리는 역할을 했다고 한다.

　"호화로운 대접을 받기는 했죠. 그러나 한편으로는 중공의 빈곤을 보고 말았어요. 거기 농가는 제가 살던 아키타 농가와는 비교도 안 되게 가난한 생활을 하고 있었어요. 사회주의의 성과가 이런 건가 싶어 충격을 받았습니다."

니시무라는 정신적으로 낙담했고, 중국 혁명에 대한 동경은 서서히 빛이 바랬다. 그는 대학을 중퇴하고 좌익 활동에서도 발을 뺐다. 그리고 30년 가까이 건설 회사에서 일하다 중국의 티베트 탄압 등에 자극을 받아서 다시 운동의 세계로 돌아온다. 이번에는 반중反中 투사로서 '주권 회복을 도모하는 모임'을 세운 것이었다.

니시무라는 보수 활동가로서 칭찬과 비판을 동시에 받고 있는 인물이다. 많은 신봉자들이 있지만 적에게는 당연히 인종차별주의자나 과격 우익으로 불리며, 보수 우익 진영에서도 "그 사람과는 같은 편이 아니다."라는 이야기를 듣는다. 니시무라 역시 "나는 보수도 아니고, 우익도 아니다. 반체제 활동가다."라고 거리낌 없이 말한다. 한때는 앞에서 말한 채널 사쿠라의 미즈시마 사토시와 행동을 함께한 적도 있지만, 지나치게 과격한 행동 때문에 '양아치 우익'이라는 비난을 들으며 미즈시마에게 절교를 당했다. 미즈시마는 "(니시무라는) 반일 시위에서 날뛰는 짱개들과 다를 바 없다."라고 내뱉었다.

그런데 사무실에서 본 니시무라는 집회 때와 전혀 다른 사람이었다. 조용하며 연하인 내게도 예의 바르게 대했다. 집회에서 나한테 화를 내던 니시무라는 없었다. 마치 대학 연구실에서 학자와 대화하는 듯한 분위기였다. 조금 남아 있는 아키타 사투리 때문인지 소박한 인품도 느껴졌다. 음악이나 문학, 영화에 밝았고, 책상 위에는 클래식 CD가 산처럼 쌓여 있었다. 같은 도호쿠 지방 출신의 작가를 좋아한다고 했다. 다자이 오사무太宰治, 1909~48, 가사이 젠조葛西善蔵, 1887~1928, 미야자와 겐지宮沢賢治, 1896~1933······. 내가 얼마 전에 이와테 현 하나마키에 있는 미야자와 겐지 기념관에 갔다 온 이야기를 하

자 열심히 들어 주었다. 그리고 눈을 감더니 마치 콧노래라도 부르듯 겐지의
시를 읊었다.

오늘이 가기 전에

떠나 버릴 내 여동생이여

진눈깨비가 내려서 밖은 무척이나 밝단다

니시무라는 시집 『봄과 수라』春と修羅에 수록된 "영결의 아침"永訣の朝을 암
송했다. 결핵으로 요절한 여동생과의 사별을 노래한 시다. 겐지의 작품 중
에서도 이 시를 가장 좋아한다고 했다. 의외의 일면을 본 듯한 기분이 들었
다. 그와 동시에 중국 대사관에 홀로 쳐들어갔다가 경찰관들에게 끌려가며
크게 울부짖던 니시무라의 모습이 떠올랐다. 그리고 국회 앞에서 한국인 위
안부 할머니들에게 욕설을 퍼붓던 니시무라도 떠올랐다. 지나칠 정도의 '갭'
에 머리가 어질어질했다.

나와 마주 앉은 니시무라는 어째서인지 정치나 운동 이야기를 피했다.
그저 "기존 보수는 일장기를 들고 시위하는 것밖에 할 수 없었고, 중국인을
짱개라고 부르지도 못했어요. 그래서 제가 새로운 보수 운동의 흐름을 만든
것뿐입니다."라고 짧게 말했다. 인터넷에 동영상을 올리는 수법도 니시무라
아래에 있던 젊은이들이 생각해 낸 것으로, 자신은 인터넷에 별로 관심이 없
다고 했다. "결과적으로 많은 젊은이들이 모였어요. 우익도, 보수도 아닌 사
람들을 흡수하는 힘이 인터넷에 있는 게 아닐까요?"라고 남의 얘기를 하듯
이 말했다.

그러고는 문학이나 음악, 연극 이야기만 계속했다. 활동 자금에 대해 물어도 "기부나 헌금이 좀 있다."라고 말할 뿐이다. 나는 주권 회복을 도모하는 모임의 전직 회원에게 "니시무라가 공안조사청*에서 돈을 받고 있다."라는 이야기를 들은 바 있다. 그에 대해 묻자 "큰 금액은 아니에요."라며 사실을 반쯤 시인하면서도 이야기를 다른 데로 돌렸다. 니시무라에게 영향을 받았다는 사쿠라이 이야기를 해도 그다지 관심을 보이지 않고 무신경한 말투로 이렇게 대답할 뿐이었다.

"처음엔 얌전하고 겁이 많은 남자였다고 기억해요. 제 활동에도 쭈뼛쭈뼛 참가했지만, 가만히 서있기만 했어요. 그 무렵에 비하면 노력을 많이 했겠죠. 제가 사쿠라이 군의 보호자도 아니고, 그는 그 나름의 운동을 하면 됩니다."

어딘가 거리를 두는 듯한 어조였는데, 이때 이미 재특회와 온도 차를 느끼고 있었을 것이다. 니시무라는 나중에 사쿠라이와 재특회를 맹렬하게 비판하게 된다.

사무실에서 니시무라와 만난 날 밤, 우리는 근처 중국집에서 식사를 같이했다. '짱개 반대'를 표방하는 활동가가 중국집을 식사 장소로 선택한 것도 의외였지만, 더욱 놀라웠던 것은 점원인 중국인 여성과 니시무라가 친근하게 담소를 나누는 모습이었다.

"몸은 어때? 너무 무리하지 마."

---

* 한국의 국정원 같은 정보기관. 공안 경찰과 하는 역할은 비슷하지만, 경찰청으로부터 독립된 별개의 조직이다.

"가족은 잘 지내지? 가끔은 연락 좀 드려."

온화한 목소리였다. 일본어를 잘 못하는 중국인 점원에게 니시무라는 천천히 말을 걸며 친절히 대했다. "짱개를 쫓아내라!"라고 포효하던 그 니시무라가 맞단 말인가? 재특회였다면 그러지 못했을 것이다. 재특회의 어떤 회원은 집회가 끝나고 뒤풀이를 하러 간 술집에서 주문을 받는 중국인 점원에게 "난징 대학살이 있었냐, 없었냐?"라고 시비를 걸었고, 점원에게 만족스러운 대답을 얻지 못하자 이번에는 점장을 불러 다 함께 규탄했다는 이야기를 블로그에 자랑스럽게 적었다. 니시무라는 그런 유치한(또는 너무나도 바보 같은) 짓은 하지 않는다.

"정치 이야기를 하면 밥맛도, 술맛도 떨어진다."라면서 여기서도 문학과 영화 이야기를 열심히 했다. 프롤레타리아 작가 사타 이네코佐多稲子, 1904~98의 『캐러멜 공장에서』에 감동받았던 기억, 이노우에 히사시井上ひさし, 1934~2010의 연극을 기다리고 있다는 이야기, 이마무라 쇼헤이今村昌平, 1926~2006의 영화를 봤을 때의 충격. 맥주와 중국술을 마실수록 니시무라는 말이 많아졌다.

그러나 며칠 후 집회 현장에 다시 나타난 니시무라는 눈을 부릅뜨고 전신에서 분노의 열기를 내뿜으며 "짱개는 적이다", "조선도 적이다."라고 무시무시하게 포효했다.

니시무라는 많은 예비 활동가들에게 학교와 다름없었다. 니시무라의 활동 방식에 영향을 받은 것은 사쿠라이만이 아니다. 니시무라가 제창한 '행동하는 보수'는 기존 우익이나 보수와는 다른 새로운 운동을 만들었다. 행동하는 보수는 이름 그대로 길거리에 나선 보수를 가리킨다. 기존의 보수 운동은 대부분 시위나 집회와 같은 직접행동과는 거리를 두고 저명인을 불러 강연이나 스터디를 개최하는 것으로 만족했다. 시위는 좌익이나 하는 것이라고 생각한 보수파가 많았기 때문이다. 무리도 아니다. 기존 보수층에게는 자민당이야말로 보수의 대표였고, 자민당이 정권을 잡고 있는 이상(또는 일정한 세력을 유지하고 있는 이상) 반체제를 표방할 필요가 없었던 것이다.

물론 자민당에 만족하지 못한 보수파나 민족주의자도 있었다. 그 일부가 우익 정치 단체를 만들었지만 행동반경이 너무도 좁았다. 특히 방 안에 앉아서 인터넷에 접속해 "조선이나 중국이 싫다", "재일 코리안이 무섭다."라는 말을 내뱉을 뿐인 넷우익 젊은이들에게 유니폼을 입고 검은 자동차를 탄 우익의 문턱은 너무나도 높았다.

그때 새로운 통로를 열고 보수 세력의 지도를 다시 그린 사람이 니시무라였다. 니시무라는 강연이나 스터디만으로 만족하는 보수파를 "액세서리로서의 지식을 뽐내고 있을 뿐"이라고 비판한다. 또 기존 우익에 대해서도 "자동차로 돌아다니며 연설이나 하는 틀에 박힌 운동"이라고 갈파했다. 니시무라는 '액세서리'와 '예정조화'를 배격하고 직설적인 말로 적의 급소를 공격하는 운동을 시작했던 것이다. 한국에서 위안부 할머니가 방문하면 집회 현장으로 가서 "꺼져."라고 외친다. 중국인 밀집 지역에서 "짱개는 범죄자다."라고 선전한다. 방위 대학防衛大学● 학장이 중국에 친화적인 발언을 하면 집까지 쫓아간다. 말을 가려서 하지 않는다. 참가자의 복장이나 자격, 극단적으로 말하자면 정치사상도 따지지 않는다. 오고 싶은 사람은 오면 된다. 교조주의와 경험주의를 비판하며 무조건 행동이 중요하다는, 그야말로 마

● 자위대 장교를 양성하는 대학.

오쩌둥의 『실천론』을 운동 현장으로 가져온 것이다. 그것이 니시무라가 제창한 행동하는 보수였다.

운동의 시조인 니시무라는 홀로 빛나는 항성과도 같은 존재였다. 그리고 그 빛을 받아 주위를 공전하는 행성이 몇 개 탄생했다. 재특회도 그중 하나였다. 지명도나 조직원 수 때문에 재특회만 주목을 받았지만 재특회 외에도 이런 조직들, 즉 재일 코리안, 짱개, 민주당을 가상의 적으로 간주하며, 인터넷을 중심으로 하는 동시에 가두에서 과격한 활동을 벌이는 조직들은 많다. 행동하는 보수에 속하는 다른 단체들과 공명하고 서로 영향을 끼치면서 일종의 보수 운동이 만들어지고 있는 것이다.

검은색 자동차를 동경하여

배외주의를 패러디한 배해사排害社● 를 이끄는 가네토모 다카유키金友隆幸와는 신주쿠의 카페에서 만났다. 작업복에 나막신이라는 튀는 복장으로 나타났지만, 그래 봤자 스물다섯 살. 대학을 졸업하고 3년밖에 지나지 않아 전체적으로 미숙한 모습이었다. 미남 부류에 들 법한 얼굴과 강압적으로 보이고 싶어 하는 패션이 어딘가 어울리지 않는 느낌이었다.

그때까지 나는 배해사가 주최·협찬한 시위나 집회를 여러 번 봤지만, 그 인상은 한마디로 최악이었다. 목이 긴 구두에 검은 셔츠를 입고 나타난 가네

● 일본어로 배외排外와 배해排害는 발음이 같다.

토모를 선두로 배외주의적 메시지를 외치며 번화가를 행진하는 대열은 그야말로 히틀러 유겐트나 문화대혁명 당시의 홍위병을 연상시켰다.

"짱개는 빨리 일본에서 나가라!"

"짱개는 지구상에 필요 없다!"

"짱개를 보면 도둑이라고 생각하자!"

중국인에 대한 적의로 가득 찬 구호는 지나가는 사람들의 표정을 굳게 만들기에 충분했다. 배외주의자임을 당당히 주장하는 그들은 진정한 파시스트처럼 보였다. 그만큼 가네토모에 대한 나의 관심도 높아졌다. 내가 배해사 집회를 처음 본 것은 도쿄 우에노 역 앞에서였다⟨사진 7⟩. 무시무시한 대자보 글씨를 흉내 낸 글자체의 깃발을 높이 치켜들고 가네토모는 이렇게 연설했다.

"UFO, 유니콘, 착한 짱개, 이 중에 뭐가 제일 먼저 발견될까요? 착한 짱개는 마지막까지 발견되지 않으리라고 저는 확신합니다!"

웃는 사람은 집회 참가자들뿐이었다. 대다수 통행인들은 슬쩍 눈을 돌려 집회를 처다볼 뿐이고, 나머지는 무관심한 척 지나간다. 당연한 반응이다. "짱개 배척"이라고 크게 쓰인 플래카드 앞에서 어떤 표정으로 멈춰 서야 좋겠는가.

다른 행동하는 보수 단체와 마찬가지로 여기도 비디오카메라를 들고 다니며 촬영하는 사람이 있다. 집회는 생중계되고 있었고, 집회 참가자들 가운데는 재특회 회원들의 모습도 보였다. 배해사는 재특회와 함께 시위나 집회를 하는 경우가 많다. 가네토모는 연설 도중에 교토 사건과 도쿠시마 사건으로 체포된 재특회 회원들의 이름을 말하며 "진정한 용사, 정말 수고하셨습니다!"라고 응원했다.

그때 한 여성이 가방을 끌며 지나갔다. 복장으로 보건대 중국인이 틀림없었다. 나리타 공항으로 가는 직행 특급열차가 출발하는 우에노 역은 해외에서 온 사람들에게는 도쿄의 현관과도 같은 곳이니 당연히 중국인도 많다. 여성은 빠른 걸음으로 지나치려 했지만 "중국인과 개는 출입할 수 없다."華人與狗不得入內라고 적힌 깃발을 보고 반응했다. 집회 참가자들에게 가운뎃손가락을 세운 것이다. 그 순간 수십 명의 참가자들이 들끓었다. 여성을 둘러싸고 큰 소리로 욕을 하기 시작한 것이다.

"짱개는 꺼져!"

"처웃지 마!"

"까불지 마!"

"바보 같은 년아!"

"차이니스 고 홈!"

모두 20대나 30대로 보이는 젊은이들로, 평소에는 싸움 한 번 한 적 없을 것 같은 사람들이었다. 여성은 사복 경찰에게 이끌려 역 안으로 무사히 도망칠 수 있었지만, 소리를 지르며 역 안까지 그녀를 쫓아가려는 사람도 적지 않았다. 불쾌했다. 배외주의든 뭐든 상관없지만, 젊은 여성 한 명을 집단적으로 쫓아다니는 저열함이 역겨웠다. 그러나 배해사 사람들이 보기에는 일본인에게 가운뎃손가락을 세우는 것이야말로 정의에 어긋난 행동이었던 것이다. "'묻지 마 범죄'를 저지르는 사람들이 있는데, 찌르려면 짱개나 찔러 주세요!"라는, 농담인지 진담인지 모를 이야기까지 나왔다. 이렇듯 배해사의 전공은 중국인에 대한 배외주의 운동이다.

이케부쿠로처럼 중국계 상점이 밀집된 곳이나 중국인이 집단적으로 거주하는 단지에서의 집회는 일상다반사다. 또 긴자나 신주쿠에서 중국인 관광객이 탄 관광버스가 불법 주차를 자주 한다는 이유로 버스 회사를 강력히 규탄하고 있다. 말할 것도 없이 진짜 목표는 버스 회사가 아니라 중국인 관광객이다. 관광객에게 직접 "이민족이 진출하는 탓에 무질서가 생긴다."라고 퍼붓는 일도 적지 않다.

배해사 대표인 가네토모는 어릴 적부터 우익을 동경했다고 한다. 또래 아이들이 도화지에 경찰차나 구급차를 그릴 때, 가네토모는 거리에서 본 우익의 검은색 자동차에 관심을 가지고 검정 크레파스로 도화지를 칠했다. 순전히 멋있다고 느꼈기 때문이었다. 자랑스럽게 아버지에게 그림을 보여 주자, "우익 따위는 야쿠자의 아르바이트야."라며 혼났다. 어른들은 왜 이 멋을 이해하지 못하는지 이상했다.

중학교 2학년 때 책에서 '아사누마 위원장 암살 사건●'을 읽고 범인인 야마구치 오토야山口二矢, 1943~60에게 관심을 가지게 되었다. 자신과 같은 10대였다. 어째서 야마구치는 그렇게까지 고민했던 걸까? 어린 마음에 필사적으로 생각했지만 알 수가 없었다. 그러나 나라를 생각하는 사람들이 세상에서는 우익이라 불리며, 일부에서는 혐오의 대상이 된다는 것은 알았다. 도대체 왜 나라를 사랑하고, 나라를 생각하고, 나라를 위해 행동하는 사람이 야쿠

● 1960년 10월 12일 사회당 위원장이던 아사누마 이네지로浅沼稲次郎, 1898~1960가 연설 도중 열일곱 살짜리 우익 소년 야마구치 오토야의 칼에 찔려 사망한 우익 테러 사건. 야마구치는 체포된 직후, 구치소 벽에 치약으로 "천황 폐하 만세"라고 쓰고 목을 매달아 자살했다.

자나 쓰레기라고 비판받아야 하는가? 의문이 끊이질 않았다.

가네토모가 본격적으로 우익 사상을 접하게 된 것은 고등학생 때였다. 도서관에 다니며 『일본 인물 사전』 같은 책에서 우익의 딱지가 붙은 사람들을 모조리 체크했다. 그가 인터넷 게시판이나 『전쟁론』戰爭論(고바야시 요시노리 지음), 『혐한류』를 입문서로 삼는 다른 넷우익과 다른 점이다. 고등학교 시절 가네토모가 가장 감명을 받은 책은 신우익 활동가 노무라 슈스케野村秋介, 1935~93의 『군청색이여, 잘 있거라』さらば群青와 군신軍神이라 불린 스기모토 고로杉本五郎, 1900~37가 유서를 대신해 쓴 『대의』大義였다. 대학은 망설일 것도 없이 고쿠시칸 대학國士舘大学●으로 갔다. 고쿠시칸 대학에 가면 진짜 우익과 만날 수 있으리라 생각했기 때문이다.

"입학해 보니 너무나 평범한 대학이어서 실망했어요. 주위에는 짱깨 유학생들뿐인 데다, 그 영향인지 입학식에는 일장기와 오성홍기가 나란히 걸려 있고. 엉망진창인 대학에 왔다고 후회했어요."

가네토모는 필사적으로 '고쿠시칸다움'을 찾아다니기 시작했다. 겨우 발견한 것이 대학에서 형편없는 소수파로 전락해 있던 우익 집단인 황국사관연구회皇国史観研究会였다. 우익 사상을 배우는 연구 동아리인데, 여기서 가네토모는 물 만난 고기처럼 청춘을 구가하게 된다. 황국사관 연구와 동시에 북한에 납치된 사람들의 구출에 관심을 가지고, 대학 졸업생들이 활동하는 우익 단체의 집회에도 참가한다. 2학년이 되자 가네토모는 동아리의 23대 회장

● 1917년에 설립된 대학으로 국사國士를 양성하겠다는 이름처럼 원래는 우익 성향 대학으로 출발했지만, 우익 색채가 엷어진 현재는 유명 체육 선수들을 배출하는 학교로 알려져 있다.

으로 취임했다. 당시의 가네토모는 지금처럼 경직된 사상을 가지고 있지 않았다. 호세이 대학法政大学을 거점으로 한 중핵파中核派* 학생 단체에 "학생운동의 불빛을 함께 지켜 내자."라고 격려의 메시지를 보내는 등 어느 정도 유연성이 있었다.

대학 졸업 후 레저 기업에 취직하고 나서도 우익 활동은 그만두지 않았다. 일을 마치고 양복을 입은 채 각종 단체의 집회에 참가하는 날이 계속되었다. 특정 단체에 소속된 것은 아니었고, 때로는 혼자서 가두연설을 한 적도 있다. 그 무렵의 가네토모를 우연히 신바시 역 앞에서 본 적이 있다. 혼자였다. 양복 차림의 그는 확성기를 길에 놓고 핵무장의 필요성을 주장했다. 소리를 지르지도 않았고, 타국이나 타민족을 웃음거리로 삼아 비방하지도 않았다. 저녁 시간에 아무도 봐주지 않는 신바시 역 앞의 혼잡 속에서도 가네토모는 침착한 말투로 연설을 계속했다. 혼자만의 집회를 끝낸 가네토모는 머리를 깊이 숙였다. 박수도, 성원도 없었다. 복잡한 인파 속에서 가네토모의 주위만 청정한 공기가 감도는 듯했다.

나는 그 모습에 감동을 받았다. 가네토모는 빛나고 있었다. 그의 주장에는 전혀 찬성할 수 없었지만, 그래도 마지막까지 조용히 연설을 마친 가네토모에게 다가가 말을 걸고 싶었다. 만약 가네토모가 그날 그대로였다면, 다음에 만났을 때 기부 정도는 했을지도 모른다. 그러나 가네토모는 그 무렵부터 기존의 우익 활동에 대한 관심을 잃어 간다.

"점점 활동 자체에 의문이 생겼습니다. 집회는 항상 매너리즘에 빠져 있

---

* 일본의 대표적인 좌익 과격파.

고 뭐랄까, 모든 단체가 타성에 젖어 운동하고 있는 것 같았어요. 집회를 해도 아무도 안 듣고, 정열도 점점 식어 갔죠."

역 앞에서는 머리를 깊이 숙였지만, 아무래도 내심 실망과 초조를 느끼고 있었는지도 모른다. 가네토모가 우익 활동에 의문을 느끼기 시작했을 때 만난 사람이 바로 니시무라 슈헤이였다. 그리고 그는 결성된 지 얼마 안 된 재특회와도 교류하게 되었다.

이들 행동하는 보수는 기존 우익과 달리 생생한 활동을 하고 있었다. 방식이나 표현에 아무런 규제가 없는 자유로운 활동은 우익에서 멀어져 가던 가네토모의 눈에 신선하게 보였다. 같은 세대의 젊은이들도 많았다. 우익 집회는 아무도 듣지 않지만, 행동하는 보수는 표현이 과격하기 때문에 적어도 이목을 집중시킬 수가 있다. 프로 우익이 아니라 어디까지나 평범한 '시민'이 거리에서 분노하기 때문에 관심을 끌 수 있다. 그리고 인터넷을 이용하면 동지도 늘어난다. "시민운동의 힘이다." 가네토모는 행동하는 보수를 있는 그대로 받아들였다.

"사회에 대한 영향력이 일반 우익과 비교도 되지 않았어요. 진정한 변혁은 시민 속에서 태어난다고 확신했죠."

가네토모는 기존 우익과 조금씩 거리를 두고 주파수가 맞는 재특회와의 연계를 심화해 간다. 그러다 2010년에 만든 것이 배해사였다.

"당연히 배외주의를 의식한 이름입니다. 저는 일본에서 가장 큰 재앙은 짱깨의 증식이라고 생각합니다. 놈들을 해악으로 규정해 배격하지 않으면, 지금 그나마 기능하고 있는 '일본다움'도 사라지고 말 거예요. 그 위기감이 제 등을 떠민 거죠. 모든 생명체는 필연적으로 배타성을 가집니다. 그래서 배외주의의 깃발을 높이 든 운동을 하고 있는 겁니다."

그런 가네토모 역시 인터넷을 최대의 무기로 활용한다. 배해사에 들어오는 젊은이 대부분은 그의 블로그를 보고 참가를 결심한다. 가네토모는 항상 캠퍼스 노트를 가지고 다니는데, 그 속에는 작은 글씨로 숫자가 잔뜩 적혀 있다.

"제 블로그 조회 수입니다. 어떤 주제로 쓰면 조회 수가 느는지, 어떤 표현을 쓰면 반향이 큰지를 항상 분석하고 있죠."

꼼꼼한 남자다. 그리고 위악적이다. 배해사 블로그 〈신양이운동 배해주의자 선언〉新攘夷運動 排害主義者宣言에는 자극적인 표현이 넘친다.

일본이 나아갈 길은 짱개가 좋아하는 일을 하지 않고 싫어하는 일을 계속하는 것이다.

군사력 증강은 몰래 하지 말고 정정당당하게 하자!

악명이야말로 희망이다. 민족 차별, 배해주의를 두려워 말라.

조선인은 하나부터 열까지 불한당이다. 제대로 된 민족일 수 없다.

그는 아마도 많은 사람들이 싫어하리라는 사실을 알면서 썼을 것이다. 가시가 날카로우면 날카로울수록 튀고 싶은 사람들의 마음을 붙잡을 수 있다. 가네토모는 그것을 노리고 있다. 이야기가 증오 연설의 시시비비에 이르렀을 때, 가네토모는 의미심장한 웃음을 지었다.

"저는 모두가 좋아하는 운동가가 될 생각은 없습니다. 좋은 게 좋은 거라는 이야기도 싫습니다. 음식점에 비유하자면, 대중적 인기가 있는 가게보다는 개성으로 승부하는 퓨전 요리를 지향합니다. 그리고 마지막까지 살아남을 겁니다."

세상의 거부 반응도 개성의 하나라고 장담한다. 그러나 가네토모를 가장 많이 비판하는 세력은 세간이 아니라 예전에 우익 운동을 함께했던 동지들이다. 재특회와의 공동전선, 차별적 언동, 배해사라는 이름까지, 우익 관계자들 사이에서도 거부 반응을 보이는 사람들이 꽤 많다. 일찍이 가네토모와 함께 집회를 했던 우익 단체의 간부는 이렇게 내뱉었다.

"그 사람이 빨리 애국 진영에서 떠났으면 좋겠어요. 타자를 차별하고 저열한 말로 떠들기만 하는 활동 따윈 보고 싶지도 않네요. 어차피 말만 앞설 뿐이잖아요."

이런 엄격한 비판에 대해서도 가네토모는 "그럼 당신들의 운동은 뭘 이룩했는데요?"라고 태연히 반론할 것이다. 처음부터 그런 비판을 계산에 넣고 있는 것이다. 가네토모는 확신범이다. 우익 관계자 사이에서 "가네토모의 행동은 천황 폐하의 뜻에 반한다."라는 얘기도 들렸다. 이에 대해 가네토모는 블로그에 다음과 같이 적었다.

아직도 "민족 차별과 배해주의는 천황 폐하의 뜻에 반한다."라고 잘난 척하며 떠들어 대는 사람들이 있다. 자기 나라가 벌거숭이나 다름없는 상황인데 한가로운 이야기다. 죽을 때까지 벌거숭이 임금님의 패션쇼나 하고 있으면 될 일이다.

가네토모다운 표현이다. 기존 우익에 대한 회의 때문에 행동하는 보수로 넘어간 인물이다. 그들에 대한 거리낌 같은 게 있을 리 없다.

나는 그의 웅변(경쾌한 글솜씨를 포함해)에 대해 우려하지 않을 수 없었다. 어휘도 풍부하고 연설도 곧잘 하는 것은 사실이다. 그러나 가네토모의 말에서는 절실한 무게감을 느낄 수 없다. 어쩌면 그도 그 사실을 자각하고 있기 때문에 일부러 작업복 같은 걸로 위압감을 연출하는 것은 아닐까? 일찍이 신바시 역에서 봤을 때의 눈부신 청량감은 지금의 가네토모에게서 느껴지지 않는다. 사실은 상당히 겁이 많은 사람이 아닐까 하고 생각한 적도 있다. 시위가 한창일 때 좌익 단체나 경찰과 충돌하면, 가네토모는 가장 먼저 나서지만 결코 깊이 들어가지는 않는다. "붙자, 붙자." 하며 주먹을 휘두르지만, 위험 지대에 발을 들이는 일은 절대로 하지 않는다. 상대방을 위협하면서 서서히 후퇴하는 그의 움직임을 '가네토모 댄스'라 부르며 조롱하는 사람도 있다.

지금은 다니던 회사를 그만두고 운동 중심으로 생활하고 있다고 한다. 어릴 적부터 장기였던 디자인 일을 외주로 받아 생계를 꾸리고 있다는데, 정말 그것만으로 먹고살 수 있는지 의심스럽다. 회원 수도 "공안 경찰에 들키면 안 되기 때문에 가르쳐 줄 수 없다."라고 말하는 등 알 수 없는 부분이 많다.

주목할 것은 앞에서 말한 것처럼 재특회와 맺고 있는 밀접한 관계다. 내가 『G2』에 재특회에 대한 르포를 썼을 때 가장 먼저 항의한 사람도 가네토모였다. "이봐요, 야스다 씨. 무슨 짓이에요?"라고 대든 가네토모의 태도는 인터넷에서 이러쿵저러쿵 말만 많은 재특회 회원들에 비하면 오히려 당당하게 보인다.

어쨌든 가네토모의 활동은 인터넷이나 집회를 통해 서서히 공감대를 넓히고 있는 모양이다. 동영상 사이트에서 그의 활동에 관심을 가지게 되어 작년에 배해사에 들어갔다는 도쿄 근처의 고등학교 3학년생은 이렇게 말했다.

"학교 선생님은 일본인으로서의 긍지를 떨어뜨리는 교육만 하고 있어요. 친구들도 나라에 대해 무관심하고, 결국 저만 별종 취급을 받아요. 그렇지만 가네토모 형은 일본인의 긍지와 힘을 가르쳐 주었어요. 그리고 저의 나라 사랑을 인정해 주었죠."

한 젊은이의 우울한 기분과 국가에 대한 뼈아픈 감정을 가네토모가 내세운 배해주의가 건져 낸 것만은 사실이다.

도쿄 도의 인가를 받은(?) NPO 배외 단체

가네토모의 배해사와 마찬가지로 외국인 문제를 주제로 활동하고 있는 것이 'NPO 외국인범죄추방운동'이다. 도쿄 도의 허가를 받은 버젓한 NPO (비영리 단체)다. 행동하는 보수 진영에서 법인 등기가 있는 단체는 이곳뿐일 것이다.

대표인 아리카도 다이스케有門大輔(36세)는 오사카 출신이다. 짧게 자른 머리, 은테 안경, 평소에는 양복을 입는 일이 많아 성실한 샐러리맨으로 보이기도 한다. 오사카에서 고등학교를 졸업한 후, 엘리베이터 관리 회사와 경비 회사 등에서 일했다. 스물한 살에 우연히 본 텔레비전 다큐멘터리가 그의 운명을 바꾸었다.

"외국인 추방을 주장하는 극우 단체가 주제였어요. 프로그램에서는 그들의 활동을 비판적으로 다루었지만, 저는 오히려 그 단체의 주장에 공감했습니다. 일본에도 외국인 추방을 주장하는 사람들이 있나 싶어 큰 충격을 받았고요.”

당시 아리카도가 살고 있던 오사카의 공업지대에는 중동에서 온 외국인 노동자들이 급증하고 있었다. 아리카도는 이들에게 혐오감을 느꼈다고 한다.

“이대로 외국인이 계속 늘어나면 일본이 어떻게 될지 불안했어요. 실제로 주변에서는 외국인과의 문제가 끊이지 않았고요. 언젠가 일본 전체가 점령당하지 않을까 하는 위기감도 들었습니다. 잠재적으로 배외주의 사상이 싹트고 있었죠. 그런 때에 프로그램을 봤으니 곧바로 그 극우 단체에 들어가고 싶었지요.”

그 단체의 이름은 국가사회주의자동맹이었고, 말 그대로 일본판 네오 나치였다. 이 단체는 주로 중동에서 온 외국인의 배척을 주장하며 하켄크로이츠*가 있는 전단지를 각지에 붙이는 활동으로 알려졌다. 아리카도의 행동력은 놀라웠다. 다큐멘터리를 본 며칠 후에 회사를 그만두고 도쿄로 갔던 것이다. 국가사회주의자동맹의 주소도, 전화번호도 몰랐던 아리카도는 번화가를 돌며 동맹의 전단지가 붙은 곳을 찾아다녔다.

“몇 시간이나 걸은 끝에 겨우 신주쿠 역 서쪽 출구 근처의 전봇대에서 전단지를 발견했어요. 사무실로 날아가 그대로 눌러 앉았죠.”

당시 조직의 간부 중에는 극우 저널리스트로 알려진 세토 히로유키瀬戸弘幸가 있었다. 소년 시절부터 히틀러 신봉자였던 세토는 후쿠시마의 사과 농가에서 태어나 후쿠시마 시 직원을 거쳐 우국청년동지회 회장에 취임한다. 그 후 저널리스트로 활동하면서 국가사회주의자동맹의 설립에 참여한 것이다.

• 독일 나치의 상징으로 사용된 갈고리 십자형의 휘장.

세토는 빈손으로 상경한 아리카도에게 친절했다. 돈은 있나? 살 곳은 있나? 앞으로 어쩔 생각인가? 아무런 대답도 못하는 아리카도에게 세토는 "그럼 나한테 오라."라고 말했다. 임협任俠으로 분류되는 우익 단체에서 활동했던 세토에게는 그런 의협심이 있었다. 아리카도는 세토가 살던 집에 들어가 비서처럼 운동을 배웠고, 국가사회주의자동맹이 해산한 다음에도 세토를 도와 잡지를 발행했다. 그리고 2004년 스스로를 대표, 세토를 고문으로 하여 NPO인 외국인범죄추방운동을 출범시켰다. 회원은 약 20명으로 적은 편이지만, 블로그 조회 수는 때로 수만에 달하고, 집회는 배해사나 재특회와 함께하는 경우가 많다.

그런데 왜 NPO일까? "사회적으로 인정받고 싶었다."는 것이 아리카도의 대답이다.

"이름부터 우익적이면 일반인들은 거들떠보지도 않아요. 앞으로 세상을 움직이는 건 시민운동의 힘이라고 생각했어요. 지금까지 우익이 신뢰받지 못한 건 배후에 야쿠자가 있다고들 믿기 때문이에요. 실제로 그런 측면도 부정할 수 없고요. 어디까지나 시민사회 안에서 사회적 존재로 인정받고 싶었습니다."

이런 발상은 재특회와 마찬가지다. 아리카도 역시 행동하는 보수 진영에서 외국인과 싸우기로 결심했다.

"외국인의 증가는 확실히 범죄를 낳습니다. 인터넷으로 경종을 울리고, 거리 순찰과 외국인 밀집 지역에서의 집회로 범죄를 막는 것이 우리의 역할입니다. 동시에 제가 지금 지향하고 있는 것은 역시 배외주의입니다. 이것도 여러 가지로 심사숙고한 결과입니다. 일본은 외국 세력에게 분명히 침식당하고 있어요. 특히 조선인과 짱개 들이 멋모르고 날뛰는 것은 용서할 수 없습니다. 외국인이면서 일본인과 같은 수준의 공공서비스를 요구하고, 게다가 기득권까지 만들었어요. 우리 조상들은 예전에 조선과 중국에서 식민지 정책으로 제대로 된 인프라를 정비했습니다. 그런데 외국인들은 일본을 위해 뭘 했죠? 녀석들은 일본이라는 국가를 잡아먹으려 할 뿐입니다. 게다가 보수파를 자처하는 정치인이나 활동가, 기존 우익은 아무런 효과적인 수단도 갖고 있지 않고요. 그러니 우리가 위기감을 가지고 대처할 수밖에 없는 겁니다."

아리카도의 머릿속에는 항상 소년 시절을 보낸 오사카 교외의 풍경이 있다. 작은 공장들이 밀집한 지역이었다. 공장 아저씨들은 다들 소박한 성격이었고 주민들끼리의 연대도 강했다. 동네에서 모르는 얼굴은 없었다. 나쁜 짓을 하면 혼났고 힘들 때는 누군가 도와줬다. 그런 안도감이 있었다.

1980년대 후반부터 동네의 리듬이 이상해지기 시작했다. 모르는 얼굴들이 늘었다. 대부분은 검은 피부의 외국인이었다. 무서웠다. 말도 통하지 않는다. 어딘가 동네가 더러워지는 느낌이었다. 게다가 외국인은 계속해서 늘어날 뿐이었다. 언젠가 일본을 빼앗길지도 모른다는 생각이 커져 갔다. 그러니까 아리카도에게 외국인이 선량한지 아닌지는 상관이 없다. 뉴 커머와 올드 커머의 구분도 상관없다. 이질적인 언어, 습관, 문화를 가져오는 사람은 누구든 용서할 수 없다. 물론 재일 코리안도 '적성敵性 민족'이다.

"재일 코리안이 차별당하고 있다는 생각은 환상에 지나지 않아요. 파친코 업계를 좌지우지하고 조직 폭력단에 침투해서 대부분은 부유층이잖아요. 재일 코리안이 외국인이면서 일본인과 똑같은 공공서비스를 받을 수 있다는 것 자체가 특권입니다. 그 점에서 저는 재특회와 완전히 같은 입장입니다."

재일 코리안의 대부분이 부유층이라는 이야기야말로 환상이 아닐까 싶지만, 인종차별주의자를 자처하는 아리카도에게는 쇠귀에 경 읽기일 것이다. 그의 목적은 '적성 민족의 추방'일 뿐이고, 나머지는 아무래도 상관없는 것이다. 단체명도 원래는 '외국인추방운동'으로 하고 싶었지만, NPO 인증을 얻기 위해 '범죄'를 넣은 것뿐이었다.

"다문화 공생 따위 허황된 이야기죠. 공생 같은 소릴 하고 있다가는 언젠가 외국 세력에게 당하고 맙니다."

그런 위기감이 아리카도를 움직이고 있었다. 기세 좋게 말하지만, 실은 겸손한 남자다. 내가 아리카도를 처음 만난 것은 2007년 우쓰노미야 재판소였다. 앞에서 말한 재판(중국인에 대한 경찰관의 발포 사건) 때문에 아리카도도 니시무라 슈헤이와 함께 재판소 앞에서 벌어진 집회에 참가하고 있었다. 나는 이때 상당히 화가 나 있었다. 그들과 같은 존재에 아직 면역이 되지 않던 나는 그들의 항의가 너무도 차별적이라는 사실에 화가 났다. 취재 중이긴 했지만, 도저히 그냥 보고 있을 수가 없었다. 말싸움을 건 쪽은 나였다. 아니, 말싸움이라고 부를 만한 수준도 아니었다.

"시끄러워, 바보 새끼야!"

내가 그렇게 소리치자 그들도 욕설로 대응했다. 경찰관에게 제지당하지 않았다면, 성질이 급한 나는 주먹다짐도 했을지 모른다. 후일 냉정을 되찾고 이야기를 해보고 싶다는 생각에 아리카도에게 전화를 걸었다. 그러자 맥이 빠질 정도로 온화한 대답이 돌아왔다.

"여러 가지로 좋은 경험이었습니다. '하려거든 몸으로 해라.'라는 말씀,

잘 알겠습니다.”

어, 그런 말도 했던가 싶었지만, 의외로 예의 바른 태도에 놀라고 말았다. 그 뒤로도 아리카도와는 자주 얼굴을 마주쳤다. 사무실을 찾으면, 익숙한 손놀림으로 차를 권하며 구김살 없는 미소로 취재에 응했다. 필요 이상으로 자신을 크게 보이려고 하지 않는 겸허함도 있다. 나는 아리카도가 말하는 배외주의를 전적으로 부정하지만, 그는 그런 나와도 대화할 도량을 가지고 있었다.

그 무렵 아리카도는 중국인 거주자가 증가하는 집단주택이나 이케부쿠로의 중국인 거리에서 의도적으로 외국인 배척을 호소하는 등 직접 대결의 자세를 강화하고 있었다. 2011년 동일본 대지진 때도 “이재민이 공영주택에 입주하지 못하는 것은 외국인 주민이 너무 많아서이다.”라는 주장을 블로그에 게재했다. 중국 밀집 지역을 표적으로 한 집회는 배해사 등도 적극적으로 전개하고 있지만 원조는 아리카도다.

2010년 6월에 아리카도가 이끄는 외국인범죄추방운동이 “인구 침략 실태 조사”라며 사이타마 현 가와구치 시의 시바조노 단지에 들이닥쳤다. 행동하는 보수로서는 첫 ‘단지 집회’였다. 당시 아리카도는 내 취재에 이렇게 답했다.

“조사를 통해 알게 된 것은 시바조노 단지가 짱개 자치구가 되었다는 사실이에요. 일본인 주민은 거의 보이지 않고, 짱개들만 활개를 치고 있어요. 치안 악화를 우려하는 주민들의 목소리가 있었습니다. 앞으로도 짱개의 증식이 계속되면 일본인이 발을 들여놓을 수조차 없는 무법 지대가 되고 말 거예요.”

그들은 단지 안을 위협적으로 돌아다니며 중국인의 흔적을 발견할 때마다 사진으로 찍은 다음 '침략의 실태'를 블로그에 보고했다. 시바조노 단지의 2천4백 세대 중 3분의 1 이상이 중국인 세대다. 단지를 걷다 보면 어딘가 모르게 중국 분위기가 감돈다. 중국어가 병기된 알림판이나 전단지, 일본어가 거의 통하지 않는 중국 잡화점, 아이를 혼내는 어머니의 목소리와 주부들의 잡담도 귀를 기울이면 중국어다. 나 역시 주민들의 이야기를 들어 보았다. "중국인이 너무 늘어서 불안하다."라고 말하는 일본인 주민도 있었다. 그러나 "우익이 나설 문제는 아니다."라고 단언하는 주민도 적지 않았다.

"이 단지에 있는 넓은 정원은 옛날부터 근처 불량소년들의 놀이터였죠. 그런 아이들의 장난을 중국인의 짓이라고 선전하는 주민들이 있어요. 올해 여름 축제 전야 때 무대에서 쓸 조명이 부서지는 사건이 있었는데, 범인은 단지 밖에 사는 일본인 중학생들이었어요. 그런데 순식간에 중국인의 소행이 틀림없다는 소문이 퍼졌죠."

예전부터 살던 한 주민은 "오히려 문제는 일본인과 중국인이 서로 무관심하다는 것"이라고 말한다.

"인종 간의 문제라기보다는 세대 간의 문제예요. 고령자만 있는 일본인과 한창 일할 나이인 중국인 사이에는 교류 기회가 적을 수밖에 없죠. 접촉이 없으면 상호 이해도 불가능하고요."

지어진 지 오래된 아파트 단지를 일본의 젊은 세대는 경원시한다. 그곳에 계속 사는 사람들은 고령자들뿐이어서, 일종의 노인 마을이 된 곳도 적지 않다. 시바조노 단지도 그중 하나였다. 결국 빈집에 새로 들어오는 사람은 싼값에 매력을 느낀 젊은 외국인뿐이다. 그런 배경을 조사하는 대신 외국인 배척을 소리 높여 주장하며 주민 사이의 대립을 조장하는 아리카도의 활동에 나는 거부감을 느끼지 않을 수 없었다.

"아뇨, 문제는 배경이 아니라 현실이에요. 숫자는 힘입니다. 침략당하면 일본은 끝이에요."

아리카도는 그렇게 말하며 부정했다. 부드러운 말로. 평소와 같은 미소로.

일본에 쿠데타를!

2011년 11월 어느 한적한 산속에서 양복 차림을 한 거물 세 명이 최후를 맞으려 하고 있었다. 그들은 같은 간격으로 거목에 한 명씩 묶여 있었다. 각각 민주당의 오자와 이치로 전 대표, 노다 요시히코野田佳彦 총리, 마에하라 세이지前原誠司 외무장관이었다. 그들의 주위를 둘러싼 위장복 차림의 남자들은 모두 소총을 들고 있다. 신호와 함께 남자들은 소리를 지르며 거물 정치인에게 달려들었다.

이것은 '요멘'よーめん이라는 인기 블로거가 이끄는 '친위대'의 훈련 광경이다. 묶여 있는 것은 양복을 입힌 마네킹으로, 세 명의 얼굴 사진이 붙어 있다. 위장복 차림을 한 20명 정도의 집단이 들고 있는 소총도 모두 공기총이다(〈사진 8〉). 그들은 이것을 '숙청 훈련'이라고 부른다. 마네킹의 얼굴을 주먹으로 때리고 배를 총으로 찌르면, 그 반동으로 마네킹이 앞으로 쓰러진다. 그리고 공기총에 의한 '총살'이 마지막을 장식한다. "다다다다닥." 총탄 수십 발을 맞은 정치인들은 싱겁게 숙청당했다. 그들은 이런 훈련을 한 달에 한

번씩 실시한다.

이듬해 2012년 1월 2일, 세상이 신년을 맞느라 들떠 있던 이때도 그들은 미우라 반도의 해안에 나타났다. 위장복을 입은 무리는 모래사장에 정렬해 발차기를 하며 손발을 바쁘게 움직이고 있었다. 적과 조우했을 때의 '두개골 분쇄 훈련'이란다. 신년의 청정한 분위기가 가득한 해변에 상당히 그로테스크한 무리의 구호가 울려 퍼진다. 도대체 그들은 무엇을 하려는 것일까?

"쿠데타요."

주최자인 요멘은 태연하게 말했다. 물론 진지하다. 이 인기 블로거와는 도쿄에 있는 호텔 로비에서 만났다. 그곳이 "야스쿠니신사와 가깝다."라는 이유에서였다. 약속 시간, 로비에 나타난 양복 차림의 요멘은 "안녕하세요." 라며 한 손으로 가볍게 인사했다. 숙달된 샐러리맨 같은 분위기였다. 그는 넷우익 세계에서는 상당히 유명하다. 동지들을 규합하고 무장한 친위대원 을 모아 장래에는 우익 세력에 의한 쿠데타를 꾀한다는 그의 블로그에는 열 광적인 팬도 있다.

일본이 재일 코리안들의 세상이 되는 것을 가만히 손가락이나 빨며 볼 수는 없다.
극우 군사정권을 위해 행동하자!

―〈이 나라는 어딘가 잘못됐다! 요멘 블로그〉

블로그에는 그런 무시무시한 슬로건이 넘쳐 난다. 요멘은 명함을 교환하 면서 이렇게 못을 박았다.

"본명만은 밝히지 말아 주세요. 취재 조건입니다."

당연한 말이다. 그는 쿠데타 계획의 주모자다. 내실이야 어쨌든 요멘은 진지했다. 나는 그 조건을 받아들였다. 참고로 그의 명함에는 거대 우익 단체의 이름이 있었다. 들어 보니 2채널에서 적극적으로 글을 쓰던 시절, 우연히 그 우익 단체의 구성원과 알게 되었고, 지방 지부의 인터넷 선전을 담당했다고 한다(요멘은 선전차에 타고 있었고 집회에 참가하지는 않았다고 한다). 요즘은 유서 깊은 우익 단체도 인터넷으로 구인을 하는구나 하고 쓸데없이 감탄해 버렸다. 함께 라운지에 들어가서도 그는 긴장하지 않고 담담했다.

"일본을 구하기 위해서는 쿠데타밖에 없다고 생각합니다. 무력으로 현 정권을 전복시키고 극우 군사정권을 만들 겁니다."

동네 상점가의 활성화 계획을 이야기하는 가게 주인 같은 어조다. 40대 중반이라는 요멘은 독신이다. 고등학교를 졸업하고 건설 회사를 거쳐 지금은 건강식품을 판매한다. "쿠데타 활동 자금을 벌기 위해 밤에는 대리운전 아르바이트를 하고 있다."라고도 이야기한다. 가벼운 말투이지만 정열을 느낄 수 있었다. 실제로 인터넷에서 모은 동지들과 훈련을 하고 있는 그는 합법과 불법의 경계를 걷고 있는 듯하다.

요멘이 블로그를 시작한 것은 2006년이지만, 그 전부터 2채널 등에서 도발적인 글을 썼다. 아무튼 애국자로서 무언가를 하고 싶었다고 한다. 인터넷에 글을 쓰는 것도 나라를 위해서였다. 인터넷에 거주하는 '매국노'들을 논파했다. 기분은 좋았지만, 더욱 성취감을 얻을 수 있는 활동을 하고 싶었다. 그 무렵, 아직까지는 따로 활동하고 있던 니시무라 슈헤이와 사쿠라이 마코토를 만났다. 실은 이 두 사람을 소개한 사람이 바로 요멘이었다. 보수도, 우익도 아닌 두 사람이 단결하면 새로운 정치 세력이 생기리라고 생각했던 것이다. 요멘은 운동의 대안을 찾고 있었다. 그는 사쿠라이에게 메일을 보내 니시무라와 만나야 한다고 설득했다. 이것이 계기가 되어 사쿠라이가 니시무라의 집회에 나간 것은 앞에서 이야기한 대로다. 동시에 자신도 블로그를 만들고, 처음에는 좌익과 재일 코리안을 계속 공격했다.

"일본을 모욕하는 언동을 용서할 수 없었습니다. 왜 좌익은 자기 나라를 나쁘게 말하는가, 왜 재일 코리안은 일본에 얹혀살면서 권리만 찾는가, 도무지 이해할 수가 없었어요."

그런 분노를 블로그에 썼다. 그리고 2년간 블로그를 쓰면서 자신만의 결론을 도출했다. 언론은 잘난 척하면서 '우경화의 위기'를 주장하지만, 세상은 조금도 우경화되지 않았다고.

"재특회의 주장은 전면적으로 옳고, 그렇기 때문에 세력이 더욱 늘어나고 있죠. 하지만 저는 더 앞을 내다보고 있어요. 집회만으로 나라는 변하지 않으니까요. 물론 블로그로 변하지도 않고요. 지금 상황을 보세요. 우경화라는 이야기가 나오지만, 국경일에 일장기를 건 집이 얼마나 있습니까? 좌익 언론의 정보 통제도 전혀 달라지지 않았고요. 애국적인 연예인도 있을 텐데 텔레비전에서는 발언 기회조차 없어요. 실력을 통해 국민 의식을 각성시키는 수밖에 없습니다."

그 수단이 바로 쿠데타라고 한다.

"쿠데타까지 가기 위한 단계가 있습니다."라고 말하더니, 주위를 둘러보거나 목소리를 낮추지도 않고 담담하게 쿠데타 실현을 위한 '5개년 계획'을 상세히 설명했다. 그의 계획을 나름대로 정리하면, "블로그 조회 수를 늘린다 → 그중에서 정예를 모아 친위대를 조직한다 → 친위대를 중심으로 각지에서 선전을 한다 → 경찰, 자위대, 언론, 연예계에 동조자를 잠입시킨다 → 경찰과 자위대의 힘을 빌려 디데이에 일제히 봉기한다."라는 시나리오다.

"중요한 것은 젊은이나 어린이를 '낚는' 작업이라고 생각해요. 그래서 연예인이나 인기 만화가를 우리 진영으로 속속 끌어들이려고 해요. 황당무계하다고요? 아니에요. 좌익도 실제로 그랬잖아요. 방송국을 차지하고, 신문을 차지하고, 일본 국민을 세뇌해 왔으니까요. 우리는 아직 역량이 부족하지만, 할 수 있어요."

좌익에게 언론을 차지할 역량이 있다고는 생각하지 않지만, 보수파 중에 요멘처럼 언론과 좌익을 완전히 등식으로 연결하는 사람은 결코 적지 않다. 개인적으로 현재 좌익은 급진적·혁신적·혁명적이라는 본래의 의미를 잃고, 기득권에 집착하는 시대착오적인 바보들일 뿐이라고 생각한다. 그러나 요멘과 같은 이들에게 좌익은 일본을 모욕하고, 역사를 날조하고, 잘못된 정보로 국민을 세뇌하는 권력자인 것이다.

"이런 세상은 리셋reset을 하는 수밖에 없어요."

지금까지 무장 훈련을 한 우익이 없지는 않았다. 그러나 그것은 정신 수양의 일환이었고, 진지하게 쿠데타를 이야기하는 단체는 없었다. 그래서 쿠데타 후에는 어떻게 할 것인가?

"글쎄요."라고 마이크 앞의 스포츠 선수 같은 어조로 그는 말했다.

"원래 일본으로 되돌아갈 뿐입니다."

누구나 애국심을 가지고 국경일에는 어느 집에나 일장기가 휘날리는 일본, 강대한 군사력을 가지고 외국에 무시당하지 않는 일본, 모든 사람이 일본을 사랑한다고, 일본을 위해서는 죽을 수도 있다고 말하는 일본, 요멘의 이야기를 들으며 나는 공산주의 독재국가밖에 떠오르지 않았다.

"솔직히 말해서 쿠데타는 불가능할 것 같은데요."

"당신처럼 불가능하다고 생각하는 사람이 많죠. 머리로 생각하면 불가능한 이야기입니다. 그렇지만 우리는 믿고 있어요. 그렇지 않다면 그런 훈련도 안 하죠."

"과거 역사를 봐도 일본에서 쿠데타가 성공한 사례는 없습니다. 예를 들어 2·26 사건을 봐도……."

"아, 그 사건은 계획이 부족했어요. 우리도 올해나 내년에 할 수 있다고는 생각하지 않아요. 그래서 5개년 계획을 세웠고, 시간은 더 걸려도 좋아요. 우리 활동에 관심을 가져 주는 사람은 10대 젊은이가 많아요. 천천히 기를 생각이에요."

"민간인 주도의 쿠데타 계획으로는 삼무三無 사건●이 생각나는데, 아시죠?"

"몰라요."

이 대답은 의외였다. 쿠데타를 꾀하는 사람이 삼무 사건을 모른다는 사실이 우습다기보다는 신선했다. 이것이 넷우익이다.

1961년에 일어난 삼무 사건은 불발로 끝난 쿠데타다. 1960년에 일어난 안보 반대 투쟁의 열기에 위기감을 느낀 기업 경영자나 육사 장교 출신이 중심이 되어 국회 점거, 보도 규제, 계엄령 시행, 임시정부 수립을 계획했다.

● 1961년에 우익 세력이 일으킨 쿠데타 미수 사건. 무세금·무실업·무전쟁에서 삼무라는 이름이 나왔다.

그러나 사전에 경찰에 발각되면서 실패로 끝났다. 총기법 위반 등으로 체포된 주모자들은 최초로 파괴활동방지법이 적용되어 유죄판결을 받았다. 실제로 총기가 준비되어 있었다는 사실과 자위대에 대한 공작도 있었던 사실이 세상을 경악하게 만들었다. 성공 여부야 어찌 되었든 간에 피비린내 나는 사태로 발전할 가능성은 있었던 셈이다.

기업 경영자 가와나미 도요사쿠川南豊作, 1902~68, 거물급 우익 미카미 다카시三上卓, 1905~71, 지금은 정치가나 스포츠 선수의 멘토인 승려(사건 당시에는 국회의원 비서였던) 이케구치 에칸池口惠觀, 1936~ 등 사건에 관여한 인물들의 면면을 상상하는 것만으로도 코를 찌르는 악취와 어두운 열정이 느껴진다. 그러나 그렇기 때문에 오히려 이 계획에는 어느 정도 리얼리티가 있었다.

이 사건과 요멘을 대치시키는 것이 옳을까? 잘 판단할 수 없었지만, 적어도 그의 담담한 표정에서 목숨을 건 각오가 느껴지지는 않았다. 그보다 내 관심을 끈 것은 요멘이 애국에 눈을 뜨게 된 계기였다. 이 이야기를 들었을 때 솔직히 그가 계획하는 쿠데타의 장래에 대한 관심은 사라졌다. 요멘의 입에서는 내 상상을 훨씬 넘어서는 말이 나왔다.

"고등학교 때 동네 영화관에서 본 〈우주전함 야마토〉, 이 애니메이션이 제 모든 걸 바꾸었어요."

때는 서기 2199년, 외계인 가미라스의 침략을 받은 지구는 멸망 직전의 위기에 처한다. 방사능으로 오염된 지구를 지키기 위해 지구방위군은 우주전함 야마토에 승선해 방사능 제거 장치인 코스모클리너를 찾아 이스칸다르 행성으로 간다. 마지막 장면에서 주인공 고다이 스스무는 우주 저편에서 승무원들의 경례를 받으며 산화한다.

"눈물이 나서 어쩔 줄 몰랐어요. 진짜로 감동해서 하루에 여섯 번씩 봤죠. 그 희생정신을 저는 동경했습니다. 애국심이 없으면 삶의 의미도 없다고 생각했습니다. 야마토를 보고 저는 애국자가 됐어요."

그때까지 담담하게 이야기하던 요멘이었지만, 야마토 이야기가 나오자 열기를 띠었다. 얼굴도 제법 상기되었다. 그 나름의 애국심을 기르며 20년 이상의 시간이 지나 겨우 도착한 곳이 인터넷이었다. 2채널 같은 게시판에서 '언론전'을 전개하고, 블로그에서 위기를 호소하며, '야마토 정신'으로 일본을 구하기 위해 일어선 것이다. 우습다고 이야기해서는 안 된다. 책 한 권, 영화 한 편이 인생을 바꾸는 경우도 있다. 조금도 이상한 일이 아니다. 〈우주전함 야마토〉의 메시지가 정말로 이것이었는지는 모르겠지만, 요멘은 진지하게 쿠데타를 하러 나섰다. 인터넷을 통해 선전하고, 장소를 빌려 '쿠데타 설명회'를 개최하며, 때로는 재특회 등의 시위를 경호하기도 했다.

"현역 자위대원에게서 문의가 오기도 합니다. 특공대원을 동경하는 10대 소년이나 재특회 회원들도 참가할 의사를 밝혔습니다. 우리 세력은 확대될 것입니다. 쿠데타의 전 단계로 먼저 애국이야말로 멋있다는 여론을 만들고 싶습니다."

'애국 야마토'는 이미 출범 준비를 마쳤다. 요멘에게는 극우 군사정권 수립이 곧 '이스칸다르'일 것이다.

재특회도 창가학회도 적

'일본을 지키는 시민 모임'日本を護る市民の会 회장 구로다 다이스케黒田大輔(34세)가 약속 장소로 지정한 곳은 도쿄 시나노마치 역의 개찰구였다. 그곳은 구로다가 '최대의 반일 세력'이라 지목하는 창가학회創価学会•의 소재지다.

간부인 유쿠모토 신이치로行本慎一郎(27세)와 함께 나타난 구로다는 나를 근처 카페로 안내한 다음, 천천히 비디오카메라를 꺼내 테이블 위에 설치했다. 취재 과정은 처음부터 끝까지 녹화한다고 한다. 그 나름의 방위책인 동시에 일본을 지키는 시민 모임의 특징이기도 하다. 일본을 지키는 시민 모임은 시위, 집회, 전단지 작성을 동영상 사이트에서 항상 생중계할 뿐만 아니라, 구로다의 메시지, 회원들 사이의 잡담까지도 수시로 중계한다. 이렇게까지 동영상을 철저하게 활용하는 단체는 없을 것이다. 활동 중에 방해하는 사람이 나타나기라도 하면 봉을 잡은 것이나 다름없다. 적의 표정을 잡아 집요하게 찍음으로써 활극처럼 시청자의 관심을 순식간에 빨아들일 수 있기 때문이다. 클라이맥스를 찾아 뛰어다니는 신종 다큐멘터리 감독인 것이다.

일본을 지키는 시민 모임은 다른 행동하는 보수 단체와 달리 '반反창가학회'를 활동의 중심에 두고 있다. 길거리에서 집요하게 반창가학회를 주창하는 것은 일본을 지키는 시민 모임밖에 없다.

구로다의 본업은 법무사다. 동영상에서는 어딘가 경박한 인상을 주지만,

• 창가학회는 1930년에 설립된 불교계 신흥종교로, 공명당公明黨을 통해 정치적으로 큰 영향력을 행사하고 있으며, 한국을 비롯한 세계 각지에 많은 신자가 있다.

만나면 꽤 신중하게 말하는 침착한 인물이다. 다른 많은 넷우익처럼 구로다도 인터넷을 만나기 전까지는 정치에 무관심했다. 군이 말하자면 왼쪽에 가까웠다는 구로다가 정치에 눈을 뜨게 된 계기는 2002년 한일 월드컵이었다. 16강까지 올라간 일본이 준준결승 진출을 걸고 터키와 대결해 석패했다. 이때 텔레비전에 나온 서울의 거리 풍경에 구로다는 아연실색했다. 시청 앞 광장에 모인 군중이 일본의 패배에 환호하고 있었던 것이다.

"한국인의 반일 감정에 충격을 받았죠. 공동 개최까지 했는데, 어떻게 일본이 졌다고 그렇게 기뻐할 수 있을까요? 그래서 한국이라는 나라에 불신감을 가지고, 인터넷을 통해 일본과 한국의 관계를 공부했습니다."

인터넷에는 교과서에 없는 '진실'이 넘쳐 났다. 그때까지 일본이 나쁘다고 생각했던 식민지 정책도 사실은 자랑스러운 역사라는 사실을 '알았다'. 언론에 세뇌되어 있던 자신의 무지를 '깨달았다'. 그리고 구로다는 '특정 아시아 국가'●(한국·중국·북한)에 대한 분노를 자신의 블로그에 적게 된다.

인터넷 세계에서만 활동하던 구로다를 길 위로 끌어들인 사람도 니시무라 슈헤이였다. 2007년 구로다는 인터넷 동영상에서 본 주권 회복을 도모하는 모임의 활동에 관심을 가지고 처음으로 집회에 참가한다. 외국인 참정권을 요구하는 민단에 대한 항의 시위에서 니시무라는 평소와 마찬가지로 구호를 부르짖고 있었다.

"참정권 따위 인정하지 않는다!"

● 일본 인터넷에서 자주 쓰이는 이 용어는 아시아 국가들 중 일본에 비판적인 나라는 남한과 북한과 중국, 이 세 나라뿐이고 다른 나라들은 일본에 우호적이라는 전제를 바탕으로 하고 있다.

"일본 침략에 맞서 싸우자!"

충격을 받았다. 니시무라의 기백에 몸이 떨렸다. 구로다는 거리야말로 정치의 장﹅임을 실감했다.

"좋아, 나도 해보자. 그런 생각이 들었어요. 그때부터 여러 집회에 참가하게 되었습니다."

그 과정에서 구로다는 재특회의 사쿠라이와 만나 친해진다. 그러나 그는 "원래 다른 사람들 밑에서 일하는 게 싫은 성격"이라고 했다. 그래서 스스로 단체를 만들게 된 것이다. 2008년 구로다는 '일본을 지키는 시민 모임'을 결성하고 회장으로 취임한다. 현재 회원 수는 5백 명 정도로, 단체가 결성된 직후부터 참가한 사람이 바로 유쿠모토였다. 그는 어릴 적부터 외국인에 대한 혐오를 느꼈다고 한다.

"기타큐슈 출신이라 주위에 재일 코리안이 많았어요. 전 그게 싫었죠. 그 사람들이랑은 싸움만 했어요. 또 고등학교를 졸업하고 일하던 음식점에서 문제를 일으키는 건 항상 짱깨들이었어요. 그 사람들도 나빠요. 계산대에서 돈을 들고 뛴 놈도 있어요. 특정 아시아 인간들은 일도 제대로 안 하면서 권리만 주장한다고 생각했죠."

스무 살 때 좋아하던 격투기를 배우기 위해 상경한 유쿠모토는 도장에 다니는 한편으로 인터넷의 세계에 빠져든다. 외국인을 혐오하던 유쿠모토는 당시 재특회의 활동에 충격을 받는데, 특히 칼데론 가족 문제에 대한 재특회의 자세에 무척이나 공감했다.

"언론은 여중생이 불쌍하다는 식의 논조로 가득했는데, 그런 감정론을 인정할 수 없었어요. 불법체류자는 국외로 추방하는 게 당연하죠. 그런 제 생각을 재특회는 행동으로 보여 주었어요."

동영상으로 재특회의 항의 시위를 시청했다. 몸이 뜨거워졌다. 자신도 애국자의 대열에 참가하고 싶다고 느꼈다. 그러나 유쿠모토는 재특회가 아니라 일본을 지키는 시민 모임에 참가하게 되었다. 별다른 이유는 없었다. 그 무렵부터 반창가학회 운동에 역점을 두기 시작했던 구로다와 마침 인터넷에서 만났고, 원래부터 창가학회가 싫었던 유쿠모토는 일본을 지키는 시민 모임을 선택했다. 넷우익 사이에서 창가학회의 평판은 좋지 않다. 아니, 최악이라고 해도 과언이 아니다. 창가학회가 중국에 우호적이고, 지지 정당인 공명당을 통해 외국인 참정권 부여에 가장 열심이기 때문이다. 당연히 인터넷에서는 극심하게 비난을 당하고 있다.

그런데 원래는 재특회와 마찬가지로 재일 코리안이나 좌익을 공격하던 일본을 지키는 시민 모임이 왜 '반창가학회'를 가장 우선시하게 되었을까? 구로다는 "(창가학회가) 상상했던 것 이상으로 거대한 적임을 알게 되었기 때문"이라고 말한다.

"원래 창가학회는 여러 적들 중 하나에 불과했습니다. 그런데 창가학회를 비판하던 여성 시의원의 의문사에 대한 진상을 규명하는 운동에 참가했을 때, 누군가가 제 오토바이를 펑크 내는 등 주변에서 이상한 일이 일어나기 시작했어요. 저는 상대가 싸움을 걸면 참지 못하는 성격이라 반창가학회 전단지를 붙이며 운동에 더욱 집중하게 되었습니다. 그러자 창가학회는 운동을 무너뜨리기 위해 우리를 미행하거나 폭력까지 행사했습니다."

설명이 약간 필요할 것 같다. 여기서 구로다가 말하는 사건은 1995년 도쿄 히가시무라야마의 시의원이었던 아사기 아키요朝木明代, 1944~95가 히가시무라야마 역 앞 빌딩에서 추락사한 사건을 가리킨다. 당시 아사기 의원이 창가학회나 공명당과 대립 관계에 있었던 탓에 일부 언론은 그녀의 죽음과 창가학회를 연관시켰다. 그러나 경찰은 수사 결과, 타살 가능성은 낮다는 결론을 내렸다. 구로다 등은 반창가학회의 논리를 보강하기 위해 시나노마치 주변에서 집회를 거듭한 것이었다.

"창가학회 관계자들은 물리적 방해만 한 것이 아니라 명예훼손 재판까지 걸어왔습니다. 이제는 물러설 수도 없어요. 창가학회와 끝까지 싸울 각오를 했습니다. 조직폭력배가 뒤에 있는 반사회적 조직인 주제에 세금까지 면제받는 창가학회를 용서할 순 없죠."

이 건에 대해서도 정확히 기술할 필요가 있다. 구로다는 추락사에 대한 르포르타주를 쓴 저널리스트와 당시 히가시무라야마서의 부서장을 "어용기자", "히가시무라야마 사건에 대해 창가학회의 편을 들고 있다."라고 비판하며, 블로그에 둘의 얼굴 사진을 올리고는 그 위에 "견작"犬作,• "날조"라는 글자를 썼다. 결국 양자에게 명예훼손으로 고소되어 사실상 패소했다(참고로 저널리스트와 전직 부서장은 창가학회 회원임을 부인하고 있다). 그 밖에도 집회에서의 중상모략, 동영상 무단 촬영 등으로 명예훼손과 초상권 침해 등의 재판이 벌어졌다.

구로다가 말하는 폭력단과의 관계는 야마구치파山口組 계열 고토파後藤組•• 의 두목이었던 고토 다다마사後藤忠政, 1942~의 자서전에 기술된 "창가학회와의

• 창가학회 명예회장 이케다 다이사쿠池田大作의 이름에서 큰 대大 자를 개 견犬 자로 바꾼 것이다.
•• 일본의 대표적인 야쿠자 조직.

관계"를 인용한 말이다. 그 책에서 고토가 창가학회와 밀접한 관계에 있었다는 취지의 발언을 하자, 이를 두고 일본을 지키는 시민 모임은 "야쿠자와 연관된 창가학회가 종교법인법에 의해 일부 세금을 면제받고 있는 것은 잘못됐다."라고 주장하고 있다.

솔직히 나는 구로다의 설명을 들어도 왜 그렇게까지 창가학회를 싫어하는지 납득이 잘 가지 않았다. 지금까지 창가학회를 탈퇴한 신자 출신을 포함해, 신흥종교 단체들, 보수 세력, 일본공산당 등이 '반창가학회 활동'을 했지만, 일본을 지키는 시민 모임만큼 집요한 활동을 하고 있는 단체는 없다. 일본을 지키는 시민 모임은 블로그나 동영상으로 반창가학회를 주장하고 있을 뿐만 아니라, 창가학회 회원이 많이 사는 장소에서 "창가학회와 야쿠자의 관계를 국회에서 해명하라!"라고 쓰인 전단지를 붙이고, 창가학회 시설이 집중된 시나노마치 주변에서 차를 타고 다니며 "사이비 종교를 박멸하라!"라고 외친다. 심지어는 창가학회 본부에서 가까운 아파트에 방을 빌려 "적의 목을 노리기 위한"(구로다의 말) 합숙을 시작했다.

"그래서 항상 비디오카메라를 들고 다닙니다. 문제가 생기면 전부 기록으로 남기죠. 움직일 수 없는 증거를 꼼꼼히 모아서 적에게 들이대야 하니까요. 사이비 종교 박멸을 위해 끝까지 싸울 생각입니다."라고 구로다는 꿋꿋하게 말했다. 아직 할 일이 많다며 의욕을 보인 것이다.

그런데 수개월 후 예상치도 못한 사태가 일어났다. 그때까지 밀월 관계에 있던 일본을 지키는 시민 모임과 재특회가 갈라선 것이다. 한때는 행동하는 보수의 두 바퀴라고까지 불렸던 구로다와 사쿠라이가 정면으로 충돌하고 말았던 것이다.

계기는 2010년 9월 일본을 지키는 시민 모임에서 발생한 '남녀 문제'였다. 시나노마치에서 구로다와 함께 공동생활을 하던 남성 회원과 여성 회원이 구로다가 없는 사이에 강간 소동을 일으켰다. 양자의 주장은 상반된다. 남성 회원은 "합의하에 섹스를 했다."라고 말했지만, 여성 회원은 "몸이 좋지 않아 자고 있는데 덮쳤다."라고 주장했다. 구로다가 함께 조사하던 도중에 이 남성은 갑자기 식칼로 자신의 배를 찔렀다. 이 사건은 관계자들 사이에서 '시나노마치 산장 사건'信濃町山莊事件[*]이라 불린다. 다행히도 남성의 상처는 그리 깊지 않아 이송된 병원에서 입원 치료를 받는 것으로 끝났다. 그런데 문제는 그다음이었다. 구로다를 비롯한 간부들은 협의 끝에 소동을 일으킨 남성을 제명했는데, 재특회 지바 지부에서 이 남성을 회원으로 받아들였던 것이다. 이것이 구로다의 심기를 건드렸다.

"왜 범죄자를 받아들이는가?"

"그는 범죄자가 아니다. 재특회에 받아들이는 데 아무 문제도 없다."

두 조직 사이에 의견 차가 생겼고, 이것이 언제부터인지 몰라도 말싸움으로 심화되었다. 대면을 통한 것이 아니라 블로그나 동영상을 통한 싸움이라는 점이 그야말로 넷우익답다. 그 싸움의 절정은 2011년 2월 6일에 펼쳐진 '사쿠라이 대 구로다 동영상 결전'이었다. 그날 밤 같은 시간에 사쿠라이와 구로다는 각각 동영상 사이트인 니코니코 동영상에서 생중계를 진행했

---

[*] 1972년 아사마 산장에서 좌익 과격파 연합적군이 인질들을 붙잡고 농성하다 진압된 사건을 아사마 산장 사건浅間山莊事件이라 부른다. 연합적군 내부에서 린치로 12명이 사망했던 사실이 수사 과정에서 밝혀지며 일본 사회에 큰 충격을 주었고, 한때 왕성했던 좌익 학생운동이 몰락하는 계기가 된다. '시나노마치 산장 사건'은 이 사건에 빗댄 표현이다.

는데, 괜히 휴대전화로 전화를 걸어 욕설 대결을 전개한 것이었다.

"너, 까불지 마!"

"너야말로 웃기지 마!"

구로다와 사쿠라이가 서로에게 욕하는 모습은 실시간으로 전국에 방송되었다. 화면에 쌍방을 응원하는 댓글이 달리며, 인터넷에서는 재미있는 사건으로 화제가 되었다. 동영상을 이용한 싸움이라는 점은 분명 신선했지만, 그 내용은 아이들 말싸움이나 다름없었다. 그렇게 화가 나면 직접 만나서 주먹다짐이라도 하면 될 일이다. 처음에는 재미있게 시청하던 나까지도 점점 화가 났다.

두 조직의 대립은 그 후 더욱 예상치도 못한 방향으로 전개되었다. 구로다가 경찰에 체포되어 버린 것이다. 관련 신문 기사의 일부를 인용하겠다.

인터넷 동영상 사이트 등을 이용해 지인 남성의 명예를 훼손했다는 이유로 지바 현 경찰은 20일, 시민 단체 '일본을 지키는 시민 모임'의 대표이자 법무사인 구로다 다이스케(34세)를 명예훼손 혐의로 체포했다고 발표했다. 구로다는 취조에서 "중상한 기억은 없다."라며 용의를 부인하고 있다. 현경縣警 공안 제2과에 따르면, 구로다 용의자는 올해 1월 12일 무렵부터 가시와 시에 사는 다른 시민 단체의 지부장인 지인(37세)에 대해 "야쿠자 출신" 등이라고 말한 영상을 동영상 사이트 니코니코 동영상에 올려 누구나 시청할 수 있는 상태에 둠으로써 남성의 명예를 훼손한 혐의가 있다. 남성은 3월 하순에 가시와 경찰서에 구로다 용의자를 형사 고발했다.

_"동영상 올린 법무사 체포", 『아사히 신문』 2011년 7월 21일.

여기에 나오는 '지인'은 재특회 지바 지부장인 사쿠라이 다쓰로櫻井達郎(회장인 사쿠라이 마코토와는 별개 인물)다. 사쿠라이가 일본을 지키는 시민 모임에서 제명된 남성을 받아들였기 때문에 구로다는 집요하게 사쿠라이를 공격했고, 결국 경찰서에 22일간 구류되지만 기소유예로 석방된다.

나는 석방된 직후의 구로다를 만났다. "가택수사 정도는 예상했지만 체포는 의외였어요."라고 다른 사람 이야기라도 하듯 말하는 구로다는 건강해 보였다. 그는 와인을 털어 넣듯 마시며 "질 수 없어요."라고 의기양양한 태도를 보였다. 이전에 만났을 때와는 확실히 달라진 모습이었다. 그렇게도 좌익과 재일 코리안을 비난하던 구로다가 이제는 "재특회야말로 적", "재특회는 창가학회의 꼭두각시"라고 단언한 것이다.

"그런 과격한 운동이 오래갈 리 없어요. 왕따를 당하던 아이가 무대에 올라가니까 신이 나서 날뛰고 있을 뿐이에요."

구로다는 현재 재특회 회원과 관계자들에게 명예훼손으로 고소를 당한 상태이고, 구로다 역시 그들을 명예훼손으로 맞고소했다. 욕을 했네, 안 했네 하는 논쟁이 앞으로 법정에서 펼쳐질 예정이다.

한때 구로다와 사쿠라이가 사이좋게 주먹을 흔들던 모습은 도대체 무엇이었을까? 이렇게 적을 놓친 정치 운동의 에너지는 예전의 친구에게 그 화살을 돌린다. 우익도, 좌익도 마찬가지다. 이것도 운동의 법칙 중 하나인 것이다.

5

재일특권의
정체

'재일 코리안 = 특권계급'은
사실인가

재특회 시위 행렬이 소프트뱅크 휴대전화 판매점을 지나칠 때였다.

"야, 소프트뱅크!"

흰색과 검은색 줄무늬로 된 간판을 향해 누군가가 화난 목소리로 외치자, 참가자들은 갑자기 흥분으로 술렁거렸다. 일제히 욕설이 쏟아졌다.

"조선인은 나가라!"

"매국노!"

"소프트뱅크를 쳐부숴라!"

재특회 회원들은 소프트뱅크라는 기업에 대해 이상할 정도로 적개심을 보인다. 물론 가장 큰 이유는 사장인 손정의가 한국 국적 출신이기 때문이다. 그 이유만으로 그들은 소프트뱅크에 증오의 시선을 보내고 있다(내가 지금까지 본 바로 재특회 회원들 중에 아이폰을 비롯한 소프트뱅크 휴대전화를 가진 사람은 거의 없었다).

한 소프트뱅크 대리점이 법인 고객을 대상으로 민단과 연계해 한정적으로 통화 요금 할인 제도를 실시했던 것을 두고 "(일본인 이용자를 제외한) 이것도 재일특권이다."라고 떠든 사람들이 적지 않다(소프트뱅크는 "2차 대리점이 독단으로 할인 제도를 만들었다."며 직접적인 관여를 부정했고, 해당 대리점에 할인 영업 정지를 지시했다). 게다가 동일본 대지진으로 발생한 후쿠시마 제1원전 사고 이후 손정의가 '원전 반대'를 주장하면서 더욱더 비난의 대상이 되었다. 일본 정부에 핵무장을 요구하는 재특회는 일관되게 '원전 추진'이라는 입장을 내세우고 있다.

소프트뱅크에 대한 공격은 그들의 상투적인 일과다. 시위 도중에 소프트뱅크 대리점을 발견하면 재특회 회원들은 떡 본 김에 제사 지내듯 욕설을 퍼붓는다. 대리점에서 일하는 유니폼 차림의 여성 직원에게 "그런 회사에서 일하지 마!"라고 간섭하는가 하면, 가게 안의 손님에게 "소프트뱅크는 일본의 적입니다!"라고 날카로운 목소리로 외치는 일도 적지 않다. 왜 그렇게 소프트뱅크를 싫어하느냐는 내 물음에 어느 젊은 회원은 이렇게 내뱉었다.

"조선 기업이니까요."

아마도 이것이 재특회 회원들의 공통된 속마음이 아닐까? 수많은 대리점 중 하나가 실수로 할인 제도를 만든 것이 매국노로 취급할 일은 아닐 테고, 사장이 원전 반대를 표방한다는 이유로 대리점 직원을 욕할 필요도 없다. 기업 윤리를 문제 삼는 거라면 다른 회사도 많은데, 재특회는 일반적인 기업 문제에는 거의 관심이 없다. 그리고 동일본 대지진 이후에 원전 반대를 표명한 경영자가 손정의 하나만은 아니었다.

그들은 이유가 무엇이 되었든 간에 '조선'이 싫어서 어쩔 줄 모르는 것이다. 파친코를 보면 "일본인에게서 돈을 빼앗지 마라."라며 간판을 발로 차고, 고깃집 앞을 지날 때는 "김치 냄새 난다."며 코를 잡는다. 며느리가 미우면 손자까지 밉다는 식의 억지라고밖에 할 수 없다. 그러나 그들의 논리에 따르자면, 손정의가 한국 국적 출신이라는 이유만으로도 충분히 공격 대상이 될 수 있는 것이다.

국적 때문에 꿈을 포기한 손정의

재특회 후쿠오카 지부는 2011년 6월 "매국 기업가 손정의를 쫓아내라!"라는 이름의 집회를 벌였다. 후쿠오카 시의 번화가에서 그들은 거리를 지나는 사람들에게 호소했다.

"(손정의는) 원래 한국인입니다. 한국을 더 사랑합니다."

"일본을 싫어하고 한국의 국익을 위해 일합니다."

"주간지에도 보도되었지만, 소프트뱅크는 일본인에게는 높은 통화료를 부과하고 재일 코리안에게는 여러 가지로 할인 혜택을 주고 있습니다. 차별받고 있는 건 일본인입니다!"

잠시 내가 손정의라는 인물을 취재했을 때 들은 이야기를 해야겠다. 손정의가 처음으로 친구에게 한국 국적을 밝힌 것은 중학교에 다니던 열다섯 살 때의 겨울로, [앞서 언급한] 재특회 집회가 열린 후쿠오카 덴진의 붕어빵 가게에서였다. 손정의의 친구는 그때의 일을 다음과 같이 회고했다.

"친한 친구들끼리 이야기하고 있을 때였죠. 갑자기 야스모토(손정의의 일본 이름)가 이렇게 털어놓는 거예요. '실은 나 한국인이야.'라고. 야스모토는 아주 진지한 표정이었고, 어떤 결심을 굳힌 것 같았어요."

당시 손정의의 마음은 흔들리고 있었다. 존경하던 담임교사의 영향으로 교사가 될 꿈을 꾸었던 그는 외국 국적으로는 교사가 될 수 없다는 사실을 알게 되었다. 학교에서 1, 2등을 다투던 성적이었지만 담임교사에게 "고등학교에 가고 싶지 않다."라고까지 말했다. 결국 주위의 설득에 후쿠오카 현 유수의 명문고에 입학하지만, 불과 몇 개월 만에 자퇴하고 만다. 고등학교 시절의 담임은 다음과 같이 회상했다.

"어느 날 갑자기 야스모토 군이 이렇게 말했어요. '선생님, 고등학교를 그만두고 미국에 가겠습니다.' 당연히 저는 반대했지만, 그의 결의는 강했습니다. '사실 저는 일본 대학에 가서 교사가 되고 싶었습니다. 그런데 한국 국적으로는 그렇게 할 수 없다는 사실을 알게 되었습니다. 저는 미국에 가서 여러 가지 일을 생각하고 싶습니다. 만약에 미국 대학을 나오면 제가 한국 국적이라도 일본 사람들이 더 좋게 평가해 줄지 모르잖아요.'라고 말하더군요."

분명히 말해 두지만 나는 경영자로서의 손정의도, 소프트뱅크라는 기업도 특별히 옹호할 생각이 없다. 오히려 자신을 '현대의 사카모토 료마'라고 부르는 그의 생각에 불만도 많다.

● 사카모토 료마坂本龍馬, 1836~67는 메이지유신을 성공시킨 개혁가로, 손정의는 자신의 혁신적 이미지를 내세우기 위해 현대의 사카모토 료마라고 자처하는 듯하다.

그러나 재특회의 공격은 너무나도 부조리하게 보인다. 그들이 "쫓아내라!", "꺼져라!"라고 외치는 손정의는 한때 스스로의 의지로 일본을 떠났다. "일본 사람들이 더 좋게 평가해 줬으면 좋겠다."라며 미국에 간 그의 심정을 재특회 사람들은 이해할 수 있을까? 적어도 손정의에게는 교사의 꿈을 이룰 '권리'가 없었다.

그 후 손정의는 일본에 귀화했지만 자신의 출신을 감추지 않았다. 일본 이름을 쓰지 않고 굳이 본명을 사용하고 있는 것이다. "손정의는 원래 한국인입니다!", "주간지에서 손정의의 일본인 차별이 밝혀졌습니다."라고 길거리에서 의기양양하게 떠드는 이들은 국적 때문에 자신의 진로를 포기해야 했던 손정의의 심정을 이해할 수 있을까?

"언론이 조선인에게 지배당하고 있다."는 둥, 인터넷에서 떠도는 허무맹랑한 음모론을 믿는 그들이 자신들의 주장에 맞는 기사만 나오면 완전히 신봉하는 점 또한 위화감을 느끼게 만든다. 집회에서 "그러니까 조선인은 거짓말쟁이다!"라는 식의 외침이 들려올 때면 무언가 어두운 열정을 느끼지 않을 수 없다. 조선인이 그렇게 싫을까?

후쿠오카 지부를 담당하는 사키자키 아키라도 그렇게 외친 사람 중 하나였다. 오이타 집회에서 "위안부도 마찬가지입니다. 한마디로 다리를 벌리고 돈을 받은 것뿐입니다."라고 말했던 불량스러운 중년 남성이다.

나는 후쿠오카 시내에서 미용실을 경영하는 사키자키를 찾아갔다. 왜 그렇게 조선인에게 적의를 가지는지 직접 물어보고 싶었다. 그는 부회장 직책을 가진 인물이다. 지금까지 딱 부러지게 이야기해 준 많은 재특회 회원들 이상으로 그 나름의 각오와 이론으로 무장되어 있으리라고 생각했다. 그런데 사키자키는 내 얼굴을 보자마자 격노했다. 분노와 증오가 가득한 눈으로 버럭 소리를 질렀다.

"누가 여기를 가르쳐 줬어!"

재특회 간부들은 대부분 본명이나 자택을 비밀로 하고 있다. 아마도 내가 자신의 미용실을 찾은 것이 거슬린 모양이다. 이름과 가게 주소를 알려 준 인간을 말해 달라고 집요하게 물었다. 부회장치고 담이 작은 남자라고 생각했다.

사키자키는 "이리 와."라고 말하며 험악한 표정을 짓더니, 빌딩의 비상계단으로 나를 데려갔다. 그러고는 자신의 얼굴을 내 눈앞에 대고는 소리쳤다.

"너, 뭐하려고 왔어?"

"취재요."

"경찰 부를 거야."

"그러세요."

"너, 총이지? 대답해! 조총련이 보냈지? 조선인한테 돈 받고 있지?"

"망상은 그만두시죠."

"뭐가 망상이야! 역시 총이군! 조총련에서 돈 받고 있지?"

계속 이런 식이었다. 내 취재 경험에 비추어 보면, 이럴 때 진짜 대담한 거물은 취재하는 사람에게 호통을 치는 바보 같은 짓은 절대로 하지 않는다. 곧바로 으름장을 놓는 녀석들은 사실 그다지 무섭지 않다. 그보다 내 관심을 끈 것은 그가 집요하게 나를 조선인이라고 우기는 것이었다. 사키자키만이 아니었다. 많은 재특회 회원들이 "너는 국적이 어디냐?", "사실은 조선인이지?", "언제 귀화했냐?"라고 몇 번이나 물었다. 그들에게 생각이 다른 사람들은 모두 조선인인 것이다. 조선인이나 재일 코리안은 일종의 기호다. 그들은 그 기호를 두려워하고, 증오하고, 조롱함으로써 우월감을 가지게 된다.

2011년까지 재특회 간부였던 30대 남성은 내게 이렇게 밝혔다.

"재특회에 들어가서 놀랐던 것은 조선인을 진짜로 무서워하는 사람이 많다는 점이었습니다. '조선인을 멸망시키지 않으면 안 된다.'고 호소하는 사람들이 정말 많았어요. 재특회에서 만난 한 여성은 '일본을 지배하고 있는 것은 재일 코리안'이라고 진지하게 믿고 있더군요. 한편에서는 조선인을 제대로 된 교육도 받지 못한 열등한 민족이라고 욕하고 있으니, 생각해 보면 그런 열등한 민족에게 지배받고 있는 일본인은 정말로 한심한 거죠. 그런데 그런 모순을 느끼지 못할 정도로 저 역시 한때는 재특회의 분위기에 휩쓸렸던 것이 사실입니다."

조선인을 두려워하는 이유는 알 수 없었다고 한다.

"공격하기 쉬운 목표를 찾은 데 신이 났는지도 모르죠. 재일 조선인은 불쌍한 약자이고 차별해서는 안 된다는 상식에 얽매여 왔던 우리에겐 터부를 깨는 쾌감이 있었어요. 비뚤어진 생각일지 모르겠지만, 저 자신도 터부를 깨뜨림으로써 세상의 권위나 권력과 싸우고 있다는 생각을 했습니다."

그들은 거리에서 "조선인을 쫓아내라."라고 외치고, "일본인을 위한 일본을 만들자."라고 호소한다.

"솔직히 말해 취해 있었어요. 거대한 적과 싸우고 있다는 정의감에 취한 거죠. 지금 생각해 보면 왜 재일 코리안을 미워했는지 저도 잘 모르겠습니다."

아마 사키자키도 그럴 것이다. "재특회에 들어갈 때까지는 정치 활동과 무관한 미용사에 지나지 않았다."(재특회 관계자의 말)는 사키자키는 인터넷으로 재일 코리안에 대한 증오를 부풀렸다. 그는 불혹을 넘긴 나이에 '정의'를 발견한 것일까?

'4대 특권'을 검증한다

재특회가 '정의'를 담보한다고 믿는 것은 이 책에서도 몇 번이나 언급한 '재일특권'이 있기 때문이다. 이 '진실'의 깃발을 높이 세우고 있는 한, 재특회의 행동이 다른 사람들에게 아무리 추악하게 보이더라도 자신들에게는 정당화되는 것이다. 일찍이 상대방을 '반동', '반혁명', '제국주의자'라고 비난함으로써 우월한 입장에 서려던 교조주의적 좌익과 다를 바 없는 논법이라는 생각도 든다.

'특권'은 말 그대로 '특정한 사람들에게만 주어지는 우월적인 권리'를 뜻한다. 그렇다면 재일특권, 즉 재일 코리안에게만 인정되는 우월적인 권리란 도대체 무엇일까? 재특회가 만든 홍보 전단지는 재일 코리안에게 다음과 같은 특권이 있다고 지적한다.

① 특별 영주 자격

'입국관리특례법'에 의해 인정된 자격으로, 다른 외국인에게는 이런 자격이 없고 재일 한국인·조선인을 대상으로 한 특권이다. 명백히 외국인이면서도 일본인과 다를 바 없는 생활이 보장된다.

② 조선학교 보조금

조선학교는 교육법 1조가 규정한 학교가 아니기 때문에 '각종 학교'로 분류되는데도 지방자치단체의 지원(조성금이나 보조금)을 받고 있다. 문부성에서 지정한 학습 지도 요령을 무시한 민족 교육이라는 이름의 반일 교육을 하면서도, 교육법 1조에서 지정한 학교와 동등한 권리를 누리기 위해 적극적인 활동을 하고 있다.

③ 생활보호 우대

생활보호란 생활이 곤란한 국민에게 최소한의 생활을 보장하는 제도다. 그런데 일본은 재일 외국인에게도 생활보호를 적용하는 탓에 '국민 보호'가 무시당하고 있다. 특히 재일 한국인과 조선인에 대한 생활보호 지원금 급여율이 이상할 정도로 높은데, 후생노동성에서 발표한 2006년 통계에 따르면 외국인 생활보호자의 약 70퍼센트가 재일 코리안이다.

④ 통명 제도

명목상으로는 재일 조선인 이외의 외국인에게도 적용되는 제도이지만, 실질적으로 이 제도를 이용하는 대다수는 재일 코리안이다. 범죄를 일으켜도 '통명 보도'에 의해 본명이 밝혀지지 않는 경우가 많기 때문에 그야말로 범죄를 조장하는 제도다.

_"당신은 '재일특권'을 아십니까", 재특회 발행 전단지.

전혀 찬성할 수 없는 논리이지만, 백번 양보해 이 네 가지를 재특회가 주장하는 것처럼 '재일 코리안에게만 인정되는 우월적 권리'라고 치자. 영주 자격, 보조금, 생활보호 우대, 통명 제도 모두 억지로 해석하면 '재일 코리안에게 부여된 권리'라고 할 수 있을지도 모르겠다.

하지만 재특회나 그들에게 동조하는 사람들은 이 네 가지 특권의 어느 부분을 증오하는 것일까? 이 네 가지 권리가 과연 우리 일본인이 재일 코리안에게 과격한 표현을 퍼붓고 싶을 정도로 혐오스러운 성질의 것일까? 나는 그 점을 절대로 이해할 수 없고, 그 네 가지 권리 중에서 일본인이 부러워할 만한 어떤 것도 찾지 못했다.

예를 들어 재특회가 특권의 필두로 지적하는 '특별 영주 자격'은, 입국관리특례법에 의거해 제2차 세계대전에서 패하기 전에 일본으로 이주한 구식민지(한반도와 타이완) 출신 사람들에게 주어진 체류 자격이다. 구식민지 출신자들은 일찍이 일본 국적을 가지고 있었기 때문에 '특별 영주권자'로서 다른 외국인과 구분된다. 치안이나 국익에 관련된 중대한 사건을 일으키지 않는 이상, 특별 영주권자는 강제 출국을 당하지 않는다. 또 체류 기한이 없기 때문에 다른 외국인처럼 체류 연장 허가 신청을 할 필요도 없다. 일본에서 생활할 권리가 인정되고 있을 뿐, 일본인과 비교했을 때 모종의 우월한 조건이 있는 것은 아니다.

"재일 코리안은 무조건적으로 일본에 체재할 수 있고, 게다가 그 자손도 한국 국적, 조선 국적으로 몇 대에 걸쳐 일본에 거주할 수 있다", "죄를 지어도 본국에 강제송환을 당하지 않는다."라는 이유로 특별 영주 자격을 특권이라고 지적하는 경우도 있다. 다른 외국인이 이런 주장을 한다면 어느 정도 이해할 수 있겠지만(그러나 다른 외국인도 영주권만 있다면 이와 동등한 조건을 가질 수 있다), 일본인이 이것을 부러워할 특권이라고 떠들 이유는 없다고 생각한다.

지금까지는 재특회 측의 주장을 주로 이야기했는데, 이것만으로는 불공평하기에 이번에는 재일 코리안 측의 주장을 소개하겠다.

"특별 영주 자격에 대해서는 일본의 식민지 정책에서 패전으로 이어지는 과거의 역사적 경위를 먼저 살펴볼 필요가 있습니다."

이렇게 말한 사람은 일본에서 변호사로 활동하고 있는 재일 코리안 이춘희李春熙였다.

한반도가 식민지였기에 1945년 패전 당시 일본에는 약 2백만 명의 재일 조선인이 있었다. 대부분은 귀국했지만, 본국 생활에 대한 전망이 보이지 않았던 사람들도 많아 60만 명 정도는 일본에 머물렀다. 그런데 1947년 일본 정부는 이 구식민지 출신자들의 일본 국적을 일방적으로 박탈했다. 다음은 이춘희 변호사의 설명이다.

"일본 국적 박탈 조치의 합법성과 타당성 자체에 대해서도 여러 의견이 있습니다만, 세계적으로 봤을 때 구식민지 출신자에게는 구종주국의 국적을 선택할 수 있게 하는 예가 많습니다. 게다가 일본 정부는 '외국인'이 된 재일 조선인에게 안정적인 체류 자격을 인정하지 않았습니다. 즉 많은 재일 코리안은 식민지 통치의 결과로 일본에 살 수밖에 없었는데도, 해방 후에는 불안정한 체류 자격을 가지고 살아야 했습니다. 이런 상태를 개선하는 것은 오랜 세월 우리의 과제였고, 1991년 입국관리특례법 제정으로 겨우 특별 영주 자격이 생겼습니다. 구식민지 출신자와 그 자손에게 최소한의 안정적인 체류 자격을 보장하는 것은 일본 정부의 당연한 의무입니다. 이것이 왜 특권이란 말입니까?"

　일본 정부는 패전한 뒤 오랫동안 "한반도를 대표하는 정부는 존재하지 않는다."라는 입장을 견지했다. 그러니까 재일 코리안은 정식 모국을 잃은 것이다. 사실상 무국적 외국인이 되고 만 것이다(국적란에 단순히 '조선'이라고만 되어 있기 때문에 '조선적'이라고도 불린다). 일본 정부가 한국을 정부로 인정한 것은 국교가 수립된 1965년이 되어서였다. 이때 한국 국적을 선택한 사람에게 '협정 영주 자격'이 주어졌고, 본인의 신청에 따라 재일 코리안 2세까지는 영주 자격이 주어졌다. 1991년 입국관리특례법이 시행되어 3세 이후로도 영주 자격이 인정되었고, 그때까지 한국 국적자에게만 한정되었던 영주 자격이 조선 국적 사람들에게도 주어지게 되었다. 이것이 '특별 영주 자격'인 것이다. 더 정확하게 표현하자면, '권리'라기보다는 단순한 '자격'에 지나지 않는다.

　다른 외국인도 보통 10년 이상 일본에 살면 영주 자격이 주어진다. 수십 년이나 일본에 거주하고 있는 구식민지 출신자에게 영주 자격을 주는 것이 그렇게 특별한 일인가? 이춘희 변호사는 담담하게 말했다. 양쪽의 이야기를 자세히 들어 보니 이춘희의 주장이 더 설득력 있게 들렸다. 재특회 회원 중에는 "다른 외국인과 동일한 조건이 되어야 한다."라며 재일 코리안을 특별히 여기는 경향이 많은데, 다른 외국인들도 영주 자격을 얻을 수 있는 이상, 전혀 특별한 일이 아니지 않은가?

　"아니다. 재일 코리안의 대부분은 한반도에서 온 밀항자이자 범죄자다. 범죄자에게 영주 자격을 주어도 되는가?"

　이것도 재특회 회원들 사이에서 흔히 볼 수 있는 논리다. 과거 재일 코리안들 중에 밀항자가 있었던 것은 사실일 것이다. 나도 모든 재일 코리안이

'일본 관헌이 목에 밧줄을 매달아 억지로 끌고 온 사람들'이라고는 생각하지 않는다. 그러나 이것만은 확실하다. 일본은 틀림없는 종주국이었으며, 전쟁에 지고 식민지를 잃었다. 한반도의 혼란에 어느 정도 책임지는 것은 구종주국으로서는 당연한 일이다. 이것이야말로 일본인으로서 책임질 일이 아닐까?

패전 후의 혼란 속에서 구식민지의 밀항자가 생긴 것은 어쩔 수 없는 일이었다. 그리고 그들을 받아들이는 것이야말로 종주국으로서 져야 할 마지막 책임일 것이다. 좀 더 거칠게 말해서, 책임질 도량이 없다면 처음부터 식민지를 만들어서는 안 되었고, 전쟁에 져서도 안 되었다. 일본은 둘 다 실패한 것이다. 그래서 책임이 발생한 것은 어떤 의미에서는 당연한 것이 아닐까.

우대받고 있는 것은 누구?

이어서 '조선학교 보조금 교부'에 관한 문제다. 먼저 전제가 되는 사실부터 말해야겠다. 현재 조선학교에는 정부의 보조금이 한 푼도 지급되지 않는다. 지자체의 판단에 따라 보조금이 지급되는 것은 사실이지만, 그래도 평균을 내면 공립학교의 10분의 1, 사립학교의 3분의 1 정도이며, 적어도 일본 학교와 비교해 우대를 받고 있는 것은 아니다.

앞에서 말했듯이, 재특회는 조선학교가 '1조교'(교육법 1조에 해당하는 학교)가 아니라는 점과 '반일 교육'을 하고 있다는 점을 문제 삼고 있다. 학교교육법은 문부성의 지도 요령에 따라 외국어 외의 수업을 일본어로 진행하는 학교를 '1조교'라고 하고, 그 외의 학교를 '각종 학교'로 분류한다. 조선학교는 후자에 해당되며 정부의 보조금이 없는 것은 이 때문이다.

그러나 이 주장도 조사해 보면 정말 특권일까 하는 생각이 든다. 물론 보조금을 지급하는 것에 대한 의견 차는 있을 수 있다. 예를 들어 도쿄 도는 2012년 1월 도쿄의 조선학교에 대한 보조금을 예산에 산정하지 않기로 했다. 이시하라 신타로石原慎太郎 지사는 회견에서 "조선학교는 반일 교육을 하고 있으며, 북한이 우리 국민을 납치하는 것을 도왔다. 그런 조직이 앞으로도 그와 관련된 교육을 한다면 원조할 필요가 없다."라는 취지의 발언을 했다.

학교도 사회를 구성하는 요소 중 하나임을 감안하면, 그 존재 양식에 대한 논의가 있는 것은 당연하다. 조선학교에 관해 이야기하자면, 아직도 교실에 북한 지도자의 초상화를 걸고 있는 등, 나로서도 이해할 수 없는 점이 많다. 교육 현장에 개인숭배를 포함해서는 안 되기 때문이다. 그렇다고 해서 정말 조선학교가 반일적인가 하면, 그렇지도 않다고 한다. 초등학교부터 고등학교까지 조선학교를 다닌 내 친구는 쓴웃음을 지으며 이렇게 말했다.

"앞으로도 계속 일본에서 살지 않으면 안 되는데 왜 반일 교육을 하겠어. 반일은커녕 교사는 일관되게 조일朝日 친선, 재일 코리안이 어떻게 일본에서 살아가야 하는지, 그런 것만 가르쳐. 일본의 전쟁범죄에 대해 배운 적은 있지만 일본을 적대시하는 수업은 아니었고, 교과서에도 '반일'이라는 글자는 없어. 그리고 요즘 젊은 애들이 그렇게 쉽게 세뇌당할 리가 없잖아. 스마트폰 들고 다니면서 일본 힙합 듣는 아이들인데. 소수자로서 일본인에게 지고 싶지 않다는 생각이야 물론 있겠지만, 일본인이나 일본을 증오하는 아이는 없어. 아이를 조선학교에 보내는 부모들이 반일 교육을 원할 리도 없고. 그런 학교였다면 보내지도 않지. 스파이 교육은 말도 안 되고(웃음). 그런 일을 하면 전부 학교를 자퇴하고 말걸."

또 다른 조선학교 졸업생(여성)도 말한다.

"조선학교는 우리에게 편안한 장소였어요. 당당하게 본명으로 생활하고 차별도 없는, 말하자면 성역과도 같은 곳이죠. 일본인을 증오하기 위해서가 아니라 내 안에 흐르는 조선의 피를 확실히 느낄 수 있는, 유일하게 안심할 수 있는 공간이었어요."

민족 학교란 원래 그런 곳이다. 해외에 있는 일본인 학교가 일본인 아이들에게 일종의 '성역'이듯이 말이다.

조선학교는 북한 본국이나 조총련과의 관계 때문에 종종 '평양의 출장소'라고 불리기도 한다. 교토 조선제1초급학교를 습격한 재특회 회원들은 학생들을 '스파이 자식들'이라고 욕했다. 그러나 조금만 냉정하게 생각해 보면 조선학교에 다니는 아이들이 납치 사건과 아무런 관계도 없다는 것은 명백하다. 그들은 어디까지나 '조선인 멸시'를 기반으로 카타르시스를 연소시켰을 뿐이다.

재특회 오이타 지부의 집회에서는 조선학교가 전국 축구 대회에 출전하는 것을 용서할 수 없다고 말한 여성이 있었다. 하지만 이것은 특권 비판과는 거리가 멀다. 특권 따위는 없다는 사실을 알면서도 '조선'이나 '재일 코리안'과 같은 기호가 그저 싫어서 그런 것은 아닐까?

생활보호 지원금 우선 지급에 대한 규탄도 재특회의 단골 소재다.

"일본인은 생활보호 지원금을 받지 못해 아사하고 있는데, 재일 코리안은 우선적으로 돈을 받을 수 있다."

"재일 코리안이라는 이유만으로 생활보호 지원금이 무조건적으로 지급

된다."

집회에서 자주 듣게 되는 이야기다. 2010년 7월에 후생노동성 앞에서 있었던 "외국인의 생활보호 일시 정지를 요구하는 긴급 행동"이라는 집회에서 사쿠라이 마코토는 마이크를 잡고 이렇게 말했다.

"일본인이 목을 매는데 외국인에게 사회보장을 해서야 되겠습니까? 일본에서 살아갈 수 없는 외국인은 조국으로 돌아가면 될 일입니다. 조센진은 반도로 돌아가면 되고, 짱개는 대륙으로 돌아가면 되는 겁니다. 일본에서 2만 명이나 자살하고 있습니다! 우리가 화내는 건 당연하잖아. 내가 잘못 말했습니까? 민족 차별입니까? 말도 안 돼. 차별받고 있는 건 일본인이야! 지금 구청 창구에서 일본인은 생활보호 신청서를 받지도 못하고 쫓겨나고 있습니다. 일본 국민의 생명과 재산도 지키지 못한다면 후생노동성 직원을 그만두라고."

2012년 1월에는 사쿠라이와 후쿠오카 지부 회원들이 후쿠오카 현청을 방문해 외국인에 대한 생활보호 지원금 지급 문제를 항의했다. 담당 직원에게 사쿠라이는 가르치듯이 말했다.

"입국관리법은 생활 기반이 없는 외국인은 일본에 거주하지 못하도록 되어 있잖아요. 즉 외국인에게 생활보호 지원금을 지급하는 것은 범죄 방조나 다름없는 겁니다."

"기타큐슈 시에서는 생활보호가 끊긴 사람이 아사하는 사건까지 있었잖아요!"

난감한 표정을 짓는 나이 든 직원에게 사쿠라이는 "너, 직무 태만이야."라고 화를 내며 평소에 자주 하던 말을 내뱉었다.

"일본이 싫어서 난리인 조선인 따위에게 생활보호를 하지 마!"

사쿠라이의 마지막 말을 들으면, 자살이나 아사가 있어서는 안 된다는 당연한 주장도 아전인수로 해석하고 있다는 것을 알 수 있다. 불행하게도 자살을 선택할 수밖에 없었던 사람들의 억울한 죽음을 조선인 규탄을 위한 소재로 이용하는 듯한 생각이 들고 마는 것이다.

생활보호 지원금 수급 세대의 증가는 심각한 문제다. 2011년 12월 후생노동성은 그해 9월에 생활보호 지원금을 받은 사람이 206만5,896명에 달한다며, 역대 최대를 기록했다고 발표했다. 수급 세대 수도 149만7,329세대로 최대다. 수급자가 2백만 명을 넘긴 것은 전후의 혼란기인 1951~52년 이후 처음이다. 2008년 가을의 금융 위기 이후 수급자가 급증했다고 한다. 후생노동성은 경기 악화에 따른 실업자 증가와 고령화 진전 등이 주된 요인이라고 설명했다.

생활보호 지원금의 재원은 물론 전액이 공적 자금이다. 정부가 4분의 3을, 지자체가 나머지 4분의 1을 부담하는데, 부담이 늘어나는 것을 우려한 지자체들이 생활보호 지원금 지급을 꺼리는 경향이 생겼다. 일부 지자체에서는 창구에서 보호 신청을 거부함으로써 생활보호 지원금 수급을 저지하는 '문전 박대 전략*'으로 원천 봉쇄했다. 후생노동성 앞의 집회에서 사쿠라이가 "일본인은 생활보호 신청서를 받지도 못하고 쫓겨나고 있습니다."라고 말한 것은 이를 두고 한 말일 것이다. 그중에서도 한때 전국 최고의 생활보

---

* 일본에서, 생활보호 수급 희망자에게 관공서의 담당자가 다양한 이유를 들어 신청 서류를 교부하지 않는 경우를 가리키는 표현이다. 원서에는 '물밑 작전'水際作戦으로 되어 있으나, 독자의 이해를 돕기 위해 이 같은 번역어를 선택했다.

호율을 기록했던 기타큐슈 시는 문전 박대 전략을 적극적으로 활용했고, 이 때문에 신청을 거부당하거나 생활보호가 끊긴 사람들의 아사와 자살이 연이어 발생했다.

행정 편의 때문에 버려진 사람들에게 공감한다면, 이에 대해 분노하는 것은 당연하다. 그래서 빈곤 문제를 다루는 시민 단체들은 정부를 추궁하고, 문전 박대 전략을 비판하며, 실직자 등을 대상으로 임시 숙소를 마련함으로써 궁핍한 이들과 함께 싸웠다. 그러나 재특회가 이런 가난한 사람들과 함께, 또는 약자의 편에 서서 이 문제를 해결하려 했다는 이야기는 안타깝게도 들은 적이 없다. 그들은 단순히 외국인에게도 생활보호 지원금이 지급되고 있다는 사실만을 비판하며, "일본에서 생활할 수 없으면 조국으로 돌아가라."라고 외칠 뿐이다.

그렇다면 근본적인 의문이 든다. 정말로 재일 코리안이나 다른 외국인은 생활보호 지원금을 우선적으로 지급받는 것일까? 이것이 사실이라면 '특권'임에 틀림없다.

이 건에 대해 후생노동성이나 복지 사무실에 구체적으로 물어봤더니, 그들은 하나같이 "우선적으로 지급될 리가 없다."라고 일축했다. 도쿄 도에서 생활보호를 담당하는 직원은 이렇게 대답했다.

"생활보호 지원금 지급에서 중시하는 것은 어디까지나 신청 기준에 합당한가 여부이지, 재일 코리안이기 때문에 기준에 어긋나도 지급했다는 이야기는 들은 적이 없습니다."

생활보호법은 지급 대상을 '국민'으로 명기하고 있기 때문에, 엄밀히 말하자면 영주권을 가진 외국 국적은 적용되지 않는다는 견해도 있다. 외국 국적 주민에게 생활보호는 법률상의 권리로서 엄밀하게 담보된 것이 아니라, 정부나 지자체의 판단에 따라 지급되고 있을 뿐이다. 그렇기 때문에 "국민이 아닌 재일 외국인에게 생활보호가 적용되는 것은 이상하다."라는 재특회의 주장은 일리가 있다.

그러나 이것을 '특권'이라고 부르는 것은 역시 무리인 것 같다. 예를 들어 생활보호 지원금을 신청하고 지급이 인정되지 않을 경우, 일본인은 불복을 신청해 지급받는 경우가 있지만, 외국인의 불복은 기각하도록 후생노동성은 각 지자체에 지시했다. 재일 외국인에게 우선적으로 지급되기는커녕 큰 제한이 가해지고 있는 것이다.

상황은 조금씩 바뀌고 있다. 2008년 오이타 시에 거주하며 영주권을 가진 중국 국적의 여성(일본 출생)이 생활보호를 신청했지만 기각되었다. 여성은 이에 불복해 기각 처분의 취소를 요구하는 재판을 걸었다. 쟁점은 '생활보호법이 외국인에게도 적용되는가.'였다. 앞에서 말했듯이, 외국인의 경우는 어떤 법적 근거도 없기 때문에 오이타 지방재판소의 1심에서는 "생활보호법의 범위는 일본 국적을 가진 사람에게 한정된다."라는 판결을 했고 여성은 패소했다. 그런데 2011년 11월 후쿠오카 고등재판소는 "영주 자격이 있는 외국인은 법적으로 일본인과 동등한 대우를 받을 지위가 보호된다."라며 1심 판결을 뒤엎어 오이타 시의 기각 처분을 취소했다.

재특회는 이런 판결조차 '재일 외국인 우대의 증거'라고 주장하겠지만, 나는 불복할 권리마저 없는 외국 국적 주민은 재판으로 승부할 수밖에 없다는 사실을 지적하고 싶다. 노력과 시간을 들이지 않으면 생활보호가 인정되지 않는 현실은 아무래도 '특권'이나 '우선 지급'과는 거리가 멀다.

2011년 후생노동성 조사에서 생활보호 지원금 수급 세대인 149만7,329 세대 가운데 세대주가 한국이나 조선 국적인 세대는 2만5천 세대 정도였다. 국세 조사 결과 등을 고려해 굳이 생활보호율을 계산해 보면, 생활보호를 받고 있는 한국과 조선 국적 세대의 비율은 약 13퍼센트인 반면, 일본인 세대의 비율은 약 3퍼센트다. 즉 재일 코리안의 생활보호율은 일본인 세대의 네 배가 넘는다. 이 수치가 "재일 코리안의 생활보호율은 말도 안 되게 높다."라는 재특회 주장의 근거가 되고 있는 것이다.

그렇다면 재일 코리안에 대한 생활보호율이 높은 이유는 무엇일까? 단순하게 생각하면 '신청 기준을 충족하는', 다시 말해 '생활이 곤란한' 재일 코리안이 '생활이 곤란한' 일본인보다 훨씬 많기 때문이다.

"이 수치야말로 재일 코리안의 상황을 보여 주고 있지요."라고 이춘희 변호사는 말했다.

"원래 경제적·사회적 기반이 취약한 데다 특권은커녕 편견이나 차별 때문에 어려운 생활을 하는 재일 코리안이 적지 않습니다. 게다가 생활보호 지원금 수급자인 재일 코리안은 대부분 고령자입니다. 그분들은 국민연금제도 창설 당시 국적에 의한 제한 때문에 가입할 수 없었죠. 그래서 생활보호에 의존할 수밖에 없는 사람이 많은 겁니다."

앞에 나온 도쿄 도 직원도 담당 지역에 재일 코리안이 많다며 같은 문제를 지적한다.

"생활보호 지원금 수급자의 압도적 다수는 고령자와 장애인, 한부모 가정입니다. 재일 코리안도 마찬가지고요. 굳이 재일 코리안과 일본인의 차이를 이야기하자면, 주위에 도와줄 친족이나 친구가 있는지 여부입니다. 재일 코리안의 경우, 전체 인구 자체가 적기 때문에 의존할 수 있는 친족과 친구도 적죠. 특히 독신 고령자의 경우는 취직을 못했거나 연금이 없는 등 악조건에 있는 사람이 많습니다."

최근에는 브로커의 알선으로 일본에 온 지 얼마 안 되는 중국인들이 집단으로 생활보호 지원금을 받는 사건이 있어 소동이 일어났다. 악질적인 사건임에 틀림없고, 부정 수급은 단호히 단속되어야 한다. 그러나 이런 사건만을 근거로 '우선 지급의 실태'와 '구조적 문제'를 규탄하는 것은 무리라고 생각한다.

다음은 도쿄 도 직원의 말이다.

"오히려 생활보호 현장에서 가장 골치 아픈 문제는 생활보호 수급자에게서 현금을 가로채는 빈곤 비즈니스의 유행입니다. 2000년대 들어 여러 수상한 단체들이 노숙자들을 모아 집단으로 생활보호를 신청하고 있어요. 생활보호 수급자가 급증하게 된 배경에는 이런 문제가 있죠. 재원을 고려해서, 정당한 수급을 지향하기 위해서 정말로 신경 써야 할 문제는 이런 거라고 생각해요."

빈곤 상태에 놓인 재일 코리안의 생활을 정부나 지자체는 어떻게 지원할 것인가? 생활보호 지원금의 애매모호한 운영을 비롯해 이런 문제에 관심을 가지는 것은 중요하다. 그러나 재특회가 주장하는 '우선 지급'을 뒷받침하는 증거는 어디에도 없었다. 재일 코리안의 생활보호율이 높은 것은 특권이라기보다는 오히려 빈곤 문제라고 하는 편이 정확할 것이다.

재특회가 범죄를 조장하는 제도라고 지적하는 통명 제도는 어떤가? 통명은 식민지 시대의 창씨개명에서 비롯된 제도다. 한반도가 일본의 식민지였던 1940년, 조선총독부는 그때까지 조선에서 일반적이었던 부계 혈통을 기본으로 한 부부별성(결혼해도 여성의 성은 바뀌지 않고 아이는 아버지의 성을 따른다)을 일본식 '가문 사회'로 고칠 것, 그리고 조선인의 이름을 일본식으로 바꿀 것을 목적으로 창씨개명을 시행했다. 표면적으로는 '본인의 자유의지'였지만, 천황과 국가에 대한 충성을 강요할 목적으로 황민화 정책이 진행되던 당시에 생활상의 불이익을 두려워한 조선인이 일본식 이름을 선택한 것은 당연했다. 조선인들 사이에서는 "사실상 강요였다."라는 목소리도 많다.

해방 후 조선인은 원래 이름을 되찾을 수 있었지만, 재일 코리안 중에는 편의상, 또는 민족 차별을 피하기 위해 일본식 이름을 그대로 사용한 사람도 적지 않았다. 일본 관공서도 재일 코리안의 일본식 이름을 법적 효력이 있는 이름으로 인정했다.

패전 직후 법무성 입국관리국 등록관리실의 법무사무관이었던 도비시키 고헤이飛鋪宏平는 외국인등록사무협의회전국연합이 발행하고 있던 잡지 『가이진도로쿠』外人登錄 19호(1958)에서 다음과 같이 말했다.

원래 일본인으로 분류되었던 조선인과 타이완인 가운데 다수가 패전 이전부터 우리나라에 거주하고 있었고, 또 우리나라의 주권 아래에 있던 당시의 조선과 타이완에서 일본인으로서 우리와 완전히 같은 생활 사회를 이루고 있었다. 따라서 그들 중 다수는 고유의 씨명 외에 일본식 이름을 자주 쓰고 있었고, 또 그렇게 함으로써 인종적 편견에 의한 차별을 피하려고 했다. 이런 심정은 이해할 수 있다. …… 그들 자신이 '통명'을 사용할 필요가 없어지지 않는 한, 아무래도 이 제도를 지속하는 것이 바람직하다. 일본 국적이었을 당시에 일본식 이름으로 등기한 부동산 등을 소유하고 있는 사람도 적지 않을 것이고, 일본식 이름으로 재학이나 취직 중인 사람도 있을 것이며, 일본식 이름으로 사업을 경영하고 그 이름으로 관공서의 허가 등을 받고 있는 사람도 있을 것이고, 그 이름으로 납세 명의가 되어 있는 사람도 있을 것이기 때문에, 통명 제도를 성급하게 폐지한다면 오히려 혼란이 발생할 수도 있다.

도비시키는 인종적 편견과 혼란 회피를 통명 공인의 이유로 든다. 재특회는 기회가 있을 때마다 "일본에 재일 조선인 차별은 없다."라고 주장하지만 재특회 회원이 시위나 집회에서 '총'이나 '총코'와 같은 멸칭을 자주 사용한다는 점만 보더라도 재일 코리안에 대한 차별이나 편견은 분명히 존재한다.

2005년 대형 건설 회사인 세키스이하우스積水ハウス에 다니는 재일 한국인 사원이 업무상 방문한 아파트의 주인에게 "스파이", "북한에 얼마나 송금하고 있냐?"라는 차별적인 발언을 들었다며 위자료 청구 소송을 냈다. 자료에 따르면, 이 남성 사원은 통명을 사용하지 않고 명함에 한자와 한글로 본명을 적고 있었다. 아파트 주인은 한국인 사원의 명함을 보고 저런 발언을 한 것이다. 결국 아파트 주인이 합의금을 지불하고 사죄함으로써 화해했다. 재일 코리안이 본명으로 살아가는 것이 얼마나 곤란한지를 보여 주는 사건인 동시에, 일본 사회에 존재하는 차별과 편견의 시선을 드러낸 사건이기도 했다.

재특회는 웹사이트에서 "외국인이 외국 국적인 채로 본명을 감추고 일본인과 같은 이름으로 생활할 수 있는 제도 자체가 이상하다고 생각하지 않나?"라고 주장한다. 그것은 사실이지만, 재일 코리안이 통명을 쓰지 않을 수 없는 환경에 대해 조금이라도 생각해 본 것일까? 예를 들어 회장인 사쿠라이를 비롯해 재특회 간부들은 본명을 감추고 다른 이름으로 활동하는 사람이 많은데, 그 이유 중 하나는 본명으로 활동하면 여러모로 불쾌한 일이 생기기 때문일 것이다. "외국인이라서 안 된다."라고 주장하기 전에 본명으로 자유로운 보수 활동을 할 수 있는 사회를 만들기 위해 노력하는 편이 낫지 않을까?

사쿠라이 마코토는 이 사건에 관해 다음과 같은 의견을 자신의 블로그에 밝히고 있다.

> 아파트 주인은 '일본 기업'인 '세키스이하우스'에 일을 의뢰했음에도 …… '이것은 도대체 어느 나라 명함인가?' 하고 잠시 생각하게 만드는 한글 명함을 받았으니 수상하게 생각하는 것은 당연합니다. 게다가 한반도와 긴장감이 고조되고 있는 이때에 조선 이름이 크게 적힌 명함을 갑자기 받게 되면 불쾌해지는 것도 당연하다고 생각합니다.
>
> _〈Doronpa의 혼잣말〉 2006년 8월 4일.

이렇게 생각하는 사람이 사쿠라이나 재특회만은 아닐 것이다. 그렇기 때문에 이런 일본 사회에서 살아가려면 통명이라는 선택지가 필요한 것이다.

세키스이하우스는 소송비용을 전액 부담하고 재판 출석 시간을 근무 시간으로 인정하는 등, 이 사원을 전면적으로 지원했다. 이 회사는 1970년대 부락 지구의 지명을 열거한 『전국부락지명총감』全国部落地名総監을 구입했다는 이유로 부락해방동맹에서 규탄당한 과거가 있다. 그에 대한 반성으로 인권문제에 열심히 대응했다고 한다.

그런데 이런 경위가 보수 네티즌들을 더욱 자극했다. 남성 사원에 대해 "명함에 한글을 기재하는 것은 몰상식하다."라고 비판하는 글들이 인터넷에 흘러넘쳤고, "(고소당한) 일본인을 지켜라."라고 주장하는 블로거도 속출했다. 또 남성 사원을 지원한 세키스이하우스에도 "왜 재일 코리안의 편을 드는가?"라는 항의 전화와 메일이 이어졌고, 2채널 등의 게시판에 세키스이하우스를 중상하는 메시지가 엄청나게 올라왔다. 착잡한 이야기다.

지금까지 재특회가 주장하는 '재일특권'에 대해 생각해 보았는데, 하나씩 검증해 보면 '특권'이 아니라 재특회와 그 동조자들이 기존 제도를 멋대로 확대 해석해 독자적인 견해와 근거가 불분명한 데이터를 첨가한, 말하자면 후천적으로 '발견'한 것이라고 보는 편이 정확하다. 옳고 그름을 떠나 '재일특권'이라는 개념을 만들고 인터넷이나 집회 등을 이용해 조직을 키운 재특회의 수법에 감탄하지 않을 수 없다.

나는 재특회가 주장하는 역사가 모두 완전히 틀렸다고 말할 생각은 없다. 패전 이후 오랫동안 재일 코리안은 일본 사회의 일부에서 희생자, 약자, 피해자로 생각되었다. 한반도를 식민지로 만들고 전쟁에 끌어들인 데 대한 속죄 의식은 때때로 일본인들이 그들을 지나치게 경원시하게 하곤 했다. 그 결과 모종의 '재일 코리안 터부'가 생겼음을 부정할 수 없다.

재특회는 바로 그 점을 노렸다. 재일 코리안이 필요 이상으로 "보호받고 있다."라고 선전하고, 일본인이 "모욕당하고 있다."라고 주장했다. 이윽고 그것은 "외국인인 주제에 복지에 무임승차하고 있다", "세금을 빼앗고 있다."라는 '무임승차론'을 형성하게 되었다. 구종주국의 책임으로 일본 정부가 재일 코리안에게 부여한 '보완적 권리'가 언제부터인가 특권으로서 비판의 대상이 된 것이다.

뭐 하나 속 시원히 풀리는 것 없는 요즘, 이런 특권 개념은 소리 높여 타도해야 할 대상으로 매력적이다. 그중에서도 사회에서 보호받지 못한다고 느끼는 사람들에게 재일 코리안에게 주어진 보완적 권리는 '극진한 보호'로 여겨졌을지도 모른다. 재일 코리안이 기득권에게 보호받는 특별한 존재로 보였던 것일까? 그러나 공부를 하면 할수록 그들이 특권이라고 비난하는 권리는 우리 일본인이 당연히 행사하고 있는 것이며, 결코 일본인이 부러워할 내용의 것은 아니었다.

현재 일본에는 약 56만 명의 재일 코리안이 생활하고 있지만 일본인과의 결혼이나 귀화 등으로 그 수는 매년 감소하는 추세다. 민족 학교에 다니는 사람들도 급감해 학교 운영조차 어려운 실정이다. 암약하기는커녕 언젠가 재일 코리안이 일본에서 사라지지 않을까 하고 걱정하는 소리마저 들린다. 어느 조총련 관계자는 이렇게 말한다.

"조총련 전임 직원의 월급이 늦어지는 것이 일상다반사가 된 지역도 있습니다. 조선학교 교사의 대부분이 20대 독신입니다. 가족을 부양할 만큼 월급이 지급되지 않기 때문입니다. 동포 커뮤니티만으로 생활을 꾸리기에는 동포 수가 너무 부족합니다."

귀화 등을 통해 재일 코리안으로서의 '특권'을 포기하는 사람이 늘고 있기 때문이다. 재일 코리안은 불과 50만 명 정도밖에 안 되는 소수자다. 재일 코리안의 입장에서 생각하면, 1억2천만 명이나 되는 일본인의 수야말로 두렵지 않을까? 재특회 회원들은 특권을 용서할 수 없는 것이 아니라, 외국 국적 주민이 일본인과 동등한 생활을 하고 있는 것 자체를 용납할 수 없는 것이다.

진실과 헛소문 사이

저널리스트 노무라 하타루野村旗守가 『재일특권』在日特權이라는 책을 공저로 낸 것은 2006년의 일이다. 일부에서는 그가 과격한 '보수파'로 알려져 있지만, 실제로는 온후한 인품과 치밀한 취재력을 겸비한 우수한 기자로, 내가 주간지 기자였던 시절 함께 공안 사건을 쫓아다닌 적도 있다. 재일 코리안에 대한 그의 시선은 냉엄하다. 국익을 중시하는 노무라와 나는 그 부분에서 입장이 약간 다르다. 그래서 노무라는 "재일특권이라는 말을 세상에 정착시켰다."라는 평가를 받는 책을 공동으로 집필한 것이다. 그런 노무라마저 재특회가 주장하는 재일특권에 대해서는 "생트집에 가깝다."며 분노한다.

"다 큰 어른들이 무리를 지어서 소란을 일으킬 문제가 아닙니다. 꼴도 보기 싫다는 말밖에 안 나오네요."

교토 사건에서 재특회 회원들이 조선학교에 들이닥치는 장면을 동영상으로 봤을 때는 "재특회에 대한 분노로 미치는 줄 알았다."라고까지 말했다.

"먼저 분명히 해두지만, 저는 '패전 후의 일본에서 재일 코리안에 대한 모종의 우대 정책이 있었던 것은 사실'이라는 입장입니다. 예를 들어 재일 코리안에게 인정된 통명에 의해 개설된 가명 계좌가 한때 탈세나 돈세탁에 이용되었던 사실도 고발했죠. 그렇지만 민단이나 조총련 같은 민족 조직이 엄청난 힘을 가졌던 시대라면 몰라도, 지금 재일 코리안에게 특권이 얼마나 남아 있을까요? 거의 소멸된 지 오래예요. 그 잔재가 남아 있다고 해도 문제시할 만한 수준은 아닙니다."

1999년 이후 전국 각지의 재일 코리안 계열 금융기관에서 경영 파탄이 이어졌다. 파산에 몰린 재일 한국인 계열의 상은신용조합商銀信用組合(이하 상은)과 재일 조선인 계열의 조은신용조합朝銀信用組合(이하 조은)은 각각 사업 양도와 통합으로 대폭 축소되었는데, 그 와중에 부상한 것이 부정 융자와 가명 계좌 문제였다. 도쿄 상은의 경우, 가명 계좌의 예금 총액이 잔액의 4분의 1인 6백억 엔에 달했다.

2002년까지 각 현에서 신용조합을 관할했는데, 지자체는 인원 부족 등의 이유로 금융기관의 교묘한 은폐를 감사할 수 없었다. 이런 안일함을 이용해 과세를 피하기 위한 가명 계좌가 다수 개설되었던 것이다. 조은의 경우, '한집안이라는 의식' 때문에 조총련에 무리한 무담보 융자를 해주었을 뿐만 아니라, 가명 계좌로 비자금이 유입되어 조총련이나 북한에 전달되었다는 사실도 지적되었다.

이런 문제는 오랫동안 드러나지 않았다. 노무라에 따르면, 조총련 계열의 사업 단체, 조선상공회朝鮮商工会 등은 집단 압력을 통해 문제가 드러나는 것을 막았다. 오래전 이야기이지만, 1967년 국세청이 탈세 혐의로 동화신용조합同和信用組合(조은의 전신)을 수사하자, 조선상공회는 전국의 세무서에 대규모 항의 활동을 벌여 업무를 마비시켰다. 교토 사건으로 체포된 니시무라 히토시가 내게 보낸 메일에서 "떼를 지어 관공서에 쳐들어가서 위협하고, 주장을 관철시키려 듭니다."라며 조총련을 비판한 것은 이런 과거의 사례를 가리키는 것이다.

노무라는 이 문제를 열심히 취재해 왔다. 그런 경험 때문에 각별한 관심을 가지고 재특회를 지켜봤다고 한다. 그러나 "처음부터 모종의 위화감을 떨칠 수 없었다."라고 털어놓았다.

"그들은 표현이 과격하고 목소리는 크지만, 별것 아닌 것을 문제로 만들고 있다는 생각이 듭니다. 한마디로 침소봉대죠. 제가 보기에는 '재일특권을 용납하지 않는다.'는 재특회의 활동은 재일특권이 거의 사라진 후에 시작된 것처럼 보일 뿐입니다. '없는' 것을 '있다'고 하고, '작은' 것을 '크다'고 하면서 상대방을 비난한다면, 얼토당토않은 시비에 불과합니다."

노무라는 재특회에서 한 차례 강연을 의뢰받은 적이 있지만, 거절했다고 한다.

인터넷에서 '재일특권'을 검색하면, 그 사례가 너무나도 풍부해 놀라게 된다. 사실이라면 엄청난 특종의 연속이다. 대표적인 것을 살펴보자.

재일특권으로 지목되는 사례

- 수도 요금 면제
- NHK 시청료 면제
- 통근 정기권 할인
- 언론의 재일 코리안 채용 인원 할당
- 고정자산세 감세
- 자동차세 감세
- 대중교통 무료승차권 교부
- 공무원 우선 고용

결론부터 말하면 거의 대부분 헛소문 또는 신화에 가깝다.

수도 요금이나 NHK 시청료 같은 경우 생활보호 수급 세대는 감면·면제되는 사례가 있지만, 국적에 의해 시행되는 경우는 전혀 없다.

언론의 채용 할당에 관해서는 나도 재특회 회원들에게 몇 번쯤 진지한 질문을 받은 적이 있다. 출판사에서 일하는 홍보국장 요네다조차 신문의 기명 기사에 "재일 코리안의 이름이 늘어났다."는 이유로 채용 할당설을 진짜로 믿고 있을 정도다. 예전에 비하면, 거대 언론사에 재일 코리안 사원이 늘어난 것은 사실일 것이다. 그러나 실제로는 언론사마다 손가락으로 꼽을 정도밖에 안 된다. 그것도 채용 할당 때문이 아니라, 일반적으로 시험과 면접을 통과했을 뿐이다. 정확하게 확인하지는 않았지만, 단순히 외국 국적 사원의 비율로 따지면 언론은 다른 업종에 비해 적은 편이 아닐까?

공무원에 대한 우선 고용, 이것도 낭설이다. 1953년 법제국이 "공권력의 행사와 공적인 의사 형성과 관련된 공무원은 일본 국적이 필요하다."라는 견해를 발표한 이후, 외국 국적자는 오랫동안 공직에서 배제되었다. 1996년 자치성이 "공권력의 행사와 연관된 직무나 인사에서의 제약을 명시한다면, 채용은 지자체의 재량에 맡긴다."라는 견해를 낸 후에야 영주 외국인의 고용이 가능해졌다. 그래도 여전히 관리직 등용을 제한하는 지자체가 적지 않으며, 국가공무원의 경우는 사실상 아직까지 문호가 닫혀 있다. 재일 코리안의 공무원 고용 자체에 대해서는 찬반을 논할 수 있겠지만, '우선 고용'은 너무 심한 오해다.

무섭게도, 재일특권에 관한 헛소문은 아무런 검증도 없이 인터넷에서 널리 확산되고 있다. 이것을 보고 "진실을 알았다."며 충격을 받아 재일 코리안을 증오하는 사람들이 늘고 있는 것이다.

'조선진주군'朝鮮進駐軍이라는 말이 있다. 재특회를 비롯해 보수파 사람들이 가끔 입에 담는 '역사적 용어'로, 패전과 동시에 재일 조선인이 조선진주군 이라는 부대를 결성해 일본에서 온갖 포악한 짓을 했다는 것이다. 예를 들어 교토 사건에서 "(학교 토지는) 조선인에게 빼앗겼다."라는 재특회의 선동의 근 거가 바로 이 이야기다. 재특회 오사카 지부에서는 "조선진주군을 아십니 까?"라는 제목의 전단지를 작성했다(〈사진 9〉). 그 일부를 인용하겠다.

1945년 이후, 현재 특별 영주권을 가진 재일 코리안 1세(조선인·한국인) 또 는 일본에 귀화하거나 반도로 귀국한 조선인들에 의해 만들어진 범죄 조직을 가 리킵니다. 패전 후 그들은 일본 각지에서 강간, 절도, 폭행, 살인, 약탈, 경찰서나 공공 기관 습격, 토지·건물의 불법점거, 철도나 음식점에서의 불법행위 등 여러 범죄를 일으켰습니다. 자칭 '승전국민'이라고 주장하고, 스스로를 '조선진주군'이 라고 부르며, 각지에서 무리를 지어 날뛰며 흉악 사건을 일으켰습니다. 연합군 총사령부General Headquarters, GHQ의 자료에 따르면 최소한 4천 명의 일본인 시민이 조선진주군에게 살해되었다고 합니다.

3만 명이나 되는 조선진주군은 패전 직후의 혼란을 틈타, 구일본군에게서 훔 친 총이나 칼로 무장하고, 군복을 입고, 전국에서 조직화했습니다. …… 한낮에 일본인 부녀자가 강간을 당하며 도움을 요청해도, 총으로 무장한 그들에게는 경 찰도 어쩔 수가 없었습니다.

이 얼마나 극악무도하고 용서할 수 없는 조직인가! 어떻게든 조선진주군 에 대한 문헌을 하나라도 읽어 보려고 했지만, 그런 문헌은 어디에도 없었다. 일본인이 4천 명이나 살해되었다는 연합군 총사령부 자료는 도대체 무엇인지, 재특회는 출전을 표시하지 않았다.

재특회가 발행한 전단지에는 무장한 조선진주군 사진이 그 증거로 실려 있다. '재일본조선인연맹 중앙총본부'在日朝鮮人聯盟中央總本部라는 간판이 걸린 건물의 입구를 막듯이 제복을 입고 권총을 찬 사람이 몇 명 서있고, "무장한 재일 조선인 집단", "권총을 소지한 재일 조선인 경비대"라는 사진 설명이 달려 있다.

이 사진과 설명을 보면, 진주군이나 무장 조직으로 보일 수 있다. 그러나 사실은 다르다. 재특회가 게재한 사진은 마이니치每日 신문사의 사진 제공 서비스 '마이니치 포토뱅크'에 실려 있다. 거기에는 이런 설명이 붙어 있다.

촬영일 : 1949년 9월

제목 : 재일본조선인연맹 본부를 둘러싼 무장 경관대

그렇다. 허리에 권총을 찬 남자들은 '조선진주군'이라는 무장 조직이 아니라 '재일본조선인연맹'(조총련과 민단으로 분열하기 전의 조선인 단체, 이하 조련) 본부를 수색하는 일본의 무장 경찰관인 것이다.

추측에 지나지 않지만, 적어도 재특회 간부들 중 일부는 이것이 조작이라는 사실을 알고 있을 것이다. 이렇게 파급력이 큰 이야기인데도 회장인 사쿠라이나 홍보국장인 요네다는 '조선진주군'에 대해 한마디도 꺼내지 않는다. 이런 헛소문이 인터넷에 나돌면 자신들의 활동에 도움이 되기 때문에 프로파간다로 묵인·이용하고 있는 것은 아닐까?

재특회를 지지하는 일부 블로거들은 이 사진을 블로그에 올려 헛소문의 확산에 동참하고 있다. 재특회 '협찬 블로거'를 자처하는 어떤 사람은 이 사진에 다음과 같은 설명을 붙였다.

이 사진은 1949년 촬영된 '조련' 본부 입구다. 군화에 경찰봉 등 군장에 가깝다. 치안 경찰이 해체되고 그들은 자경단을 조직했는데, 사진으로 봐서는 마치 점령군 같다.

선입관이라는 이름의 오염된 필터를 통해 보면, 일본 경찰관도 '군장'을 한 '점령군'으로밖에 보이지 않는다.

공평을 기하기 위해 말하자면, 패전 직후 일부 재일 코리안이 불법적인 활동을 했던 것은 사실이다. 그들의 손에 의한 범죄가 없었다고 주장할 생각은 없다. 실제로 패전 직후 일본 각지에서는 야쿠자와 조선인 사이에 치열한 영역 싸움이 있었다. 한반도에도, 일본 사회에도 기반을 가지지 못한 외국인은 일단 지금 있는 자리에서 주먹을 사용해서라도 살아갈 수밖에 없었다. 특히 징용으로 탄광이나 광산에서 일하던 조선인 노동자들에게 해방은 실직을 의미하는 것이었다.

암시장 이권을 둘러싸고 고베에서 조선인과 정면으로 충돌했던 야마구치파 두목 다오카 가즈오田岡一雄는 자서전에서 이렇게 말했다.

패전 소식에 망연자실한 시민들과는 대조적으로, 그때까지 군부에서 가혹한 노동을 강요당하며 억압받던 조선인, 중국인의 일부는 너무 기뻐 날뛰며 약탈과

보복을 시작했던 것이다. …… 그들의 폭거를 보고 들을 때마다 나는 치가 떨렸다.

이 시기, 폭력단으로 변한 일부 조선인, 타이완인과 일본 야쿠자 사이의 싸움은 다반사였다. 도쿄 시부야에서는 타이완인 조직과 야쿠자가 총격전을 벌여 일본인 경찰 한 명, 타이완인 일곱 명이 죽었다. 또 니가타 현 나오에쓰에서는 기차 안에서 벌어진 말다툼 때문에, 암시장에서 쌀을 팔던 조선인 세 명이 일본인 승객 한 명을 삽으로 때려죽인 '나오에쓰 사건'이 발생했다. 이런 사건들은 재특회가 '재일 코리안 사건사'의 중요한 문제로 종종 언급하는 것이다. 거듭 말하지만, 이런 사건이 빈번했던 것은 역사적 사실이다. 패전이라는 패러다임 전환이 여러모로 일본 국내의 혼란을 불러일으켰던 것이다.

'총리 관저 시위 사건'과 '한신 교육 사건'에 대해서도 이야기해 두어야겠다. 재특회가 '조선진주군 최대의 만행'으로 자주 거론하는 사건이다. 조선진주군의 존재는 새빨간 거짓말이지만, 이 두 사건은 실제로 있었던 역사적 사실이다.

패전 직후 재일 조선인에 의해 조직된 재일 조선인 생활권옹호위원회在日朝鮮人生活圈擁護委員会는 1946년 12월 황궁 앞 광장에서 전국 대회를 개최했고, 대회가 끝난 후 참가자들은 생활 물자 배급을 요구하며 시위행진을 했다. 그런데 대열이 총리 관저 앞에 들이닥쳤을 때, 일부가 총리 관저 정문으로 쇄도해 경찰의 저지선을 뚫고 관저 안으로 밀려드는 사태가 벌어졌다. 즉시 미군 헌병대가 출동했고 시위대는 해산되었다. 재일 조선인 생활권옹호위원회의 간부들은 미군 헌병 사령부에 의해 군사재판을 받고 국외로 추방당했다. 이것이 바로 총리 관저 시위 사건이다.

후자도 정치투쟁에 의해 일어난 사건이다. 1948년 당시 문부성은 각 현의 지사들에게 조선학교 폐쇄와 학생들의 일본 학교 편입을 지시했다. 그 배경에는 냉전 질서가 형성되는 가운데 민족 교육이 좌익 세력의 확대로 이어질 것을 두려워한 연합군 총사령부의 반공 정책이 있었다. 조선학교를 산하에 둔 조련은 여기에 크게 반발했고, 재일 조선인 수만 명이 오사카와 고베의 현청을 포위하는 대규모 시위를 벌였다. 이때 2천 명 이상의 조선인이 체포되었고, 이 사건이 계기가 되어 조련은 그 후 단체 등 규정법에 의해 폭력 단체로 지정되어 해산할 수밖에 없었다.●

확인해 보면, 이 두 사건의 실상은 대규모 정치투쟁 과정에서 일어난 소동으로, 일반적 범죄와는 구별되어야 한다는 것을 알 수 있다. 그리고 한신 사건으로 사망한 사람은 조선인 소년 한 명이었고, 총리 관저 시위 사건에서는 아무도 사망하지 않았다. 이처럼 재특회가 전단지로 선전하는 '조선진주군의 흉악 범죄', '진주군의 폭동'이라는 표현은 사실과 다르다.

50만 명 대 1억2천만 명

교토 사건을 일으킨 직후, 재특회는 사건 관계자를 지원하기 위한 대규모 시위를 교토 시내에서 벌이며 현장 근처를 돌아다녔다. 그 안에는 도쿄에

● 조련은 해산당한 후, 각각 한국과 북한을 지지하는 민단과 조총련으로 재편성된다.

서 달려온 하시모토 쇼지橋本将司(가명, 30대)도 있었다. 당시 하시모토는 이렇게 생각했다.

'재일 코리안이 마냥 부러웠다.'

현장 부근을 행진할 때 하시모토도 "조선인은 나가라!"라고 크게 외쳤다. 그러나 그런 그의 눈에 들어온 것은 죽을힘을 다해 학교를 지키려는 조선학교 졸업생들이었다. 동료나 친구와 어깨동무하고 필사적으로 학교를 지키려 하고 있었다. 그 속에는 아이들도, 노인들도 있었다. 지금은 재특회를 떠난 그였기에 솔직한 심정을 밝힐 수 있었다.

"우리한테 없는 것을 그 녀석들(재일 코리안)은 다 갖고 있는 것 같았어요."

지켜야 할 지역, 지켜야 할 가족, 지켜야 할 학교, 오래 사귄 벗, 재특회와 대치하는 재일 코리안들의 모습에서 그런 것을 발견한 것이다.

"생각해 보면 우리는 시민 단체라고 말하고 있지만, 지역 사람들을 위해 나설 수 있을까? 가족과 어깨동무하고 적에게 맞설 수 있을까? 아니, 출신 초등학교를 위해서 달려갈 수 있을까? 모두 '노'였습니다. 우리는 인터넷에서 알게 된 동지 말고는 연대가 없으니까요. 그렇게 생각한 순간, 이 싸움은 졌다는 생각이 들었습니다."

재특회는 절대로 인정하지 않겠지만, 그들이 증오하는 특권의 정체는 의외로 그런 부분이 아닐까? 즉 재일 코리안에게 있는 긴밀한 인간관계와 강렬한 지역 의식, 지금의 일본 사회가 잃어버린 것들 말이다. 개인으로 분열되어 인터넷으로밖에 단결할 수 없는 사람들에게는 그것이야말로 눈부신 '특권'으로 보였던 것이 아닐까?

재특회에 습격당한 교토 조선제1초급학교에 딸을 보내고 있던 김의광은

"특권은커녕 조선인이기를 포기하고 싶은 때가 많다."라고 밝힌다. 어린 시절 "너 조선인이지?"라며 몇 번이나 괄시를 당했다. 그는 그때마다 몸싸움을 했고, 기댈 것은 자신의 주먹뿐이라고 생각했다. 그 덕분에 싸움은 잘하게 되었지만, 이번에는 "이것 봐, 조선인은 바로 폭력을 행사한다."라는 비난을 듣게 되었다.

"재특회뿐만이 아니에요. 우린 예전부터 평범한 아저씨들한테도 '조선으로 꺼져'라는 말을 들었으니까요. 무슨 소리냐며 달려들었지만 마음속으로는 계속 '조선인이 뭐 어때서.'라고 생각했습니다."

그래도 교토 사건 직후에는 냉정할 수가 없었다고 한다. "똥이나 먹어", "스파이 자식"이라는 집단 욕설에서 차별을 넘어선 철저한 악의를 느꼈다. 딸이 "학교에 가고 싶지 않다."며 울음을 터뜨린 일은 앞서 3장에 나왔던 대로다. 딸만이 아니었다. 친하게 지내던 80세를 넘은 노파는 사건에 대해 알고는 울음을 터뜨렸다. "왜 그런 소리를 들어야 하나?"라며 눈물을 뚝뚝 흘렸다.

"어떻게 방법이 없겠어?"

노파의 물음에 김의광은 이렇게 답할 수밖에 없었다.

"아무 방법도 없습니다. 정말 죄송합니다."

연신 머리를 숙였다. 사실은 재특회 회원들을 찾아내서 패려고 생각한 적도 있었다. 그러나 그렇게 해서 바뀌는 것이 있을까? 이제는 서로 증오하고 싶지 않다고 마음속으로 생각했다.

"지금은 똥이 어쩌고저쩌고하는 이야기는 신경 쓰지 않아요. 우리 조선인이 1백 퍼센트 정의로운 건 아니겠죠. 교토 사건도 학교에 운동장이 없었던 게 문제였습니다. 더 일찍 우리가 할 수 있는 일은 없었을까 생각합니다. 그래도 우리는 조선인이라는 사실을 자각하면서 이 나라에서 계속 살고 싶어요. 그게 잘못일까요? 물론 나쁜 조선인도 있어요. 그렇지만 조선인은 한 명이 나쁜 짓을 하면 주위의 1백 명이 다 나쁜 놈이 되죠. 일본인이라면 그렇지 않잖아요. 우리는 일본인과 싸우고 싶지 않아요. 사실은 무서워요. 일대일로 싸워서 이길 수 있다 하더라도, 결국엔 50만 명 대 1억2천만 명의 싸움이 되잖아요. 질 수밖에 없어요. 지금은 재특회 사람들을 만나서 냉정하게 이야기하고 싶은 생각도 듭니다. 조선인으로서 사과하라고 하면 저는 개인적으로 머리를 숙일 수도 있습니다. 또 재특회에 감사하라고 하면 감사할 수도 있어요. 농담이나 비아냥거림이 아니라 진짜로 재특회 덕분에 우리가 어떻게 살아가야 하는지 진지하게 생각해 보게 됐으니까요. 그리고 일본이라는 나라는 나한테도 당신들한테도 고향이지 않느냐고, 같이 사이좋게 지내자고, 잘 이야기해 보고 싶습니다."

현실 사회에 천국도, 지옥도 존재하지 않는 것처럼 인종이나 국가에도 1백 퍼센트의 선이나 악은 없다. 그렇기 때문에 김의광은 "증오는 버려도 좋다."라고까지 말한다. 김의광은 여러 음식점을 가진 경영자로서의 풍모와 주먹으로 살아온 사람 특유의 위압감을 느끼게 하는 남자다. 그런 그가 무언가에 매달리는 듯한 눈으로 나를 보며 "어떻게 방법이 없을까요?"라고 절박하게 호소했다. 당장이라도 울음을 터뜨릴 것 같은 표정이었다.

6
떠나가는
어른들

| 폭주를 계속하는 재특회에
| 실망하는 동조자들

2011년 9월 오사카 우메다의 지하상가에서 나카무라 도모유키^{中村友幸}(가명)를 만났다(본인의 요청대로 가명으로 표기한다). 57세가 된 그는 한때 간사이 팀에서 간부를 지낸 인물이다. 현재 회사원이고, 지금은 운동에서 발을 뺐다.

"저도 아직 잘 정리를 못하겠어요. 재특회에 대해서는 말하고 싶지 않네요."라며 망설이는 그를 억지로 근처 카페에 데려갔다. 자기가 먼저 술술 이야기하는 타입은 아니었지만, 내 물음에 최소한의 말로, 그리고 예의 바른 말투로 대답해 주었다.

나카무라는 학생 시절 신좌익 운동가였다. 간사이 지방의 학생 부대를 이끌고 산리즈카^{三里塚} 투쟁(나리타 공항 반대 투쟁)*에도 참가했다. 그러다 1970년대 전반경에, 가장 뜨거웠던 '정치의 계절'에 그늘이 드리웠고, 학생운동은 '적'을 잃고 있었다. 국가권력으로 향해야 할 에너지가 다른 파벌과의 내부 분열로 소비되었다.

무의미한 싸움을 계속하면서 나카무라는 다른 많은 동지들과 마찬가지로 허무감을 느끼게 되었다. 자신이 무엇을 위해, 누구를 위해 싸우는지 모르게 되었다. 인간 해방을 주장한 마르크스주의의 깃발을 들면서도 파벌끼리 처절한 투쟁을 거듭하는 좌익의 무책임과, 비판이 용납되지 않는 '당'의 절대성으로부터 도망치기로 결심했다. 정치의 세계를 떠나 도서관에 틀어박혀 책을 읽으며 보내는 날들이 늘었다. 그러다 취직하면서 혁명에 대한 환상도 사라졌다. 일 때문에 해외로 나가는 기회가 늘면서 '일본'을 냉정하게 바라보게 되었다. 역사를 공부하는 과정에서 한때 자신이 부수려고 했던 '일본'에 대한 애착이 깊어졌다. 전향은 아니다. 돌아갈 장소로 돌아갔을 뿐이라고 생각했다. 여기까지는 그리 드문 이야기가 아닐지도 모르겠다.

해방구의 환영幻影

그런 나카무라가 재특회와 만난 것은 2009년의 일이다. 인터넷으로 존재를 알게 되어 재미 삼아 집회를 보러 갔다. 오사카 우메다에 있는 육교였다. 같은 장소에서 위안부에 대한 보상을 요구하는 좌익 시민 단체가 서명운

● 1966년 나리타 국제공항 부지로 산리즈카 일대가 정해지자 인근 농민들이 이에 반대한 투쟁이다. 일본 정부는 이를 무시했고, 결과적으로 1978년 나리타 국제공항이 개항되었다.

동을 하고 있었다. 재특회는 그들을 방해하는 '맞불 집회'를 기획한 것이었다. 시민 단체 쪽은 10여 명밖에 되지 않았지만, 재특회는 2백 명이 넘었다. 그것도 대부분이 20~30대 청년들이다.

"일본을 무시하지 마라!"

"우리는 절대로 용서하지 못한다!"

"위안부는 순전히 매춘부다!"

재특회 진영에서 성난 목소리가 들려오고, 정체를 알 수 없는 에너지가 들끓고 있었다.

나카무라는 그곳에서 해방구를 느꼈다고 한다. 혁명 세력이 국가권력의 통제를 배제하고 그 장소를 지배하고 있었다. 지금 경찰과 대치하고 있는 것은 좌익 시민 단체가 아니라 재특회였다. 주장이야 어찌 되었든 가슴이 뜨거워졌다. 그들은 권력과 싸우고 있었다.

"솔직히 감동했어요. 대단한 일을 하고 있다는 생각이 들었거든요. 아무런 통제도 하지 않았는데 각자 하고 싶은 말을 외치고 있는 것 같았어요. 혼자서 경비 기동대에 돌격하려는 사람도 있었습니다. 그것이야말로 원래 운동이 나아가야 할 방향이 아닐까 하는 생각이 들었어요. 게다가 좌익처럼 동원되지도 않았고요. 다들 자발적으로 모인 것만큼은 틀림없는 사실이었죠. 거기에서 운동의 본래 모습을 느꼈다고나 할까요?"

이것을 계기로 나카무라는 재특회 운동에 참가하게 된다. 재일특권에 특별한 관심이 있었던 것은 아니다. 그러나 중국의 패권주의에 항의의 목소리를 내고, 북한 납치 문제에 분노하며, 일본을 지킨다고 주장하는 그들의 거친 힘에서 운동의 대의와 매력을 느꼈다. 지나치게 공격적이고 저열한 선동에 우려를 느끼지 않았다면 거짓말이지만, 그것도 퍼포먼스로는 괜찮다고 생각했다. 예전의 신좌익 운동도 세상의 '양식 있는 사람들'로부터 "사상이 없다", "날뛰고 싶을 뿐"이라고 비난받지 않았던가?

활동가 경험이 있는 나카무라는 재특회와 그 지지자들에게 '의지할 수 있는 존재'로서 인망을 얻게 된다. 젊은 동지들을 상대로 자신의 경험과 운동론에 대해 이야기하면서, 때로는 시위할 때 주의해야 할 점, 이를테면 '기동대와 거리를 두는 방법'도 가르쳤다. 그리고 그 역시 젊은 동지들에게 기대했다. 아직 미숙한 부분이 많지만, 언젠가는 기존 우익이나 보수와 다른 대안적 운동을 만들 수 있지 않을까 하는 꿈을 꾸었던 것이다.

하지만 꿈은 결국 꿈에 지나지 않았다. 나카무라가 운동을 그만두게 된 계기는 교토 사건이었다. 사실 나카무라도 그 사건에 깊이 관여하고 있었다. 체포된 회원들과 함께 조선학교 앞에서 소리를 쳤다. 체포되지는 않았지만 참가자 중 한 사람으로서 송치되었다.

그런데 이 사건을 계기로 나카무라와 재특회 사이에 메울 수 없는 틈이 생겼다. 나카무라는 이 사건을 '권력의 탄압'으로 규정하고, 이를 기회로 논리적 주장을 전개해, 보수적인 여론을 중심으로 문제의식을 공유할 수 있는 운동의 전개를 생각했다. 즉 사건의 정당성을 호소하기 위해 과격한 언동을 자제하는 한이 있더라도, 대중투쟁에 나서야 한다고 주장했던 것이다.

그러나 재특회를 중심으로 한 간사이 팀 구성원들은 조선학교에 대한 감정적 반발을 강화할 뿐, 운동의 사회적 폭을 넓히려고 하지 않았다. 언제까지고 인터넷이나 집회에서 "조센진!" 같은 더러운 말로 욕하는 운동밖에 하지 못했다. 게다가 체포된 사람까지 생겼는데, 변호사조차 제대로 선임하지 못하는 상태였다.

"그들의 치졸함을 탓할 생각은 없습니다만……."

나카무라는 잔뜩 찌푸린 표정을 지었다. 싸늘하게 식은 커피를 입에 가져가 쭉 들이키고는 한숨과 함께 말을 이었다.

"그들은 운동을 단계적으로 성장시키려는 의지가 없어 보였어요. 그게 제 최대 오산이었죠. 저는 형사적 탄압을 계기로 운동의 질적 전환을 꾀할 수 있으리라 생각했습니다. '조선인은 적이다. 쫓아내라.'라는 주장은 동지들 사이에서나 통하는 거지, 언제까지고 그런 이야기만 하면 별 소용이 없잖아요. 결국 그들은 사회에 통하는 말을 하지 못한 겁니다. 그러고 보면 인터넷 정보로 촉발된 사람들뿐이어서 제대로 된 사회 경험이 없는 이들이 많았어요. 그래서 운동론이나 조직론은 전혀 생각하지 않았죠. 적어도 어른다운 운동은 아니었어요."

길거리에서 일장기를 들고, 재일 코리안을 도발하며, 큰 소리로 떠드는 것이 운동이라고 착각하고 있었다. 보수를 자처하면서도 무엇을 '보수'하고 싶은지, 어떤 나라를 지향하는지, 논리적으로 명확하게 설명할 수 있는 사람은 없었다.

게다가 교토와 도쿠시마 사건으로 체포된 사람이 생기자, '적에 대한 증오'를 더욱 키워 갈 뿐이었다. 그것에 대해 나카무라가 조금이라도 비판적인 이야기를 하면 증오의 칼날이 나카무라에게 겨눠졌다. 비판을 허용하지 않는 조직의 경직성을 보고 그는 '예전에 걸었던 길'을 떠올리지 않을 수 없었다. 신좌익 운동의 붕괴 과정과 똑같지 않은가? 그렇게 생각하자 나카무라의 눈에 비친 재특회의 운동이 서서히 빛바래 갔다고 한다.

"타자의 존재를 인정하지 않을 뿐만 아니라, 동지의 충고마저 들으려 하지 않았어요. 인터넷에서 발견해 적당히 끼워 맞춘 논리를 지극히 폐쇄적인 동지들끼리 공유하고 있을 뿐이죠. 이러다가는 폭주만 할 뿐이라고 생각하게 됐어요."

수평사 박물관 사건

결국 나카무라의 예감은 적중했다. 결정적인 사건이 일어난 것은 2011년 1월 22일이었다. 교토 사건과 도쿠시마 사건으로 체포된 적이 있으며 나카무라와 동지로 오랫동안 지냈던 재특회 부회장 가와히가시 다이료가 이날 수평사 박물관 앞에서 집회를 한 것이다.

박물관이 있는 나라 현 고세 시의 가시와라 지구에는 "세상에 열정을, 사람에게 빛을"이라는 표어로 유명한 전국 수평사 선언문을 기초한 사이코 만키치西光万吉, 1895~1970의 생가가 있다. 1922년 사이코는 이 땅에서 동지인 사카모토 세이치로阪本淸一郞, 1892~1987, 고마이 기사쿠駒井喜作, 1897~1945와 함께 수평사• 창립 사무실을 열었다. 이곳은 한마디로 부락 해방운동의 성지인 것이다. 봉건적인 신분제에 의해 차별과 빈곤으로 고생한 부락민이 여기서 인간 평등을 요구하며 일어섰다.

박물관에는 전국 수평사의 활동 기록이 전시되어 있고, 사건 당일에는

• 일본의 천민 계층인 부락민의 인권 신장을 위해 1922년 설립된 조직. 부락해방동맹의 전신이다.

"코리아와 일본"이라는 제목으로 특별 전시도 하고 있었다. 조선에 대한 일본의 식민지 정책에 초점을 맞춘 것이기 때문에, 그 내용은 당연히 재특회의 역사 인식과 전혀 다른 것이었다.

그 며칠 전 가와히가시는 전기공사 작업 때문에 우연히 방문한 긴키 대학近畿大学에서 수평사 박물관의 전시 팸플릿을 봤다. '애국자' 가와히가시가 절호의 공격 재료를 발견한 것이다. 재특회는 재일 코리안뿐만 아니라 부락해방운동 관계자들에 대해서도 "약자를 가장한 이권쟁이"라고 비판한다. '차별하는 편'에 선 재특회에게 차별 철폐를 위해 활동하는 부락해방동맹은 더더욱 용서할 수 없는 적이었다.

촬영할 카메라맨을 대동하고 나타난 가와히가시의 선동은 박물관 직원이나 지역 주민도 난생처음 들었다고 할 정도로 격렬하고 듣기 거북한 욕설이었다. 차별받는 부락민에 대한 멸칭인 '에타'穢多를 그보다 더 모욕적인 '엣타', '도엣타' 같은 표현으로 바꾸어 확성기에 대고 연신 외친 것이다.

"나와라, 엣타 놈들! 여기가 도엣타의 성지라고? 엣타 박물관!"

"이것이 엣타 녀석들의 정체입니다. 더럽고 천한 놈들아, 불만 있으면 나와!"

이때 박물관 직원 나카바야시 히로쓰구中林弘次가 사무실 안에서 주먹을 꽉 쥐고 가와히가시의 선동을 듣고 있었다. 당장이라도 밖으로 뛰쳐나가 마이크를 빼앗고 싶었지만, 사전에 경찰에게 "도발에 말려들지 마세요. 상대의 반응을 끌어내는 게 목적이니까요."라는 이야기를 들었기 때문에 참고 또 참았다.

사실 가와히가시는 그 2주 전인 1월 5일에도 박물관을 방문했다. 일장기를 들고 박물관 안을 걷는 가와히가시에게 "시위 행위에 해당되니 일장기는

넣으세요."라고 말했고, 가와히가시는 "강제력이 있는 이야기냐?"라고 대꾸하는 사건이 있었다. 나카바야시는 녹음기를 들이대며 "이 대화는 녹음하겠다."라고 말했던 가와히가시를 잘 기억하고 있었다. 약 1시간에 걸친 집회를 끝낸 가와히가시는 박물관 안으로 들어왔다. 나카바야시는 자신도 모르게 소리를 질렀다.

"아까 도엣타라고 그랬지?"

가와히가시는 태연한 표정으로 대답했다.

"당신들 전시물에도 엣타라고 쓰여 있잖아."

이 짧은 대화를 끝으로 가와히가시는 사라졌지만, 나카바야시는 아직도 이 사건을 떠올릴 때마다 분노에 몸을 떨었다.

"그렇게까지 분명하게 '도엣타'라고 외친 경우는 없었어요. 그야말로 확신범입니다. 게다가 분노 때문이라고 보기에는 너무나 건조했어요. 기계적으로 외칠 뿐이었죠. 그게 더 불쾌했어요."

박물관을 운영하는 부락해방동맹의 기관지 『가이호 신문』解放新聞은 이 사건에 대해 "수평사 박물관 앞에서 차별 발언 연호, 재특회가 기획 전시를 방해"라는 기사를 3월 7일 지면에 게재했다. 그러자 재특회는 바로 "집회는 가와히가시가 개인적으로 한 것으로 (집회 자체는) 재특회와 무관하다."라는 성명을 발표했지만, 그와 동시에 "박물관 전시는 우리 조상에 대한 인권침해"라는 견해도 발표했다.

5개월 후인 8월 22일, 박물관은 가와히가시에게 1천만 엔의 위자료를 청구하는 소송을 나라 지방재판소에 냈고, 현재(2012년 4월)도 심의 중이다.

사건이 있고 나서 한 달 뒤에 나는 가와히가시의 집을 다시 찾았다. 인터폰으로 방문 이유를 밝히자, 그는 "또 너냐?"라고 말하고 싶은 불편한 표정으로 현관에 나타났다.

"왜 그런 집회를 했죠?"

"역사 날조에 항의하기 위해서입니다. 박물관 전시는 위안부를 성 노예라고 표현하는 등 직업 차별도 심각합니다. 올바른 역사 인식을 밝히지 않으면 재일 조선인에 대한 차별도 사라질 수 없습니다."

"엣타, 도엣타라는 말에서는 상당히 악의가 느껴지는데요."

"뭐가 문제죠? '사농공상에타히닌'土農工商穢多非人●이라는 말도 있잖아요. 그럼 무사나 상인도 차별 용어입니까?"

"당신은 집회에서 '에타'라는 말을 천하다는 의미로 썼잖아요. '정치적 올바름'을 신봉해서는 안 되지만, 악의 있는 말에 상처 받는 사람들도 있어요."

"저도 차별을 없애고 싶습니다. 그 말을 사용한 의도에 대해 지금은 제대로 답하지 못하겠네요. 조선에 대해서는 여러 가지로 공부했지만, 에타나 히닌은 제 전문이 아니라서요."

교토 사건과 도쿠시마 사건 때문에 만났을 때와 마찬가지로 이번에도 험악한 대응은 아니었다. 그러나 이전에도 "활자는 싫다. 인터넷에서 주로 지식을 얻는다."라고 대답했던 가와히가시는 인터넷과 현실의 경계가 거의 없는 언어 감각을 가지고 있는 듯했다. 여기서 그가 강조하는 '올바른 역사 인

● 에도시대의 신분 질서를 나타내는 말이다. 우리나라에서는 사농공상이라고 하는 반면, 일본에서는 현재의 부락민에 해당하는 천민 계급 '에타'와 '히닌'이 추가된다. 또 사농공상의 '사'士가 선비가 아니라 무사를 뜻한다는 것도 우리와 다른 점이다.

식'이라는 말이 그야말로 무분별한 것임이 드러난다. 검증이나 증거 없이 의심스러운 인터넷 논단만을 출처로 한 이 말을 마치 비장의 무기라도 되는 양 쓰고 있기 때문이다. 이것은 자신이 차별 의식을 가진 사람이 아니라는 것을 주장하기 위해 재특회가 자주 사용하는 논리 중 하나다. 가와히가시는 재특회 공식 사이트에 이런 글을 올렸다.

> 총코나 도엣타가 특권계급의 자리에 앉아 우리 선량한 시민들을 괴롭힌 지 반세기 이상이 지났다. 우리는 그렇게 억압받은 울분과 슬픔, 고통을 '분노'로 바꾸어 싸워 왔다.
>
> _2011년 12월 18일.

'재일 조선인과 부락 출신 = 차별을 무기로 특권을 향유하는 계급', '시민 = 특권계급에게 착취당하는 사람들', 이것이 가와히가시와 그 동지들의 '올바른 역사 인식'인 것이다. 물론 그 역사 인식을 논하는 것과 차별받는 부락민들을 모욕하는 행위가 같은 차원에서 연결되어서는 안 된다. 그런 가와히가시를 옹호하면서도 사건이 자기 조직과는 무관하다고 주장하는 재특회에 대해서도 나는 뭐라 말할 수 없는 위화감을 느낀다. 평소에 재특회는 북한 납치 사건과 전혀 무관한 재일 코리안을 범죄자라고 비난했다. 개인과 조직의 관계를 자기 편한 대로 구분하는 것이다.

어쨌든 이 사건은 교토 사건이나 도쿠시마 사건과 마찬가지로 일부 재특회 관계자들에게 참을 수 없는 불쾌감을 안겼고, 그 전형이 바로 나카무라 도모유키였다. 그는 "뭐라 말할 수 없는 쓸쓸함을 느꼈다."라고 말했다.

정치 소년이었던 나카무라는 고등학생 때 사야마 사건●과 관련된 투쟁에 참가했다. 부락 차별을 용서할 수 없다는 소박한 정의감 때문이었다. 그 후 사상적 지향점은 보수로 바뀌었지만, 일본에 부락 차별이 여전히 남아 있다는 인식은 지금도 변함이 없다.

"재특회에 참가하면서 저도 재일 조선인에게 폭언이라고 할 만한 말을 했습니다. 그 때문에 상처 받은 사람도 있겠죠. 그건 서로를 자각하고, 마주하고, 발전적인 논의를 하기 위해서였어요. 그러나 가와히가시에게는 그런 각오가 없는 것처럼 보여요. 지금의 부락해방동맹이 사상적으로 계급 사관이나 좌익적 가치관에 사로잡혀 있는 것이 사실이라 하더라도, 거기에 항의하는 것과 '엣타'를 외치는 것의 차이를 모르는 것 같습니다."

나카무라에게 폭언을 들은 사람이나 재특회의 옛 동지들은 나카무라의 이런 말을 지나친 자기 합리화라고 비판할지도 모르겠다. 나 역시 그런 생각이 든다. 하지만 자신이 한 말을 되돌아볼 줄 아는 그는 적어도 이 일을 계기로 운동에서 완전히 발을 뺐다. 재특회의 지나친 폭주가 운동에 이견을 불어넣으려 했던 '어른'을 놓쳤다고 할 수 있다.

● [원주] 1963년 사이타마 현 사야마 시에서 발생한 여고생 유괴 살인 사건. 부락 출신 남성이 체포되어 무기징역이 확정되었지만, 남성은 옥중에서 억울함을 호소해 1994년에 가석방되었으며, 현재도 재심 청구가 진행 중이다.

스승의 변심

나카무라와 마찬가지로 그때까지의 재특회 활동을 어느 정도 이해했지만, 수평사 박물관 사건에 대해서는 불쾌감을 표명한 어른이 한 명 더 있다. 재특회의 '산파'이자 사쿠라이 마코토에게 '행동 방식'을 전수한 니시무라 슈헤이다(4장 참조).

니시무라가 이끄는 '주권 회복을 도모하는 모임'은 2011년 3월 26일에 다음과 같은 성명을 발표했다.

> 주권 회복을 도모하는 모임은 가와히가시 다이료 씨(재특회)가 수평사 박물관의 역사 날조를 규탄하는 집회에서 '에타'라는 표현을 아무런 맥락도 없이 말한 행위에 대해 사회적으로 용납될 수 없다고 생각합니다. 부락해방동맹의 역사날조를 규탄하면서 '에타'라는 용어를 사용해야 할 이유는 전혀 없습니다. 따라서 주권 회복을 도모하는 모임은 이런 '에타' 발언을 용인 또는 옹호하는 진영이나 사람들과는 사상적·정치적으로 선을 그을 수밖에 없음을 밝힙니다.
> ―'주권 회복을 도모하는 모임' 웹사이트, 2011년 3월 26일.

이것은 재특회에 대한 사실상의 절교 선언이다.

수평사 사건 직후 나는 니시무라에게 의외의 말을 들었다.

"운동을 관두고 싶어졌어요. 적어도 재특회 같은 놈들과 같이하고 싶지는 않아요. 그들은 운동을 성공시킬 능력도, 역량도 없으니까요."

어딘가 남의 일 같은 말투였다. 그리고 이렇게 말했다.

"사실 교토 사건이나 도쿠시마 사건도 잘 이해가 안 가요. 이건 좀 아니다 싶은 생각밖에 들지 않더군요."

니시무라는 교토 사건을 지원하는 시위를 기획했고, 실제로 "재일 조선인을 내쫓아라."라고 외치며 교토 시내를 걸었다. 그 때문에 재특회 회원과 함께 조선학교의 민사소송 대상이 되었던 것이다.

"저도 체포된 사람들을 후원했죠. 위화감을 표명함으로써 운동을 정체시키기보다는 억지로라도 공격에 나서서 운동의 등불을 지키고 싶었으니까요. 그런데……."

니시무라는 팔짱을 낀 채 신음 소리를 내며 눈을 감았다.

"재특회 인간들이 지식도, 교양도 없다는 건 처음부터 알고 있었어요. 그 녀석들은 영화나 문학 이야기도 못하죠? 뭐, 그런 건 아무 상관도 없지만. 어쨌든 각오가 없어요, 녀석들은."

니시무라도 나카무라와 똑같은 이야기를 했다.

"운동을 어떻게 발전시킬 것인가라는 비전이 없어요. 와 하고 떠들고 술 마시고 끝. 그리고 사쿠라이 군은 한 번도 (교토·도쿠시마 사건의) 재판에 나타나지 않았다면서요? 마지막까지 싸우겠다는 의지가 전혀 안 느껴져요."

니시무라의 이 말에 고개를 갸웃거릴 사람도 많을 것이다. 듣기 거북한 욕설을 처음 운동 현장에 끌어들인 사람은 니시무라였다. 어떤 의미에서 재특회는 그를 따라 했을 뿐이다. 그러나 주위가 인정하든 인정하지 않든, 니시무라에게는 그 나름의 규칙이 있었다. 신분이나 가문을 모욕하는 발언은 하지 말 것, 말은 어디까지나 운동의 수단에 지나지 않는다는 사실을 자각할 것 등이다. 그런데 "재특회에게는 욕설 그 자체가 목적이 되고 있다."라는 것이다.

니시무라는 재특회의 '각오 부족'에 질렸다고 한다.

"하고 싶을 때, 하고 싶은 장소에서 기분 좋게 발산하고 싶어 하는 걸로만 보입니다. 그런 사람들과 저는 공통적인 토대가 없다는 것도 알았어요."

수평사 사건으로 둘은 결별하고 공동전선도 사라졌다. 그뿐만이 아니다. "이끌어 줘야 할 어른이 사라져 폭주를 계속하는 재특회"(니시무라의 말)에 대해 니시무라는 가끔 '비판 성명'이라는 형태로 예전의 '제자'에게 쓴소리를 하고 있다.

2011년 가을 재특회가 조선대학교(도쿄 도 고다이라 시)의 축제에 들이닥쳤을 때, 니시무라는 다음과 같은 성명을 인터넷에 발표했다.

재특회(사쿠라이 마코토 회장)가 조총련 산하의 조선대학교 앞에서 집회를 열어 학교를 향해 "조선인을 죽이러 왔다", "죽이러 왔으니까 나와라." 등의 말을 했다. 게다가 "농담이 아니다", "다음은 우리가 너희 피를 흘리게 할 차례다." 등……. 당일은 학교 축제였기 때문에 재특회는 일부러 이날을 선택했을 것이다. 그러나 조선대학교 축제라고 하더라도, 지역사회와 불특정 다수가 방문하는 날이자 장소다. 그곳에서 "우리는 조선인을 죽이러 왔다", "너희가 피를 흘릴 차례다."라고 확성기로 포효한다면, 어떤 결과를 부를지는 명약관화하지 않은가? 그리고 일본 전통 의상을 입고 지나가는 부인에게 "조선인은 기모노를 입지 마! 벗어!", "치마저고리나 입어!" 등 지성의 편린도 보이지 않는 욕설을 해댔으니, 끔찍하다는 말밖에 나오지 않는다. 게다가 일장기를 들거나 어깨에 두르고……. 급기야 이 추악하기 짝이 없는 모습을 동영상으로 올리고 만족하며 기뻐하고 있다.

일장기에 대한 모독이자 미친 짓이라는 생각밖에 들지 않는다. 당일 그 장소에 있던 재특회 간부와 행동하는 보수를 자처하는 사람들 모두, 사쿠라이 마코토 회장의 폭언과 무책임에 주의를 주거나 제지하지 않고 오히려 갈채를 보냈다. 한심할 뿐이며, 모두 같은 무리라고 하지 않을 수 없다. 양아치의 공갈, 협박, 생트집과 전혀 다를 바 없고 단순히 약자를 괴롭힐 뿐인 집회가 아닌가? 이 집회의 어디가 재특회가 목적으로 하는 "재일 코리안 문제의 현상을 조사·연구하고 그 개선을 위해 노력하는"(회칙 5조 2항) 일과 관련이 있단 말인가? 집회 행위는 불특정 다수에 대한 발신이고, 사회적 책임이 필요한 언론이다. 사쿠라이 회장과 재특회 간부에게 사회인으로서의 자각이 조금이나마 있다면, 이번 사건에 대해 마땅히 해명할 의무가 있다. 그 의무를 자각하지 못한다면, 사회운동을 입에 담을 자격은 없다. 울분을 푸는 것만을 목적으로 하는 단순한 패거리에 불과하단 말인가? 다른 사람들에게 해명도 못하는 폭언과 무책임은 애국 운동에 백해무익하다.

_'주권 회복을 도모하는 모임' 웹사이트, 2011년 11월 29일.

니시무라는 재일 코리안과 중국인의 정치 활동에 대해서는 무시무시하게 포효하지만, 그들의 일반적인 문화 활동은 못 본 척한다. 이 성명의 배경에는 멋대로 폭주를 계속하는 재특회에 대한 복잡한 감정도 있겠지만, 아무래도 평범한 재일 코리안에게 "죽여 버리겠다."라고 발언한 것을 용납하지 못하겠다는 마음도 있을 것이다. 니시무라는 어쨌든 "사상이 없는 사람의 폭언"을 싫어하는 것이다.

이에 대해 재특회나 사쿠라이의 특별한 해명은 없었고, 성명이 발표된 며칠 후 니코니코 동영상의 회원 대상 생방송에서 사쿠라이가 니시무라를

"말이 안 통하는 아저씨"라고 야유했을 뿐이었다.

토마스 만에게 매료되어

채널 사쿠라의 미즈시마 사토시 사장도 한때 재특회의 후견인이라 할 만한 입장이었지만, 지금은 사쿠라이나 재특회와 거리를 둔 어른 중 한 명이다.

니시무라가 사쿠라이의 산파라면, 미즈시마는 친어머니라고 해도 과언이 아니다. 원래 인터넷 논객에 지나지 않았던 사쿠라이를 텔레비전 카메라 앞에 세워 '카리스마'로 키운 공로자가 미즈시마였다는 사실은 앞에서 이야기했다. 그 미즈시마도 지금은 사쿠라이의 폭주에 기겁하며, 사쿠라이의 이름을 듣는 것만으로도 표정이 어두워졌다.

"재특회는 명쾌한 적을 발견해서 소란을 피우고 있는 것처럼 보여요. 그렇게 주목을 끌려는 것은 민주당과 다를 바 없죠. 무엇보다 시민 모임을 자처하는 것 자체가 근대주의적 발상이어서 보수 운동과는 거리가 멉니다."

재특회가 생긴 직후 미즈시마는 사쿠라이에게 슬쩍 충고를 했다.

"자네들의 운동은 예전에 부락해방동맹이 했던 규탄 투쟁과 비슷한 스타일이 아닐까? 일시적으로는 쾌감을 느낄지 몰라도 언젠가는 막다른 골목에 다다를 거야."

그러나 사쿠라이는 아무 말도 하지 않았다고 한다.

여기서 간단히 미즈시마에 대한 소개와 미즈시마가 넷우익을 위해 수행한 역할에 대해 이야기해야겠다. 미즈시마 본인은 이런 표현을 절대로 인정하지 않겠지만, 넷우익의 활성화를 촉진한 것은 그의 수완이었다. 채널 사쿠라가 사업으로서는 성공했다고 말하기 어렵지만, 보수층의 기반을 확대했다는 점에서는 평가할 만하다고 생각한다.

채널 사쿠라가 다른 방송국과 결정적으로 달랐던 것은 정치적 노선을 명확하게 했을 뿐만 아니라, 개국 당시부터 인터넷과 연계를 모색했다는 점이다. 채널 사쿠라는 방송국 사이트에 게시판을 만들어 시청자가 아닌 사람도 글을 쓸 수 있게 했다. 그곳에서 여러 논의가 벌어지고, 미즈시마의 눈에 들어온 논객은 차례차례 프로그램의 게스트로 등장했다. 게다가 그런 논객들을 중심으로 한 일종의 동호회를 만들어 채널 사쿠라나 보수 단체가 주최하는 시위, 집회, 강연회 등으로 유도하는 데 성공했다. 말하자면 인터넷을 전장으로 하던 보수층을 바깥에서 행동하는 활동가로 만든 것이다.

기존 언론을 좌익이라고 매도하는 보수층에게 채널 사쿠라는 '희망의 방송국'이었다. 재특회를 비롯해 '길거리로 나선 넷우익'을 이야기할 때 채널 사쿠라의 존재를 빼놓을 수는 없을 것이다. 그렇기 때문에 채널 사쿠라의 창업자이자, 그와 동시에 사쿠라이와는 다른 타입의 선동가인 미즈시마에게 나는 강한 관심을 가지고 있었다.

시즈오카 현 가케가와 시 출신인 미즈시마는 지역 명문인 시즈오카 고등학교를 졸업하고, 1968년 와세다 대학早稲田大学에 입학했다. 두말할 것 없이 전국 대학에서 학생운동이 불타오르던 시대였다. 와세다 대학에서는 1966년 학비 인상과 학생회관 관리 문제를 발단으로 '제1차 와세다 투쟁'이 전개되었고, 전공투 운동의 기반이 충분히 만들어졌다. 미즈시마가 입학한 이듬해에는 '제2차 와세다 투쟁'이 발발해, 학생회관 탈환을 목표로 하는 학생들에 의해 학교 곳곳에 바리케이드가 설치되어 격렬한 투쟁이 벌어졌다. 가장 뜨거운 '정치의 계절'이었다.

고등학교 때부터 "전형적인 '아사히이와나미朝日岩波 소년*이었다."는 미즈시마도 소란스러운 캠퍼스에서 전공투 동조자 중 한 명이었다.

"활동가는 아니었지만, 시대적 변혁을 지향하는 전공투의 싸움을 이해하려고 노력했습니다."

마르크스를 읽고, 루카치를 읽었다. 『아사히 저널』朝日ジャーナル을 주머니에 넣어 다녔고, 전공투에 성원을 보냈다. 그런 미즈시마가 '마르크스의 환상'에서 깨어난 것은 졸업할 무렵이었다. 독일 문학을 전공하던 미즈시마는 졸업논문 주제로 작가 토마스 만Thomas Mann을 선택했다. 이것이 마르크스주의 사관을 떠나게 된 계기였다고 한다.

"토마스 만을 철저하게 읽던 중 마르크스주의에 대한 관심이나 흥미가 요란스럽게 붕괴되는 것을 느꼈습니다. 만은 나치에 반대한 문화인이었기 때문에, 굳이 말하자면 좌익적인 문맥에서 논의되었습니다만, 실제로는 유럽의 전통적 인간관과 세계관을 지키려고 했던 인물입니다. 그것이야말로 만의 미학입니다. 저는 거기에 감동했어요."

미즈시마는 만의 대표작인 『마의 산』Der Zauberberg의 마지막 장면을 그 예로 들었다. 결핵 요양소에서 요양하고 있던 주인공 청년은 제1차 세계대전

• 『아사히 신문』과 이와나미 출판사岩波書店는 제2차 세계대전 이후부터 최근에 이르기까지 진보적 지식인들의 언론을 주도해 왔다. '아사히이와나미 소년'은 그런 진보적 논조에 영향을 받은 학창 시절을 자조적으로 부르는 말이다.

이 발발하자 전쟁터로 달려간다. 독일군의 대열에 참가한 청년은 조국과 조국의 문화를 지키기 위해 싸운다. 슈베르트의 〈린덴바움〉을 부르며 적진으로 돌격한 것이었다.

"주인공은 역사와 전통이라는 축을 통해서 독일의 재생을 생각하고 있었어요. 그래서 그는 일부러 지는 싸움을 했어요. 거기에 비하면 마르크스주의는 얼마나 얄팍한가요? 마르크스에게는 '현재'라는 시간 축밖에 없죠. 즉 역사를 돌아보는 작업이 없잖아요. 과거에서 미래로 이어지는 축이 될 시간이 결여되어 있는 겁니다."

『마의 산』은 다음과 같은 문장으로 끝난다.

"이 세계를 덮는 죽음의 향연 속에서, 비 내리는 밤하늘을 태우고 있는 저 끔찍한 열병과 같은 불길 속에서, 그런 것들 속에서도 언젠가는 사랑이 탄생할 것인가?"•

미즈시마는 그 문장에서 일본의 모습을 보았다. 전후 민주주의라는 '열병'을 인식하고, 되찾아야 할 '일본'을 생각했다고 한다.

마르크스주의와의 결별에 성공한 미즈시마는 만을 빌려 근대 서구주의 비판을 졸업논문으로 썼다. 지도 교수에게 높은 평가를 받아, 한때는 그대로 대학원에 진학할 생각도 했다. 그러나 졸업 직전 아버지가 경영하던 기업이 도산하는 바람에 한시라도 빨리 사회에 나가야 했던 미즈시마는 평소 좋아하던 영상의 세계로 뛰어들었다.

미즈시마는 프리랜서 텔레비전 디렉터로 드라마 제작 분야에서 활약했

• 토마스 만, 『마의 산』, 곽복록 옮김, 동서문화사(2007), 917쪽.

다. 주로 두 시간짜리 단막극의 연출과 각본을 담당했고, 1980년대에는 영화 제작에도 나섰다. 중일 국교 정상화 15주년을 기념해 만든 〈판다 이야기〉パンダ物語(1988)의 각본을 담당했고, 도호東宝●의 창립 60주년 기념 작품 〈기적의 산 : 잘 있어, 명견 헤이지〉奇跡の山 さよなら, 名犬平治(1992)와 〈남쪽 섬에 눈이 온다〉南の島に雪が降る(1995)에서는 감독을 맡았다. 1995년부터는 필리핀에서 일본인 교포를 위한 일본어 방송 사업도 시작했다.

업계에서 나름대로 지명도가 있었고 일감도 끊이지 않고 잘나갔지만, 미즈시마는 우울한 기분이 들었다.

"결국 방송 업계는 근대적 가치관에서 벗어날 수 없어요."

선문답 같은 대답을 의역하자면, 미즈시마가 학생 시절부터 생각하고 있던 '역사와 전통으로의 회귀'가 이제는 방송 업계에서 사라져 버린 데 대한 분노를 표명하고 있는 것이다. 그런 그의 생각은 채널 사쿠라 사이트에서 미즈시마가 담당하는 칼럼을 보면 어느 정도 이해할 수 있다. 어느 날 미즈시마는 한국 드라마 방영에 힘을 쏟고 있는 후지 텔레비전(이하 후지 TV)을 비판하며 이런 칼럼을 썼다.

권력은 부패한다고 하지만, 제4의 권력인 방송 언론도 예외는 아니다. 그중에서도 후지 TV는 전후 일본의 방송국이 걸어온 역사의 전형적인 예다. …… 뉴스 보도조차 오락으로서 뉴스쇼가 되고 말았다. 와이드쇼와 뉴스 보도의 차이가 없어진 것이다.

● 일본의 거대 영화제작 회사.

뉴스 캐스터들도 일종의 시사 엔터테이너가 되었다. 방송은 완전히 쇼 비즈니스의 무대가 된 것이다. …… "어머니와 아이의 후지 TV"에서 "즐겁지 않으면 텔레비전이 아니다."로 프로그램 제작의 발상을 전환해 일본 최고의 방송국이 된 후지 TV의 모습은 전후 일본이 세계에서 둘째가라면 서러워할 물질주의와 경제 지상주의의 나라로 변모·전환해 가는 모습을 그대로 재현한 것이다. 후지 TV의 부패와 타락은 전후 일본 국민의 정신적 부패와 타락을 그대로 드러내고 있으며, 우리는 모두 공범이라는 뼈아픈 자각이 필요하다.

_채널 사쿠라 '초분굴기'草奔崛起 미즈시마 사토시 페이지, 2011년 9월 17일.

어디까지나 후지 TV를 비판한다는 형태를 띠고 있지만, 미즈시마의 분노와 절망은 방송 업계 전체를 향하고 있다. 바꾸어 말하면, 방송 업계야말로 미즈시마에게 '마의 산'이었던 것이다. 미즈시마는 소설 주인공과 마찬가지로 '지는 싸움'을 하기 위해 하산해 채널 사쿠라를 설립했다. 보수의 깃발을 들고 전장으로 나선 것이다.

신우익의 조용한 분노

재특회를 포기한 어른들, 즉 나카무라, 니시무라, 미즈시마, 이 세 사람은 비슷한 시기에 학생운동을 경험했는데 모두 뜻하지 않게 같은 말을 하는 것이 흥미로웠다.

"재특회에는 사상이 없다."

그래서 셋은 재특회가 보수도, 우익도 아니라는 공통적인 견해를 피력했다. 그러나 오히려 그 점이야말로 재특회가 운동을 확산하는 원동력이 되지 않았나 싶다. 그것은 이 세 사람이 경험한 1960~70년대의 학생운동과 비교하면 알기 쉽다.

당시 학생운동을 견인한 신좌익은 그때까지 유일한 전위 정당으로서 좌파의 정점에 군림하던 일본공산당에 대한 '안티'로 출범했다. 교조주의와 스탈린주의에 대한 반발은 일시적이긴 해도 광범위한 사람들을 끌어들여 신좌익 운동을 확장시켰다. '일본공산당 = 유일한 전위 정당'이라는 신화를 의심하고, 마르크스를 의심하고, 레닌을 의심함으로써 좌익의 오래된 카테고리를 부순 것이다.

한편 기존 보수 진영에게는 자민당이야말로 유일한 경전이었다. 말하자면 자민당은 보수의 일본공산당이다. 그 미적지근한 체질에서 벗어난 것이 우익 민족주의라 불리는 세력이었고, 또 재특회와 같은 행동하는 보수 세력이었다. 그중에서도 재특회는 인터넷을 이용함으로써 진입 장벽을 낮추고 새로운 형태의 보수를 만들었다. 자민당을 의심하고 기존 우익을 의심하는 보수의 괴물이 된 것이다. 어느 시대든 새로운 운동은 "불법佛法을 위해서라면 부처님조차 베어 버릴" 각오가 필요하다. 그리고 기존 카테고리를 부순 '새로운 흐름'은 일시적인 '축제'를 연출한다. 운동이 경직되기 전 잠시 동안의 해방구다.

그래서 재특회에 대한 기존 우익의 시선은 한없이 싸늘하다. 당연히 재특회도 마찬가지다. 재특회 회원의 대부분은 우익이라고 불리는 것을 극단적으로 싫어한다. 자신들은 어디까지나 '일반 시민'임을 강조하고, 기존 우익 단체를 '국격을 깎아내리는 집단', '조선인의 하수인'이라고 비난하는 사람도 적지 않다.

재특회가 집회를 하고 있는 옆으로 우익 자동차가 군가를 크게 틀면서 지나갈 때 일제히 "시끄럽다!"라고 야유를 보내는 장면을 본 적이 있다. 검은색 대형 자동차를 보는 재특회 회원의 시선은 매우 차가웠다. 아니, 적대시에 가까웠다. 시민사회가 가진 일반적인 우익의 이미지, 즉 군가와 검은색 자동차, 폭력단의 은신처를 재특회도 공유하고 있는 것이다.

우익 단체를 표방하며 기업을 협박하는 '사이비 우익 단체'나 폭력 조직과 깊은 연관이 있는 '야쿠자 우익'이 많은 것은 사실이다. 옛날에는 정치가나 기업의 사주를 받아 좌익 운동이나 노동운동의 탄압을 도왔던 역사도 있다. 그러나 우익이 원래 폭력 장치를 뜻하는 말은 아니었다. 국가와 민족이 오랫동안 만들어 온 문화와 전통을 중시하는 사상의 하나인 것이다. 말 그대로 전통을 중시하고 국체國體를 지키기 위해 착실하게 노력하는 '전통 우익'도 적지 않다(집회 방식이 비슷해 야쿠자 우익 단체와 구별하기는 쉽지 않지만).

한편 1960년대부터 기관지와 서적 등을 통해 적극적인 언론 활동을 펼치는 '신우익' 조직이 등장한다. '반공'을 전면에 내세운 기존 우익과 달리, 신우익은 '반미', '반자본'을 슬로건으로 내세우며 때로는 국가권력에도 저항한다. 지금은 평론가로 활약하고 있는 스즈키 구니오鈴木邦男가 최고 고문을 맡은 일수회가 그 전형적인 예다.

일수회를 비롯한 신우익 세력은 미일 안보 조약에 반대하고, 미군 기지 철수를 주장하며, 근래는 국토 보호라는 관점에서 원전 반대 운동에도 힘을 쏟고 있다. 미국의 이라크 공격에도 일관되게 반대를 표명했다. '반체제'라는 공통점 때문에 개인적으로 신좌익과 교류하고 있는 활동가도 많다. 그래서 반공 우익 단체에게 종종 용공容共이라는 비판도 듣는다. 우익이라고 다 같은 우익이 아닌 것이다. 우익 민족주의자들 사이에서는 재특회의 운동 방식에 대한 비판도 자주 들린다.

2010년 10월 주말, 요코스카 미군 기지 앞에서 몇몇 남자들이 모여 집회를 시작했다.

"미군 기지야말로 악의 근원이다!"

"미군은 일본에서 나가라!"

공안 형사들이 그들을 둘러싸고, 도로 건너편 미군 기지에서는 미군 헌병들이 쌍안경으로 감시하고 있었다. 이색적인 활동으로 유명한 신우익 조직 통일전선의용군의 정례 집회다.

'반미애국·항소抗蘇구국'을 기치로 한 이 조직은 1981년 신우익 단체 일수회 대표인 기무라 미쓰히로 등에 의해 창설되었다. 반미적 입장에서 1980년대에는 '이케고 미군 주택 건설 반대 투쟁'을 전개했고, 방위청과 요코하마 방위시설국에 화염병을 던져 화제가 되었다.

"재일특권이라는 게 있다면, 무엇보다 문제가 되는 것은 재일 미군인데 말이죠."

통일전선의용군에서 현재 의장을 맡고 있는 하리야 다이스케針谷大輔(46세)에게 재특회에 대해 묻자, 그는 가볍게 웃으며 "마지막에는 불량배의 논리로 싸울 수밖에 없어."라고 아무렇지도 않게 말하는 소탈함을 보였다. 젊은 시절 요코하마에서 제일가는 폭주족 두목이었다는 그에게서는 어딘가 낯익은 불량배 냄새가 난다. 본인도 그걸 의식했는지 모른다.

"결국 그들은 상대하기 쉬운 적을 발견해서 떠들고 있을 뿐이죠?"

이것이 재특회에 대한 하리야의 생각이다.

하리야와 만나기 몇 달 전, 신주쿠 토크 공연장 로프트 플러스 원에서 "격돌! 우익 대 우익"이라는 제목의 토크 이벤트가 열렸다. 우익의 대표로 초대된 사람은 재특회 사쿠라이, 그리고 당시에는 아직 사쿠라이와 밀월 관계에 있던 '일본을 지키는 시민 모임'의 구로다였다. 다른 편 우익으로 이들과 대치한 것은 일수회 최고 고문 스즈키 구니오와 하리야 다이스케였다. 시작되자마자 분위기는 거칠어졌다. 재특회를 적으로 생각하는 '우익' 측 남성이 사쿠라이에게 야유를 하자, 행사장에 몰려왔던 재특회 측 '우익'이 일제히 달려들었다.

"까불지 마!"

"병신 새끼!"

양자가 서로 다투는 통에 토론은 제대로 진행되지 않았다. 급기야 사쿠라이와 구로다는 단상에서 주먹을 휘두르며 으레 그렇듯 단골 구호를 외치기 시작했다.

"바퀴벌레를 내쫓아라!"

하리야가 제지해서 일단은 진정되었지만, 상대방에 대한 매도는 계속되었고, 결국 토론의 결실은 없었다. 이때의 일을 하리야에게 묻자, 그는 쓴웃음을 지으며 말했다.

"인터넷만이 진실이라고 믿는 사람들에게 다른 형태의 민족운동이 있다는 것을 말하고 싶었어요. 그런데 무리였네요. 그 사람들이랑은 도무지 말이 안 통해요. 전혀 다른 세계에 있는 것 같았어요."

그러나 하리야는 재특회를 전면적으로 부정하지는 않았다.

　"이 나라를 어떻게든 바꾸고 싶다는 생각을 하는 것은 아무 생각도 안 하는 것보다야 낫죠. 그런데 그들은 인스턴트 운동으로 가고 있어요. 그게 마음에 안 들어요."

　하리야가 가장 걱정하는 것은 재특회 특유의 경박한 발언과 현실 감각의 상실이다.

　"인터넷에서 그대로 현실 사회로 나왔을 뿐이에요."

　그제야 그는 불량배다운 험악한 표정을 보였다.

　"인터넷과 현실의 구분이 안 되는 거죠. 그들이 금방이라도 폭주할 것 같은 이유는 일상생활에서 물리적 충돌을 경험하지도 않고 인터넷과 같은 감각으로 대처하려고 하기 때문이에요. 그 사람들에게 인터넷과 현실은 연속적이니까요."

　키보드를 연타하는 것만으로 '상대방을 이겼다'고 생각하는 감각을 그대로 길 위에 가져온다. 하리야가 말한 이 연속성 때문에, 집회 때 반대하는 사람들을 둘러싸고 욕설을 퍼붓는 집단 린치도 블로그에 '악플'을 다는 정도의 의미밖에 가지지 않는다. "죽여 버려."라는 말을 주저하지 않고 할 수 있는 것은 그 때문이라고 하리야는 말했다. 설사 명목상일 뿐일지라도 원래 우익이 소중하게 여기던 '정'情이 재특회에는 전혀 보이지 않는다는 것도 위화감이 들었다고 한다.

　하리야는 신우익의 대표적 논객이던 노무라 슈스케를 존경해 이 길에 들어섰다. 노무라는 무엇보다도 정과 의리를 호소하던 인물이었다고 그는 역설했다. 1935년생인 노무라는 젊은 시절 불량배의 일원으로 돌아다니다가,

후에 5·15 사건*이나 삼무 사건에 관여한 미카미 다카시와 만나면서 민족주의 활동가가 되었다. 노무라가 다른 우익 민족주의자들과 달랐던 것은 '미일 안보 조약 폐기'라는 슬로건 아래 반미와 반권력을 강력하게 주장했던 점이다. 그는 우익뿐만 아니라 좌익 쪽 사람들과도 교류하며 입장의 차이를 넘어선 인망을 얻었다. 그가 1993년 아사히 신문 도쿄 본사에서 권총으로 자살한 사건을 기억하는 사람도 많을 것이다.

"노무라 선생님이라면 출신만을 문제 삼아 재일 조선인을 공격하는 짓은 절대로 용서하지 않으셨을 거예요."

1983년 제37회 중의원 선거에 아라이 쇼케이新井将敬, 1948~98**가 출마했을 때, 같은 선거구의 이시하라 신타로의 비서가 아라이의 선거 포스터에 "북한에서 귀화"라는 검정 스티커를 붙이는 사건이 일어났다(이른바 검은 스티커 사건. 아라이는 열여섯 살 때 조선에서 일본으로 귀화했다). 그때 이시하라 신타로 후보의 사무소에 맹렬하게 항의한 사람이 바로 노무라였다. 또 노무라는 고노 이치로河野一郎, 1898~1965의 저택을 불태운 사건으로 지바 교도소에 갇혔을 때도, 같은 방의 재일 한국인이 간수에게 학대당하는 모습을 보다 못해 관리부장에게 항의했다.

"재특회가 튀는 운동을 하든 말든 전 상관없죠. 우리와 접점이 없으니까요. 그렇지만 약자를 괴롭히는 행위는 용서할 수 없습니다. 무엇보다 그들

---

* 1932년 5월 15일 해군 장교들이 일으킨 쿠데타 미수 사건으로, 당시 수상이던 이누카이 쓰요시犬養毅가 암살되었다.
** 조선 이름은 박경재이며, 아라이 쇼케이는 통명이다.

이 하고 있는 걸 운동이라고 할 수 있을지 의문이 듭니다. 저도 교토 사건의 동영상을 봤습니다만, 도저히 보고 있을 수 없었어요. 그건 남을 괴롭히는 짓일 뿐이잖아요."

통일전선의용군의 선전국장을 맡으면서 방위성에 침입해 화염병을 던진 혐의로 체포된 야마구치 유지로山口祐二郎(25세)는 심지어 "국가를 비판한다면 몰라도, 사람을 바퀴벌레라고 부르는 운동이야말로 쓰레기 같은 짓이다."라고까지 말했다.

"만약 그런 운동으로 일본이 좋아진다면, 저에게 그런 추악한 일본은 필요 없습니다."

그러나 이런 말은 인터넷에서 나온 행동하는 보수에게는 아무런 영향도 주지 못한다. 오히려 인터넷에는 "(우익은) 듣기 좋은 소리만 한다", "기존 우익이 지금까지 세상을 바꿀 만한 일을 했는가?"라는 말이 흘러넘친다. 동원력 면에서는 기존 우익을 넘어선 것이 행동하는 보수나 넷우익인 것이다.

"솔직히 말해 부끄럽습니다."

재특회에 대해서 묻는 내게 양복 차림의 남자는 진지하게 말했다. 이누즈카 히로히데犬塚博英(65세)는 말끔한 복장과 온후한 표정 덕분에 일류 기업 간부처럼 보이지만, 사실은 우익의 중진이다. 후쿠오카 현 출신인 이누즈카는 나가사키 대학長崎大学에 재학 중이던 시절, 전후 일본에서 최초로 '민족파民族派 자치회'를 조직했다. 전공투 운동이 한창이었다. 졸업 후에도 우익 운동에 매진해 일수회 창설에 관여했고, 지금은 우익 단체의 공동전선인 민족혁신회의民族革新会議의 의장을 맡고 있다. 이누즈카가 조용히 말했다.

"(재특회가) 많은 젊은이들을 흡수한 역량은 대단합니다. 일본의 우익이 전후 60년 동안 한 게 뭐냐는 그들의 지적도 일리가 있고요. 기회가 있으면 사쿠라이라는 분과 차근차근 이야기해 보고 싶다는 생각도 합니다. 그렇지만 저는 재특회의 운동을 동경할 수 없을뿐더러, 그런 운동은 우리가 지향해야 할 바가 아니라고 생각합니다."

이누즈카의 온후한 표정에는 변함이 없었다. 조용히, 그러나 깊은 목소리로 천천히 이야기를 계속했다.

"재특회의 주장을 듣고 있으면, 누가 그들의 적인지 이해할 수 없습니다. 적의 모습이 전혀 보이지 않아요. 재일 코리안을 공격한다고 해서 어떤 세상을 만들 수 있다는 건지 모르겠어요. 저는요, 일본인은 원래 너그러운 품성을 가진 민족이라고 생각합니다. 외래문화를 받아들이고, 독자적인 형태로 좋은 일본을 만들었습니다. 그 사실을 자랑스럽게 생각하면 되지 않을까 합니다. 굳이 소리 높여서 일본의 우월성을 자랑하지 않아도요. 저는 역시 적이 명확하게 보이는 운동을 계속하려고 합니다. 그 적은 힘없는 개인이나 소수자가 아닙니다. 권력을 직시하지 못하면 우익 운동이라고 할 수 없잖아요."

나에게 우익이란 무엇인가를 논할 수 있는 지식은 없다. 그러나 이것만은 말할 수 있다. 우익에게는 우익의 이상이 있다. 일본의 아름다운 산하를 지키고 싶다는 바람, 천황 밑에서 온 국민이 하나가 되어 다 함께 사회를 만들어 간다는 국민국가의 꿈, 인간의 한계를 자각하고 천지와 함께 이 세상의 영원을 바라는 천양무궁天壤無窮 사상 등이다.

재특회에서는 일본인의 심금을 울리는 그런 이상을 느낄 수 없다. 어떤 절실한 이유가 있는지는 몰라도, 타자에 대한 비난으로 특화된 인스턴트 '애국심'으로밖에 보이지 않는 것이다.

7

리더의
표변과
허실

| 가족을 취재했다고 격노한 사쿠라이는
| 내게 이빨을 드러냈다

어느 날 저녁, 도쿄 히라이 역 앞 상점가는 손님들로 북적거렸다. 식료품에서 잡화에 이르기까지 오래된 개인 상점이 늘어서 있고, 정육점 앞에는 한 개에 80엔짜리 크로켓을 찾아 많은 사람들이 줄을 서있다. 위세 좋은 호객꾼의 목소리도 들린다. 도심에서 전철 소부선総武線으로 불과 20분 거리인 이곳 동네 상점가에는 생활의 냄새와 활기가 넘쳤다.

제2차 세계대전 이전에는 도쿄에서도 대단한 규모를 자랑하던 유흥가였다고 한다. 그 풍경은 이미 사라졌지만, 상점가 뒷골목에는 음란한 분위기의 술집이 늘어서 있어 수상했던 옛날의 냄새를 남기고 있었다. 상점가를 지나고 그 앞의 주택가도 지나면 도립 고마쓰가와 고등학교가 나온다. 지금으로부터 반세기도 더 전에 세상을 떠들썩하게 했던 고마쓰가와 사건의 현장이다.

이곳에서 한 여고생이 살해당한 것은 1958년이었다. 범인은 같은 학교 야간반에 다니던 소년(당시 18세)이었다. 신문사에 범행을 고백하는 내용의 긴 전화를 걸었고, 그 목소리가 라디오를 통해 전국에 방송된 탓에 사람들의 이목을 끌었다. 소년이 그 반향을 즐기는 듯한 언동을 보였기 때문에 극장형 범죄의 시초로 보는 시각도 있었다.

또 다른 의미에서 이 사건을 관심 있게 지켜본 사람도 많았다. 범인이 재일 한국인이었기 때문이다. 소년 이진우李珍宇(일본명 가네코 진우金子鎭宇)는 근처의 가난한 조선인 밀집 지역에서 태어났다. 일찍이 이 주변에는 조선인 거주 지역이 적지 않았다. 관동 대지진 때는 "조선인이 우물에 독을 풀었다."는 유언비어가 퍼져, 이 부근의 많은 조선인이 자경단에게 살해되었다.

이진우의 아버지는 일용직 노동자, 어머니는 청각장애인이었다. 소풍도 못 갈 정도로 지독하게 가난한 집에서 자랐지만, 성적만은 항상 상위권이었다. 문학에 빠진 이진우는 특히 카뮈와 도스토옙스키를 좋아했다. 그러나 가난 때문에 보통 고등학교에 진학하는 것을 포기하고, 낮에는 동포가 경영하는 공장에서 일했다.

이진우가 여고생을 살해한 것은 1958년 8월의 일이었다. 고등학교 옥상에서 책을 읽고 있던 피해자를 덮쳐 살해했다. 다른 장소에서 여성(23세)을 살해했다는 사실도 체포된 뒤 자백했다. 잔학무도하다는 여론에 떠밀리듯 이 사건에는 소년법이 적용되지 않았고, 1962년 사형이 집행되었다.

이진우는 많은 문장을 남겼다. 체포되기 전에는 사건 경위를 『나쁜 녀석』惡い奴이라는 소설로 써서 신문사 신춘문예에 응모했고, 옥중에서도 자신의

내면을 계속 편지로 발신했다. 그 편지에서 드러난 것은 빈곤과 차별의 문제였다. 이진우가 옥중에서 여성 지인에게 보낸 편지에는 이런 내용이 있다.

죄의 감정이 동반되지 않는 죄의식 또는 그 의식조차 막연한 예로는 『이방인』의 뫼르소나 『죄와 벌』의 스비드리가일로프를 들 수 있을지 모른다. 나는 그런 사건을 저질렀는데도 그 일을 내 일처럼 느낄 수 없기 때문이다. 나는 사람을 죽였다는 사실에 특별한 혐오 따위를 느끼지 않고, 다시 그 장소에 있더라도 사람을 죽인다는 사실에 별다른 감정을 느끼지 않으리라 생각되는 것이었다.

이진우는 이 도시에서 '이방인'으로 살았다. 그는 뫼르소였다. 나는 민족차별이 만든 억압이나 소외가 비참한 살인을 일으켰다고 단순히 말하고 싶지는 않다. 그러나 적어도 고마쓰가와 사건이 당시 가난했던 재일 코리안 소년의 내면세계를 일본 사회에 드러낸 것은 사실이다.

주인 없는 임대주택

손님으로 붐비는 저녁 무렵의 상점가를 걸으며 그런 생각을 한 것은 사쿠라이 마코토가 사는 임대주택이 고마쓰가와 사건 현장 바로 앞에 있기 때문이었다. 물론 단순한 우연이다. 그러나 사쿠라이가 소년 시절을 보낸 기타큐슈의 언저리도, 그리고 상경한 후에 계속 살고 있는 이곳 히라이도 재일 코리안의 숨결이 느껴지는 장소라는 사실에 이상한 인연을 느끼게 된다.

만약 고마쓰가와 사건이 오늘날과 같은 21세기에 일어났다면, 또는 재특회가 그 시절에 존재했다면, 문학적 수사로 가득한 이진우의 문장은 일축당하고, 구명 운동에 나섰던 작가 오오카 쇼헤이大岡昇平, 1909~88는 '조선인의 개'라는 비난을 들었을 것이다. 사쿠라이는 자신의 블로그에 재일 코리안의 범죄에 대해 이렇게 쓰고 있다.

재일 코리안은 범죄만 일으키는 짐승 같은 재일 코리안과 그것을 보고도 못 본 척하는 재일 코리안, 이 두 부류밖에 없다는 사실을 일본은 이제 인식해야 합니다. 재일 코리안이라는 존재 자체가 일본인의 생명과 재산을 위협하고 있다면, 국민 보호를 제1의 목표로 하는 국가는 그들을 배제할 의무와 권리가 있습니다. 범죄를 아무렇지도 않게 생각하는 불령선인이 활보하는 재일 코리안 사회에 자정을 요구해도 소용이 없다는 사실은 모두가 동의할 것입니다.

_〈Doronpa의 혼잣말〉 2006년 5월 19일.

건조한 문체다. "짐승 같은 재일 코리안"이라는 말에서는 살벌한 느낌마저 든다.

그런 사쿠라이가 사는 임대주택은 어수선한 주택가에서도 특히 수수한 곳이었다. 목조 2층의 오래된 건물로 월세는 3만5천 엔, 샤워도 할 수 없는 곳이다. 사쿠라이의 방 창문은 빛이 새어 나오는 것을 막기 위해서인지 촘촘한 발이 드리워져 있다. 경사가 심한 계단을 올라 방문을 두드렸지만 반응이 없었다. 이름을 불러도 마찬가지였다.

사실 몇 번을 왔지만 마찬가지였다. 사쿠라이는 방 안에서 숨을 죽이고 있는 걸까, 아니면 자신의 집에 오지 않는 생활을 하고 있는 걸까? 어쨌든 이 집에서 사쿠라이를 만난 적은 없다. 같은 임대주택에 사는 사람도 "못 본 지 오래되었다."라고 말했다.

"경비원을 하고 있을걸요. 아침에 경비원 옷을 입고 오토바이로 출근하는 모습을 몇 번 본 적이 있어요. 그런데 붙임성은 없는 것 같아요. 제가 인사해도 무시하더라고요."

사실 사쿠라이가 경비원이었던 것은 몇 년 전 이야기다. 그 뒤 사쿠라이는 근처 관공서에서 비정규직으로 일했지만, 지금은 그것도 그만두었다. 근처에 사는 집주인에게 물어도 "어떻게 사는지 모른다."라고 할 뿐이다. 그런데 주인의 한마디가 묘하게 인상적이었다.

"조선사 연구가라던데 실제로는 뭘 하고 다니는지……."

사쿠라이는 '조선사 연구가'를 자처하는 경우가 많다. 『혐한류』의 문고판에도 "조선의 중세와 근대 사회사를 전문으로 하는 역사 연구가"로 소개되어 있다. 오해를 무릅쓰고 말하자면, 사실 사쿠라이는 공부를 열심히 하는 사람이다. 아마도 상당한 문헌을 읽고 일반 조선사에 정통해 있을 것이다. 따라서 조선인을 조롱하고 괴물로 생각하는 넷우익과는 분명히 다르다. 아카데미에 속하지 않는다는 이유로 연구자로서 그의 자격을 비판할 생각은 없고, 재야 연구자로서의 풍부한 지식(그것이 설사 편향된 것이라 할지라도)을 의심할 생각도 없다.

그러나 어디를 가든 연구자라고 소개하는 사쿠라이의 내면에 아카데미즘에 대한 선망이나 질투가 있는 것은 아닐까. 사쿠라이는 관공서나 기업에 가서 항의할 때 언제나 이렇게 말한다.

"나는 조선 문제의 전문가다." "나만큼 연구한 사람은 없다."

군이 그렇게 주장해야 하는 사쿠라이의 가슴속 깊은 곳에는 사람들에게 인정받고 싶다는 생각이 들끓고 있는 것 같다. 한마디로 '인정 욕구'인 것이다.

소년 시절의 사쿠라이는 동창생들의 기억에 남지 않을 정도로 얌전한 존재였다. 도쿄에 와서도 한동안은 인터넷으로 외국인에 대한 분노를 표출하는 내향적 활동밖에 하지 않았다. 그런데 지금은 회원 수가 1만 명이 넘는 단체의 회장으로서 '카리스마'라 불리며, 해외 언론에서 "외국인 배척 운동의 새로운 리더"로 평가받고 있을 정도다. 적어도 일부에서는 '인정'을 받은 것이다. 그러나 세간의 평가는 여전히 '별종' 취급이다.

교토 사건을 계기로 재특회를 그만둔 한 청년(수도권 거주)은 도심의 술집에서 꼬치를 뜯으며 이런 지적을 했다.

"사쿠라이뿐만 아니라 재특회 회원들은 대부분 세상으로부터 인정받고 싶어 해요. 언론 따위는 믿을 수 없다고 하지만, 비판적인 논조라도 자신들의 활동이 언론에 보도되면 순수하게 기뻐하는 사람들이 많아요. 사쿠라이도 사실 언론을 엄청 좋아합니다. 취재를 받을 때마다 일부러 블로그에 보고할 정도니까요. 아마도 세상으로부터 보수파 논객으로 인정받고, 높은 평가를 받고 싶은 거겠죠. 그렇지만 그를 지식인으로 평가하는 언론은 없었어요. 학계에서도, 언론에서도 완전히 무시당하고 있죠? 그래서 애태우고 있을 거예요. 일부러 연구자라고 강조하는 것도 아무런 실적을 평가받지 못하는 데 대한 초조함 때문일 거예요."

이런 분석이 맞는다면 사쿠라이가 관공서나 교육기관, 언론에 필요 이상으로 공격적인 이유를 알 수 있다. 그것들로부터 소외당한 것이 지금까지의 인생인 것이다.

"야, 어떻게 생각해? 똑바로 얘기해 봐! 나는 이 분야의 전문가야!"

외국인에게까지 생활보호를 제공하는 것이 문제라면서 큰 소리로 공무원들을 비난할 때, 한때 자신이 관공서의 비정규직 직원이었음을 떠올리며 분노가 증폭되었던 것은 아닐까? 비정규직 노동자는 고용의 조절 밸브이자 값싼 노동력으로서 존재한다. 사쿠라이가 보기에 고용이 안정된 정규직 노동자, 더구나 공무원은 특권적 존재다. 과거에 사쿠라이도 꽤 많은 굴욕을 경험했을 것이다. 시민 단체 회장이 되어 공무원에게 한껏 욕설을 퍼붓는 행위는 일종의 카타르시스였는지도 모른다. 만약 내가 같은 처지였다면 비슷한 분노를 표출했을지도 모른다.

언론에 대해서도 마찬가지다. 사쿠라이는 거대 신문사와 방송국 사람들 앞에서 항의할 때도 거만하고 위압적으로 행동한다.

"너희는 내게 반론도 못하는 거야?"라고 기자들에게 달려들 때 사쿠라이의 얼굴에는 의기양양한 만족감이 떠오른다. 자신을 소홀히 다룬 거대 언론에 복수를 했다는 우쭐함까지 보인다. 그런 모습을 볼 때마다 나는 사쿠라이의 고독한 위치를 생각하지 않을 수 없다. 그도 이 사회에서 '이방인'으로 살아왔던 것이 아닐까? 나비넥타이와 멜빵바지 패션도 세상에 대한 도발인 동시에 인정 욕구의 하나였을 것이다.

어쨌든 사쿠라이가 검소한 집에 살고 있다는 사실에 나는 친근감을 가지게 되었다. 일반 회원이나 지지자 들은 재특회에 거액의 활동비를 낸다. 회원에게 공개된 2008년도 결산보고서에 따르면, 그해 후원금 수입은 약 1천 5백만 엔에 달한다. 명세가 불확실한 결산보고의 신빙성에 의문이 생기지만, 그래도 거액의 기부금이 들어온다는 것은 많은 관계자들이 인정하는 부분이다. 사쿠라이가 자신의 주거를 위해 재특회 후원금을 착복하는 인물이 아니라는 사실은 사쿠라이의 집을 보면 알 수 있다.

1천만 엔의 거액 기부금

여기서 잠시 재특회의 자금 상황을 살펴보자. 발족 이후 재특회는 매년 웹사이트에 결산보고를 하고 있다. 그 내역은 대강 다음과 같다.

  2006년도 총수입 : 157만9,430엔(그중 기부금은 156만3,920엔)
          지출 : 34만1,423엔(본부 운영비, 집회 비용, 지부 운영비 등)
  2007년도 총수입 : 196만8,887엔(그중 기부금은 172만3,738엔)
          지출 : 180만4,641엔(사무 경비, 집회 비용 등)
  2008년도 총수입 : 479만5,865엔(그중 기부금은 307만2,705엔)
          지출 : 수입과 같음(활동비 등)
  2009년도 총수입 : 885만6,969엔(그중 기부금은 702만9,858엔)
          지출 : 수입과 같음(활동비, 사무실 비용 등)
  2010년도 총수입 : 1,822만9,638엔 (그중 기부금은 1,543만9,853엔)
          지출 : 수입과 같음(활동비, 재판 비용 등)

해마다 수입이 비약적으로 늘고 있고, 거의 전액이 기부금이며, 기부금

외에 수입 항목에 포함되는 것은 이자와 전년도 이월금이다. 재특회의 경우 인터넷으로 등록만 한 일반 회원은 회비가 없다. 재특회의 특제 휘장(2012년 3월부터는 회원증)이 지급되는 특별 회원에게는 연회비 1만 엔이 부과되지만, 관계자에 따르면 그 수는 극소수라고 한다(실제 수치는 공표되지 않는다).

"이런 단체에 기부하는 사람이 진짜 있을까?", "뒤에 거대 스폰서가 있는 게 아닐까?"라는 이야기도 많이 들었다. 나도 그렇게 생각한 적이 있다. 그러나 취재를 계속하다 보니 '활동에 참가하지는 못하지만 활동비만은 내고 싶다.'고 생각하는 평범한 사람들의 존재를 알게 되었다. 재특회의 재정에 협력하고 있는 것은 이름 없는 일반인들이었다.

또 다른 예를 들자면, 재특회는 아니지만 재특회와 연관된 간사이 팀의 입출금 기록이 있다. 관계자에게서 입수한 것으로, 약 1년 동안 간사이 팀에 기부된 내역이 기록되어 있고, 돈을 입금한 사람의 이름과 금액이 날짜순으로 적혀 있다.

읽어 보고는 놀랄 수밖에 없었다. 불과 1년 동안 98명이 109만 엔이나 되는 기부금을 간사이 팀의 은행 계좌에 입금한 것이었다. 기부금 액수는 5백 엔에서 1만 엔까지 소액이 대부분이지만, 5만 엔이나 입금한 사람도 있었다. 이 내역서를 제공한 회원에 따르면, 이름도 전혀 모르는 사람들이 입금한 것이라고 한다. 즉 이 돈의 대부분은 외부인에 의한 순수한 기부금이다. 일반 시민 단체 중에서 불특정 다수에게 연간 1백만 엔의 기부금을 모을 수 있는 조직은 드물다.

홈페이지와 회원들의 블로그에 은행 계좌를 적어 놓는 게 다인데도 이 정도 돈이 모인다. 체포까지 되었던 간사이 팀이지만 그 활동에 찬성하고 돈을 지원하는 사람들이 있다는 것이다. 나는 불과 5백 엔이라도 일부러 은행에 가서 입금하는 '성의'에서 풀뿌리의 뜨거운 지지를 느꼈다. 즉 전국 조직인 재특회라면 일반 시민들에게서 1천5백만 엔이나 되는 기부금이 모여도 이상할 것이 없는 것이다.

한편 지출은 대부분 사쿠라이를 비롯한 간부와 초청인의 강연, 집회 장소비, 출장비, 사무실 임대료 등이다. 다만 2010년에는 교토 사건과 도쿠시마 사건의 소송비로 1천1백만 엔이 넘게 들었다. 시출의 경우 2006년 외에는 항목별 내역이 없다. 너무도 엉성해서 일부 회원들은 아이들 용돈 기입장 같다고 말하기까지 한다. 시민 단체치고는 재정 상황이 상당히 괜찮은 편이다. 그러나 각 지부에 배분되는 것은 별로 많지 않다고 한다. 이렇게 말한 사람은 한때 서일본의 모 지부에서 지부장을 지낸 30대 자영업자다.

"저희 지부에 배분된 것은 연간 10만 엔뿐이었어요(현재 37개의 지부가 있다). 당연히 이것만으론 적자가 날 수밖에 없어요. 거의 모든 지부가 간부들 스스로 알아서 돈을 댑니다. 활동 자금을 마련하기 위해 아르바이트를 여러 개 하거나, 회사원을 하면서 밤에는 편의점에서 일하는 지부장도 있어요. 그런 면에서 보면 시민운동이라는 형태는 유지하고 있는 거죠. 말단 회원들도 자기 돈으로 활동하고 있는 게 사실이고요. 그런데 사쿠라이 회장의 활동비가 상당히 불투명해요. 회장은 사실상 전임 직원이기 때문에 도대체 뭘 해서 먹고사는지 궁금해하는 회원들도 많아요. 물론 앞장서서 노력하고 있으니까 대우가 좋아도 할 말은 없죠. 근데 회장은 낭비하는 버릇이 좀 있어요. 지방 출장 때 사용하는 호텔 같은 경우도 지부장이 준비한 호텔이 마음에 안 든다면서 한 등급 위 호텔을 요구한 적이 있죠. 평소 자기 돈으로 활동하는 말단 회원 중에는 그런 부분에 불만인 사람도 있어요. 기부금은 재특회 활동에 공감하는 자영업자들이 낸 게 많다고 들었어요."

재특회가 아닌 사쿠라이 개인에게 '생활비'를 기부하는 사람도 많다고 한다. 그렇게 말한 사람은 사쿠라이와 친한 보수 단체의 간부다.

"저래 봬도 사쿠라이는 뜻을 같이하는 보수 노인들한테 귀여움 받고 있어. 손윗사람을 공경하거든. 나이 든 사람들 중에는 자기가 못했던 일을 사쿠라이가 나서서 하고 있다고 진심으로 감사하는 사람도 있고. 내가 아는 자영업자나 중소기업 경영자들은 사쿠라이의 생활을 여러모로 지원하고 있지."

2010년과 이듬해 재특회는 재정 면에서 최대 위기를 맞았다. 교토·도쿠시마 사건으로 간부를 비롯해 여럿이 체포된 것이다. 변호사 비용 등으로 약 1천1백만 엔이 필요했던 것은 결산보고를 보면 알 수 있다. 이 재정 위기에서 재특회를 구한 여성이 있다는 사실을 어느 회원에게 들었다.

그 여성을 S라고 하자. S에 관해서는 여러 관계자들에게 다음과 같은 이야기를 들었다. 현재 50대인 S는 자산가였던 남편과 사별하고, 오사카 시내의 고급 아파트에서 혼자 살고 있다. 원래는 티베트의 독립운동을 지원하는 시민 단체에서 활동했는데, 그 때문에 도중에 반중을 내세운 보수파 행사에 참가하게 되었다. 그렇게 해서 재특회 활동을 알았고, 2010년 무렵부터 재특회가 주최하는 집회의 단골이 되었다.

당시 집회를 기록한 동영상에는 군복 차림으로 일장기를 든 그녀의 모습이 남아 있다. 자상한 성격의 S는 금세 회원들에게 어머니와 같은 존재가 되었고, 특히 젊은 회원들에게 존경을 받았다. 재특회나 간사이 팀 구성원들은 활동을 마치면 오사카 시내를 한눈에 내려다볼 수 있는 S의 아파트에서 뒤풀이를 했다. S도 젊은 활동가들을 잘 대접했고 술과 요리를 제공했다.

교토 사건과 도쿠시마 사건 이후 S는 변호사 비용이 부족하니 도와 달라는 재특회의 요청을 받는다. 체포된 사람들은 모두 S와 친하게 지내던 사람들이었다. 자기 자식처럼 귀여워하던 사람들이 위기에 처했다는 말을 들은 S는, 망설임도 약간 있었지만, 예금통장에서 1천만 엔을 인출했다. 돈을 주고받은 곳은 오사카 시내의 호텔 한큐인터내셔널이었다. 사쿠라이가 호텔 로비에서 기다리고 있었다. S는 1천만 엔을 종이봉투 안에 담고 내용물이 보이지 않도록 그 위에 곰 인형을 넣어 사쿠라이에게 직접 전달했다. 그리고 큰돈을 들고 다니는 것이 걱정스럽다며 자기 차로 이타미 공항까지 사쿠라이를 배웅했다고 한다.

S와 친하게 지내던 간사이 팀의 회원 중 한 명은 "S의 거액 기부금이 없었다면 변호사 비용을 마련할 방법이 없었을 겁니다. S는 재특회를 재정적으로 지원한 걸 넘어 궁지에 몰린 재특회를 구한 공로자죠."라고 말했다. 그러나 이 이야기에는 또 다른 후일담이 있다. S는 그 후 활동에서 깨끗이 발을 뺐다고 한다. 그 회원은 이렇게 말했다.

"돈을 받을 때 사쿠라이는 특별히 고마워하는 모습도 보이지 않고 당연하다는 듯이 돈을 받았대요. 그 점에 대해 S는 상당히 화를 내고 있었어요. 게다가 돈을 어떻게 썼는지 보고 전화도 하지 않았답니다. 거액의 기부를 받고도 입을 씻은 거죠. S는 예의도 모르는 사람들이라고 화를 냈어요. 그걸 계기로 운동에 대한 열정도 식고, 지금은 재특회에 관여했던 사실 자체를 후회하고 있는 듯합니다."

나는 사실을 확인하기 위해 S가 사는 고급 아파트를 방문했다. 하지만 그녀는 인터폰을 통해 취재를 거부했다. "지난 일은 말하고 싶지 않다. 이제 와서 다른 사람을 비판하고 싶지도 않다."라는 것이었다. 관계자에게 들은 이야기를 가까스로 S에게 전하고, 그 사실이 맞느냐고 묻자 S는 "맞다."라고만 대답했다.

"운동에 참가했던 걸 후회하십니까?"

S는 아무 말도 없었다.

"재특회를 어떻게 생각하십니까?"

이번에는 한숨과 함께 인터폰에서 우물거리는 소리가 들려왔다.

"제가 바보였어요."

인터폰은 그렇게 끊겼다.

균열

나는 재특회 취재를 시작한 2010년 여름부터 몇 번이나 사쿠라이에게 취재를 요청했다. 처음에는 "먼저 홍보국장에게 알아보라."라고 말하던 사쿠라이였지만, 홍보국장이 소개하는 일반 회원뿐만 아니라 재특회를 탈퇴한 사람들과 비판 세력, 나아가서는 자기 동창생까지 취재하는 것이 싫었는지, 머지않아 나와의 접촉을 거부하게 되었다.

그해 11월, 나는 나고야에서 열린 사쿠라이의 강연회에 갔다. 그와 직접 이야기를 나누고 싶었기 때문이다. 나고야 역 근처에 있는 강연회장에 일찍 도착한 나는 구석에서 컴퓨터로 강연 준비를 하고 있는 사쿠라이에게 말을 걸었다.

"사쿠라이 씨, 재특회를 취재하고 있는 야스다입니다."

사쿠라이는 컴퓨터 화면에서 눈을 떼고 나를 쳐다보더니 점점 안색이 변해 갔다. 그리고 잠시 침묵한 다음 갑자기 화를 냈다.

"당신 취재는 안 받아, 나가!"

이유를 묻는 내게 그는 숨도 쉬지 않고 말했다.

"당신, 내 가족도 취재했지? 그런 인간의 취재 따윈 받지 않겠어!"

그다음에는 무슨 말을 해도 소용없었다. 눈도 마주치려 하지 않았다. 아무리 기다려도 그 자리에서 떠나지 않으려는 나한테 더 화가 났는지 사쿠라이는 옆에 있던 젊은 회원에게 명령했다.

"'이것' 좀 치워!"

사쿠라이의 명령은 절대적이다. 몇몇 회원들이 자신들의 몸을 내게 바짝 붙여 강연회장에서 완력으로 나를 축출했다. 그들은 나를 둘러싸고 엘리베이터까지 밀쳐 내면서 "주거침입이다!", "꺼져!", "경찰에 신고하겠다."라고 큰 소리로 위협했다. 나는 흥분하기 쉬운 성격이다. 말도 안 되는 '축출 소동'에 화가 치밀어 "빨리 경찰이나 불러! 아니면 이대로 같이 경찰서로 가자!"고 외치며 한 명의 팔을 붙잡았다.

"아아아아아아! 너 폭력 썼지? 고소할 거야!"

중년 남성이었다. 과장되게 얼굴을 찌푸리며 연거푸 "아파, 아파!"라고 엄살을 떨었다. 서투른 연기에 분노할 기력조차 없어졌다. 이건 마치 공안 경찰이 자주 하는 '고로비 고보'転び公妨(일부러 상대 앞에서 넘어지며 폭행당했다고 말하고 그 인물을 공무 집행 방해로 체포하는 기술) 같다. 나는 조용히 엘리베이터에 탔다.

그 직후에 있었던 강연에서 사쿠라이는 나를 안주로 열변을 토했다.

"드디어 반일 극좌 세력이 본격적으로 나섰다!"

"야스다란 놈이 나를 죽일지도 모른다. 그렇지만 내가 죽어도 내 뒤를 따를 사람이 있을 것이다!"

급기야 "지금이야말로 일인일살一人一殺•의 각오가 필요하다!"라고 청중을 선동하는 것이었다.

호들갑스러운 남자다. 의자에 앉아 "치워!"라고 젊은 회원들에게 명령하던 사람에게 '일인일살의 각오'가 있을까? 만약 나를 내쫓고 싶었다면, 평소 "나서라!", "각오를 가져라!"라고 회원들을 선동하던 사쿠라이야말로 자기 손으로 나를 쫓아냈어야 했다.

나고야 사건에 관해 사쿠라이는 나중에 블로그에 이렇게 썼다.

야스다 고이치라는 고단샤 소속의 프리랜서가 제멋대로 무언가를 쓰고 있는 모양인데, 반론을 해두겠습니다. 먼저 이 남자와 처음 만난 것은 올해 9월 오이타 지부 발족 기념집회 때였습니다. 그다지 인상에 남지는 않았지만, 꽤 정중하게 취재를 요청하기에 그때는 흔쾌히 승낙했습니다.

그 뒤 전국 각지의 지부 주최 행사에 취재라는 명목으로 따라다니기 시작했고, 홋카이도 지부에서 보고하기를 "정보를 캐내기 위해 무슨 짓이든 하는 극좌

• 1930년대 일련종日蓮宗 계열의 우익 단체 혈맹단血盟団에서 '한 사람이 한 명씩 죽인다.'라는 뜻에서 내건 표어.

세력의 스파이가 아닌가?"라며 내게 주의를 주었습니다. 그 후 고향 집에서 연락이 왔는데, 야스다라는 남자가 느닷없이 찾아와 취재하러 왔다며 겁을 주었답니다. 실제로 고향 집의 가족은 신체적 위해를 당할지도 모른다며 겁에 질려, 고단샤에 야스다의 신분을 조회하고 항의한 다음 앞으로 취재를 일절 거부한다는 뜻을 밝혔습니다.

그러더니 아무런 연락도 없이 나고야에 갑자기 들이닥친 겁니다. 이 남자와 직접 만난 것은 두 번째였는데, 오이타에서 만났을 때와는 분명히 눈매가 달랐고, 흥분한 모양으로 내게 달려왔습니다. 집에 찾아왔던 사실을 힐난하며 취재를 거부하고 나가라고 했지만, 갑자기 큰 소리로 "취재에 응해 주세요!"라고 외치며 나가기를 거부했기 때문에 스태프들이 밖으로 끌어내는 사태가 벌어졌습니다.

강연장에서 끌려 나가기 전에 "다음엔 당신 집에 직접 찾아갈 거야."라는 협박을 남기고 사라졌는데, 그 뒤로도 스태프들과 말싸움을 벌이다가 그중 한 명의 어깨를 강하게 잡아서 부상을 입혔습니다. 이 모습은 여러 관계자들이 목격했고 변명의 여지가 없을 텐데도, (재특회가 보낸 항의문에 대해) 고단샤는 "고향 집에서의 취재는 줄곧 차분하게 이루어졌다", "나고야에서 야스다가 난폭하게 행동한 적은 없다."라며 말도 안 되는 허위 사실로 일관했습니다.

취재가 차분하게 진행되었다면 식구들이 왜 겁에 질렸을까요? 나고야의 많은 목격자들 앞에서 난폭한 짓을 하고 협박까지 한 사람을 어떻게 기자라고 할 수 있을까요? 이렇게까지 당당하고 태연하게 거짓말을 하면서 범죄행위를 은폐하려는 녀석들이기 때문에, 저는 상관없지만 아직 겁에 질려 있으며 아무런 관련도 없는 가족을 지키는 것은 당연하다고 생각합니다.

현재 재특회는 고단샤와 조정을 계속하고 있지만, 개별적으로 법적 대응을 하는 것도 고려하고 있으며 단호히 싸울 생각입니다.

_〈Doronpa의 혼잣말〉 2010년 11월 15일.

최소한의 반론만 해두겠다. 먼저 나는 고단샤 소속이 아니지만, 그런 세세한 이야기는 중요하지 않다.

사쿠라이의 고향 집에서 취재를 하게 해달라고 으름장을 놓았다는 것은 사실무근이다. 사쿠라이의 고향 집은 이미 없고, 내가 방문한 곳은 친동생의 집이다. 더욱이 친동생은 외출 중이었기 때문에, 인터폰으로 이야기하던 제수씨에게 방문 이유를 밝히고 취재의 취지를 밝힌 메모를 우편함에 넣었다. 이것이 사실이다. 제수씨는 '겁에 질린' 것이 아니라, 아주버니인 사쿠라이의 근황을 알고 '깜짝 놀랐다'는 편이 정확하다.

스태프의 어깨를 강하게 잡아서 부상을 입혔다는 것도 완전히 거짓이다. 고단샤를 통해 사실이라면 신고하라고 계속 말했지만, 현재까지 묵묵부답이다. 물론 개별적인 법적 대응도 없다. 조직을 방어하기 위해 사쿠라이가 이런 글을 쓴 의도는 이해할 수 있다. 위기나 탄압을 역이용하는 것은 어떤 의미에서 정치 단체의 올바른 선택이기 때문이다. 그런데 겨우 한 사람의 취재를 받은 것만으로 이렇게 과민 반응을 보이는 사쿠라이의 '두려움'에 대해서는 이해할 수 없다.

내가 나고야 사건을 포함해 사쿠라이가 자란 환경이나 재특회 회원들의 본모습을 2010년 말에 발매된 잡지 『G2』에 쓰자, 사쿠라이는 더욱 큰 감정의 혼란을 보였다.

직접 대화

"반일 세력의 반격이 시작되었다. 밑바닥 좌익, 룸펜 좌익, 정신 나간 쓰레기 좌익들이 필사적으로 재특회를 공격하고 있다. 조금이라도 흠집을 내고 어떻게든 무너뜨리려 하고 있다!"

2011년 1월 도쿄 이케부쿠로의 도시마 구 주민 센터에서 재특회 전국 대회가 열렸다. 170여 명의 회원들을 앞에 둔 단상에서 사쿠라이는 목소리를 높였다.

"연두교서"年頭敎書라는 거창한 제목이 붙은 이 연설에서 사쿠라이는 이렇게 떠들었다.

"바보 같은 놈이 개인 정보를 흘려, 이제 협박만으로 그치지 않는 상황이 되었다. 그러나 내가 없어도 누군가 내 뒤를 이을 것이다."

"일본 국민은 위기에 처해 있다. 지금 그 위기를 호소하는 것이 차별이라면, 얼마든지 차별이라고 말해라!"

"바보 같은 놈이 개인 정보를 흘렸다."라는 것은 아마도 사쿠라이의 고향을 취재해 기사로 쓴 것을 가리킬 것이다. 그가 무엇을 두려워하고, 초조해하고, 화를 내는지는 충분히 이해할 수 있다. 말투는 격하지만, 어딘가 안쓰럽다. 평소에는 완급이 자유롭던 사쿠라이의 화술도 이날만큼은 고함을 지를 뿐이었다. 위기에 처한 것은 일본이 아니라, 사쿠라이 자신이 아닌가 하고 진심으로 걱정했을 정도다. 왜냐하면 그 무렵부터 사쿠라이에게는 여유가 사라졌기 때문이다. 니코니코 동영상의 생방송 중에 "자, 한 번 죽여 봐. 죽여 봐! 칼로 찔러 봐!"라며 갑자기 절규하는 등, 나와 친하게 지내던 젊은 회원들도 "우리 회장, 냉정함을 잃고 있어요."라고 말할 정도였다. 그 젊은 회원은 다음과 같이 흉중을 털어놓았다.

"논리적인 비판으로 기자를 누른다면 몰라도, 기사 내용이 마음에 안 든다는 이유만으로 화를 내는 건 역시 한심해요. 아무리 그래도 1만 명이나 되는 단체의 수장인데 당당한 태도를 보여 줬어야죠. 결국 자신의 과거가 들킨 게 마음에 들지 않은 겁니다."

나는 특별히 재일 코리안의 편을 들기 위해 취재를 시작한 것이 아니다. 재특회는 지금까지 1년에 열 명 이상이 체포되었고, 사회적으로도 주목을 받는 단체다. 공익의 관점에서 그 단체 회장의 인품을 취재해 전하는 것은 언론의 의무라고 생각한다. 실제로 재특회나 그 주변에서 『G2』 기사 내용에 대해 논리적 비판은 들은 적이 없다. "야스다는 조선인", "고단샤는 좌익"이라는 감정적인 발언만이 인터넷에 나돌았고, 기껏해야 "사쿠라이 회장의 프라이버시를 침해했다", "사쿠라이 회장한테 개런티를 지불하라."라는 엉뚱한 이야기만 해댈 뿐이었다. 의견이 다른 사람을 모두 조선인이나 좌익이라고 몰아붙임으로써 자아를 유지하는 사람들에게 반론할 방법은 없다. 빈약한 어휘와 빈곤한 상상력을 불쌍하게 생각할 따름이다.

앞에서 나온 연두교서 연설에서 사쿠라이는 이렇게 말했다.

"일본에는 지금 북한 쪽 조선인이 20만 명 있습니다. 대부분 스파이라고 생각해도 상관없습니다. 다른 나라였다면 이런 상태에서 적성敵性 민족은 단호하게 처단됩니다."

사쿠라이는 자신이 인종차별주의자임을 부정하고 있지만, 이런 발언을 배외주의라 하지 않을 수 있을까? 무슨 말을 하더라도 타자의 속성을 공격하는 데 불과하다.

앞에서 언급한 30대 전직 지부장도 "아무리 그래도 말이 심했다. 나고야 사건부터 사쿠라이는 길을 잃었다. 그 무렵부터 '죽여.'라는 말만 너무 쓰게 되었다."라고 지적할 정도다.

나는 머리가 좋은 사쿠라이니까 좀 더 논리적인 반응을 보일 것이라고 생각하고 있었다. 그러나 안타깝게도 사쿠라이의 엉뚱한 발악은 계속되었다. 2011년에 출간된 『혐한류』 문고판에 저자인 야마노 샤린과 사쿠라이의 대담이 수록되어 있다는 사실은 앞에서 언급한 바 있다. 거기에서도 사쿠라이는 "(야스다의 취재는) 순전히 협박", "(야스다 때문에) 내 개인 정보가 중핵과에 흘러들어 갔다", "재특회에 취재비도 내지 않는다. 말도 안 된다."라며 황당한 말만 하고 있다.

유일하게 흥미로웠던 것은 사쿠라이가 처음으로 자신의 고등학교 시절에 대해 조금이나마 언급한 것이었다. "얌전하고 조용한 학생이었다."라는 기사에 반발하며 그는 이렇게 말했다.

"사실은 소동도 많이 벌였어요(웃음). 아마 기억하고 있는 사람도 많을 텐

• [원주] 납치 문제 해결을 호소하며 북한을 맹렬하게 규탄하는 재특회이지만, '북한에 납치된 일본인을 구출하기 위한 전국협의회' 등에게 단순한 배외주의 단체라고 비난당하는 일이 많다. 2011년 6월 5일 도쿄에서 북한에 납치된 일본인을 구출하기 위한 전국협의회가 주최한 납치 피해자 구출 시위에 참가한 재특회 회원들은 "조선인을 죽여 버려!"라며 난동을 부렸다. 북한에 납치된 일본인을 구출하기 위한 전국협의회 회원들이 이를 제지하자, 재특회는 "미적지근한 운동 따위 하지 마라."라고 비난하기도 했다. 북한에 납치된 일본인을 구출하기 위한 전국협의회 간부는 취재에서 "울분을 해소하고 싶은 언동에 납치 피해자 구출 운동이 이용당하는 것이 싫다."라며 재특회에 대한 혐오감을 표현했다.

데요(웃음). 여러 가지로 말썽을 부렸거든요. 그래서 그 부분은 그의 취재가 부족하다고나 할까, 아무튼 어설퍼요."

나도 옛날에는 꽤 말썽꾸러기였다고 말하고 싶은 모양이다. 그렇다 하더라도 상관없다. 내 취재가 1백 퍼센트의 사실을 그리고 있다고는 생각하지 않으니까. 어디까지나 내가 접한 사람들의 말을 통해 사쿠라이를 그린 것이고, 안타깝게도 그중에는 사쿠라이의 말썽을 기억하고 있는 사람이 없었을 뿐인지도 모른다.

어쨌든 그가 구체적인 반론을 제기한 점에 대해서는 나쁘게 생각하지 않는다. 그 후로도 나는 아무리 사소한 것이라도 좋으니 사쿠라이와 이야기를 하고 싶었다. 그러나 2011년 4월 재특회는 홍보국 차원에서 내 취재에 응하지 않도록 통보했다.

야스다 고이치 씨의 취재에 관한 통보

모든 재특회 회원 여러분은 야스다 고이치 씨와 고단샤의 취재에 일절 응하지 않도록 부탁드립니다. 야스다 씨의 타진이 있을 경우에는 '회장 명령에 의한 거부'로 대응해 주시기 바랍니다.

요네다 류지(재특회 홍보국장)

이마에 땀을 흘리며 심야까지 취재에 응해 준 요네다의 얼굴이 떠올랐다. 있는 그대로의 요네다는 증오 연설과 일부 역사 인식을 제외하면, 친해지고 싶은 유쾌한 남자였다. '회장 명령'이라는 시민 단체답지 않은 표현을 사용하지 않으면 안 된다는 사실에서 조직의 비애를 느끼지 않을 수 없었다.

시민 단체답지 않다는 점은 일반 회원들도 마찬가지였다. 그때까지 내 취재에 흔쾌히 응해 주던 회원 중에 "재특회에는 비밀로", "익명으로"라는 조건을 내건 사람도 적지 않았다. 또 회장 명령이라며 취재를 거부하거나, 사례금을 내라고 요구하는 사람까지 생겼다. 취재 사례금에 대해 말하자면, 재특회는 2011년부터 모든 취재에 '인터뷰료'를 요구하기 시작했다. 언론인들 중에 그런 조건에 응했다는 사람의 이야기는 들은 적이 없지만, 대학 연구자에게는 회원 1만 엔, 간부 3만 엔이라는 요금을 청구하고 있다.

그들의 태도를 단죄할 생각은 없다. 시민 단체의 방식으로 적절한지는 잘 모르겠지만, 요구에 응할 것인가의 여부는 취재·보도하는 측이 판단하면 될 일이다. 예전에 좌익 단체를 취재했을 때는 고액 서적을 구입하는 조건을 제시받아 어이가 없었지만, 취재는 해야 했기에 응한 적이 있다. 나는 취재의 원리·원칙을 굳이 고집할 생각은 없다.

돈 문제야 어찌 되었든, 이후 재특회는 내 취재에 공식적으로 전혀 응하지 않았다. 그 뒤로도 나는 기회가 있을 때마다 집회나 시위 현장에 가서 사쿠라이를 보면 다가가서 말을 걸었다. 사쿠라이는 언제나 말없이 나를 노려볼 뿐이었고, 그래도 내가 포기하지 않으면 측근들이 나를 쫓아내는 일이 계속되었다.

2011년 5월 7일, 나는 고단샤 편집자인 아오키 하지메青木肇와 함께 교토로 갔다. 그곳에서 열릴 예정이었던 사쿠라이의 강연을 듣기 위해서였다. 재특회와 간사이 팀이 주최하는 강연회였기 때문에 쫓겨날 각오는 되어 있었다. 하지만 그렇게라도 하지 않으면 사쿠라이와 만날 수 없었다. 강연이 시작되기 직전에 도착한 우리는 강연회장의 접수대에서 취재차 왔다고 솔직하게 방문 이유를 말했다. 담당자는 순간 주저했지만, 1인당 참가비 8천 엔을 내고 강연을 방해하지 않겠다고 말하자 어쩔 수 없다는 표정을 지으며 우리를 안으로 들이려 했다. 그때 누군가가 "잠깐!"이라고 소리를 높였다. 사쿠라이였다.

"당신은 입장할 수 없습니다."

사쿠라이는 자리에 앉은 채 무표정하게 말했다. 왜냐고 묻는 내게 사쿠라이는 태연하게 말했다.

"당신은 말이야, 취재하게 해달라고 해놓고 재특회를 깎아내렸지? 그런 사람의 취재는 받아들일 수 없어."

"주장이나 논평도 안 됩니까?"

"당신과는 이제 이야기 안 해."

"저는 이야기하고 싶은데요."

"됐으니까 돌아가."

그런 대화였다. 어쩔 수 없이 나는 밖에서 사쿠라이의 강연이 끝나기를 기다렸다. 오기가 생겼다. 그때의 나는 사쿠라이를 비판할 생각도, 규탄할 의도도 없었다. 단지 이야기가 하고 싶었을 뿐이었다. 강연을 마친 사쿠라이가 밖으로 나오자마자 그에게 달려갔다.

"사쿠라이 씨, 잠깐도 좋으니 얘기 좀 하죠. 같이 밥이라도 먹을까요?"

내가 생각해도 진부한 작업 멘트다. 막상 닥치니 이런 말밖에 나오지 않는다. 당연히 사쿠라이는 전혀 표정을 바꾸지 않았다. 완전히 무시했다. 나는 사쿠라이와 어깨를 맞대고 걸었다. 잠시 동안 서로 아무 말도 하지 않았다. 사쿠라이는 불쾌한 표정으로 나를 쳐다보려고도 하지 않았다. 갑자기 그가 조용히 말했다.

"이봐, 난 당신이 싫어."

어딘가 피곤한 목소리였다.

"당신, 내 가족을 취재했지? 협박했지?"

또 그 이야기인가? 협박할 리가 없다. 그럴 이유도 없다. 그러나 사쿠라이는 그런 반론도 무시한 채 말을 계속했다.

"어쨌든 취재는 안 받는다."

사쿠라이는 빠른 걸음으로 나를 남겨 두고 사라졌다. 그뿐이었지만, 왠지 그때의 사쿠라이 목소리가 귓가에 맴돈다. 그때까지 들어 본 적이 없는 나약한 목소리였기 때문이다.

내가 동생 집을 방문한 것에 대해 진심으로 화를 내고 있는 것이었다. 아마도 그는 동생을 무척이나 아끼고 있을 것이다. 제수씨는 사쿠라이가 시민운동의 리더라는 사실을 모르고 있었다. 과격한 시민운동이라는 사실을 자각하고 있었기 때문에 동생을 걱정시키지 않으려고 했을 것이다. 시간이 아무리 지나도 사쿠라이가 거기에 집착하는 것을 보고 나는 약간 죄책감을 느꼈다. 그가 필사적으로 지키려 하는 것만은 이해할 수 있을 것 같은 기분이 들었다.

또 하나 신경이 쓰였던 것은 최근 그의 표정이 예전에 비해 피로해 보인다는 것이다. 재특회 설립 이후 쭉 활동을 계속했던 젊은 회원도 이렇게 말했다.

"회장은 이제 자신을 제어할 수 없는 정신 상태가 된 것 같아요."

1년 반 동안 그의 운동이 과격한 방향으로 나아가고 있는 것은 사실이다.

"죽어."와 "죽여."라는 말을 자주 쓰는 등, 회원들 사이에서도 의아해하는 사람이 늘었다. 이날 강연에서도 사쿠라이는 정상이라고는 생각할 수 없는 말을 했다. 예를 들면 이런 식이다.

"재일 조선인이 생활보호를 못 받아서 죽는다면 죽게 두면 될 일입니다. 지금 일본은 혼란기입니다. 다음에 오는 것은 동란기動亂期, 마지막으로 반드시 살육기殺戮期가 옵니다. 재일 조선인, 그리고 반일 극좌 세력을 진짜로 목숨 걸고 죽이지 않으면 안 될 날이 반드시 옵니다. 그때는 여러분의 각오가 중요해집니다. 울면서 용서를 비는 상대를 일도양단으로 벨 수 있느냐는 문제입니다. 무척 어려운 선택입니다. 조선인이라도 아직 어린아이입니다. 그러나 이 어린아이를 살려 두면 또 같은 일이 되풀이됩니다."

사쿠라이는 일찍이 도쿠가와 이에야스가 여섯 살 아이까지 목을 베어 도요토미 가문을 멸절한 사례를 들며 이렇게 말했다.

"그런 잔혹함이 없었다면 도쿠가와 280년의 평화도 없었을 것입니다. 우리도 그런 각오가 필요합니다. 매일 각오를 해야 합니다."

재일특권이고 뭐고 상관없다. 단순히 테러를 선동하고 있을 뿐이다. 사쿠라이가 진짜로 살육기를 각오하고 있는지는 알 길이 없다. 그러나 과격한 언동을 하면 할수록 사쿠라이 자신도 필요 이상으로 부담을 느끼게 되지는 않을까? 강연을 마친 후 어딘가 피로한 그의 표정에서 그런 고뇌가 엿보이는 듯한 기분이 들었다.

꿈이 깨진 동지들

사쿠라이의 초조와 피로에 박차를 가하고 있는 것은 지방 지부장들을 비롯한 재특회 간부들의 탈퇴인지도 모른다. 일반 회원은 꾸준히 증가하는 반면, 그때까지 전국 각지에서 재특회 활동을 지탱해 오던 지부장급 간부들이 2011년 들어 연이어 발을 빼고 있는 것이다. 내가 아는 사람만 해도 열 명이 넘는다. 한때 서일본의 어느 지역에서 지부장을 했던 40대 남성 회사원은 "이상한 방향으로 끌려가는 게 싫었다."라고 탈퇴 이유를 말했다.

"조직을 확대한 사쿠라이 회장의 수완은 인정합니다. 그렇지만 재특회는 좋은 의미에서도, 나쁜 의미에서도 회장 일인 독재 체제예요. 회장이 오른쪽으로 달려가면 다들 그쪽으로 쏠리죠. 이견을 제기하면 '조선인과 좌익의 앞잡이'라며 배제당해요. 설립 당시에는 나름대로 진지한 단체였다고 생각해요. 지부에 따라서는 정기적으로 스터디도 했고, 회원 중에는 대학이나 고등학교에서 가르치는 인텔리도 많았습니다. 보수란 무엇인가, 일본에서 외국인의 입장은 어때야 하는가 하는 주제로 진지한 토론도 했습니다. 그런데 언제부터인가 집회 중심의 활동 방식이 정당화되면서 무슨 일이든 소동을 일으키는 게 목적이 된 것 같아요. 그러다가 '재일 코리안을 죽여.'라는 주장까지 나오고, 더는 참을 수 없었어요. 예전에는 상당히 논리적이던 회장이 이젠 단순한 협박범이 된 것 같아요. 미안하지만 지금의 회장은 꼴불견이에요. 왜 그렇게 초조해하는지, 뭐가 그렇게 무서운지 몰라도, 이제는 회장을 따라다닐 수 없다는 생각이 들었습니다."

그 또한 자기 돈으로 활동비를 마련해 갖가지 활동에 참가해 온 '지방의 공로자'였다.

"원래는 회장의 블로그를 보고 재특회에 참가했어요. 회장의 주장엔 나름대로 설득력이 있었죠. 그런데 보고 있자니, 역시 권력은 부패할 수밖에 없다는 생각이 들어요. 예스맨만 좋아하고, 이건을 말하는 사람은 용서할 수 없다는 분위기에서 토론도 제대로 안 되죠. 지부장이 되면, 열 명 정도 정기적으로 모여 스카이프로 지부장 회의를 하는데, 제가 그만둘 무렵엔 토론은커녕 그냥 잡담에 불과했어요. 무언가 배우려는 분위기도 전혀 없고요."

같은 시기에 탈퇴한 다른 지역의 지부장(50대)도 말한다.

"체포는 각오하고 있다, 애국자는 무죄다, 그런 분위기였죠. 더는 제가 있을 곳이 아니었어요. 시민 단체라는 건 이름뿐이었고, 하는 일이라곤 적을 발견해 쳐들어가서 큰 소리로 호통치는 것뿐이에요. 예전부터 있던 진지한 회원일수록 씁쓸하게 생각할 거예요. 그런데 지금 재특회의 대부분을 차지하고 있는 신입 회원이나 젊은 회원들은 그런 부분에 매력을 느끼죠. 역시 계기는 교토·도쿠시마 사건이었어요. 그때 과격한 운동을 반성했더라면 올바른 시민운동을 모색할 수 있었을지도 모르죠. 그런데 사쿠라이는 법률을 어기고 체포된 사람들을 '용사'로 치켜세우면서 전적으로 긍정하고 말았어요. 이상한 일이지만, 그게 운동으로 인정되자 그저 소동을 피우고 싶은 이들만 조직에서 두각을 나타내게 되었습니다. 목소리가 크면 클수록, 행동이 튀면 튈수록 인정받는 분위기가 생기고 만 거죠."

그가 탈퇴하기 직전에 일어난 일이었다. 어느 간부가 지부에서 집회를 열기 위해 공공시설에 회의실 이용을 신청하러 갔으나, "재특회 같은 단체에는 빌려 줄 수 없다."라며 거절을 당했다. 그러자 그 간부는 책상을 두드리며 큰 소리로 위협했다. 이 이야기를 다른 회원에게 전해 들은 그는 협박은 오히려 역효과를 부를 뿐이고 신뢰를 얻을 수 없다며 그 간부를 타일렀다.

"그런데 그게 문제가 된 거예요. 저는 재특회를 위해 그 간부에게 주의를 준 건데 비겁하다는 딱지가 붙었죠. 진심으로 재특회를 생각해도 결국은 '애국 무죄'라는 논리가 이기는 거예요. 이 사건을 계기로 결국 탈퇴하게 됐죠."

그렇게 재특회는 폭주를 계속하고 있다.

8
늘어나는
표적

| 원전 반대, 파친코, 후지 TV ……
| 마음에 안 들면 모두 반일 세력

더운 날씨에 무수한 일장기가 아지랑이처럼 흔들렸고 기묘한 열기가 들 끓고 있었다. 한여름 햇빛도 그 주변에서는 파장이 일그러졌다. 원폭돔* 바로 옆에 자리한 사람들은 재특회 회원 1백여 명이었다. 뙤약볕 아래서 회원 들은 집회 준비에 여념이 없었다. 목에 타월을 두른 티셔츠 차림의 젊은이들 이 일본의 핵무장을 주장하는 현수막을 걸고 확성기의 음량을 체크하고 있 었다. 쇳소리가 끈끈한 공기에 스며들었다.

2011년 8월 6일 이날, 히로시마는 66번째 피폭 기념일을 맞았다. 피폭 중

● 1945년 8월 6일 원자폭탄 투하에 의해 녹아내린 돔의 철골 잔해로 피폭 도시 히로시마의 상징이
되었다.

심지와 가까운 평화기념공원에서 개최된 기념식전은 오전 10시에 폐막되고, 한 시간 후에 교대하듯 등장한 사람들이 바로 재특회 회원들이었다. 이때 공원 안에는 기념식전의 여운이 아직 짙게 남아 있었다. 위령비 앞에서는 피폭자들을 추모하는 많은 이들이 헌화하며 조용히 고개를 숙였고, 향 연기가 하늘을 향해 하늘하늘 피어올랐다. 공원 안 여기저기서는 노동조합과 평화운동 단체들이 작은 집회를 열어 핵무기 폐기를 주장했다. 동일본 대지진에 의한 원전 사고의 영향으로 예년과 달리 원전 반대를 주장하는 단체들도 보였다.

그곳에 갑자기 "일본은 하루빨리 억지력으로서의 핵무장을 하라."라고 크게 쓴 플래카드를 손에 든 집단이 나타난 것이다. 게다가 원폭돔 바로 옆이라는 '명당'을 확보하고, 일장기와 욱일승천기를 쭉 세운 것이 불온해 보였다. 주목을 끌지 않을 수 없었고, 도대체 무엇이 시작될까 하고 의아하게 여긴 사람들이 모여들었다.

새로운 표적

재특회는 사전에 다음과 같은 집회 공지를 웹사이트에 발표했다.

원전을 지키자! 핵무장 추진! 가두연설 in 히로시마

히로시마에서 일본의 각성을! 일본을 지키기 위해 하루빨리 핵무장을!

반일 국가의 핵무기를 용인하는 반일 극좌를 바다에 빠뜨려라!

평등·인권의 이름으로 오랫동안 일본인의 인권을 침해해 온 반일 좌익에게 더 이상 참을 수 없는 일본인들이 진심으로 분노를 폭발시키겠습니다. 히로시마 평화공원에 설치된 "평안히 잠드세요. 잘못은 되풀이하지 않겠습니다."라는 기념비는 평화의 상징으로서 존재한다고들 합니다. 그러나 그 실태는 자학사관自虐史觀의 모뉴먼트(속죄 의식이라는 이름의 평화를 강요)일 뿐, 이것이야말로 좌익의 정치 프로파간타 외의 누구도* 아닙니다. 히로시마에서는 국가에 대해 말하는 것도, 독립에 대해 말하는 것도, 그리고 그것을 생각하거나 표현하는 행위조차 사악한 일이라고들 합니다. 사이비 평화주의에 지금 단호히 '노'라고 말합시다! 우리 일본인이 진정한 자유를 회복할 날이 온 것입니다.

평소와 마찬가지로 복장과 연령대가 서로 다른 통일성 없는 집단이었다. 기모노를 입은 젊은 여자도 보였다. 그러나 이날 모인 한 사람, 한 사람의 표정에서는 평소의 집회와 다른 긴장감이 느껴졌다.

'8·6 히로시마'는 그들에게 원정 경기나 다름없다. 말하자면 적지에서 핵무장을 주장하는 것이어서, 회원들 사이에 찌릿찌릿한 분위기가 감도는 것도 당연했다. 노려보듯이 주위를 경계하는 사람도 눈에 띈다. 쭉 늘어선 일장기 아래에서 배타와 단결이 요란스럽게 공존하고 있었다.

집회 준비가 끝나자 나도 천천히 그들에게 다가갔다. 집회가 시작되기 전에 취재하러 왔다는 사실만이라도 그들에게 알리는 것이 예의라고 생각했

---

* '프로파간타'와 '누구도'는 재특회의 문법적 오류다. 지은이는 원서에 '원문대로'라고 표시하고 그대로 인용했다.

다. 몰래 숨어서 취재하는 것은 싫었다. 구경꾼 사이를 뚫고 앞으로 나아갔다. 일장기 집단 바로 앞까지 가까이 갔을 때였다.

"이 녀석, 뭐하러 왔어!"

위협적인 목소리가 날아왔다.

"너, 여기서 나가!"

자신이 경영하는 후쿠오카의 미용실에서 내게 호통을 쳤던 부회장 사키자키였다. 그와 나는 왠지 잘 안 맞는 듯하다. 사키자키는 충혈된 눈으로 나를 노려보며 큰 소리로 떠들었다. 이런 대응에 익숙해진 나는 '아, 또 그러나.' 싶어서 쓴웃음을 지었다. 그때 내 입가가 일그러졌을 것이다. 다른 사람이 보기에는 조롱하는 듯한 표정으로 보였는지도 모른다. 그것이 더더욱 그들의 분노의 도화선에 불을 붙였다.

"웃지 마!"

"너 같은 건 부른 적 없어!"

"취재하고 싶으면 돈을 내."

이렇게 사방팔방에서 욕설이 들려오는 것도 이젠 일상이 되었다. 나는 조용히 물러나 멀리서 지켜보는 구경꾼들 속으로 들어갔다.

"너무 무리하지 마세요."

그렇게 말한 사람은 히로시마 경찰서의 형사였다. 반팔 흰 셔츠에 반바지, 한쪽 귀에 꽂은 이어폰, 전형적인 공안 경찰의 복장이다. 형사는 내 친구인 우익 청년의 이름을 들며 "그 사람도 야스다 씨의 안전을 부탁하더군요."라고 사람 좋은 미소를 보였다. 어느새 형사 세 명이 나를 포위하듯 서있었다. 액면 그대로 받아들이자면 고마운 생각도 든다. 그러나 경비, 공안 담당 경찰관이 지키려는 것은 내 안전이 아니라 그 장소의 질서다. 즉 내가 경비를 혼란시키지 않도록 감시하고 있을 뿐이다.

실제로 형사들은 계속 나한테서 떨어지지 않았고, 내가 조금이라도 재특회 회원들에게 다가가려고 하면 몸으로 막으며 접촉을 방해했다. 안전을 지키는 것이 아니라 취재 방해다. 초조해진 나는 몰래 종종걸음으로 경계망을 뚫고 나서려 했지만, 공안은 프로였다. 금세 따라잡아 뒤에서 몸을 붙잡았다. 흡사 테러리스트 취급이다.

'친절하게' 나서는 공안 형사가 마음에 들지 않았지만, 나는 모호하게 맞장구를 치며 다시 주위를 살폈다. 1백 명 정도의 집회치고는 공안의 수가 지나치게 많다. 군중 속에서 눈에 띄지 않게 참가자들의 신원을 확인하고 있는 공안조사청 직원까지 포함하면, 이른바 사복 경찰의 수는 재특회와 비슷한 정도가 아니었나 싶다. 그중에는 도쿄에서 출장을 온 경시청 공안 3과(우익 담당) 형사의 모습도 보였다.

완전무장을 한 기동대원들도 50명 정도 공원 부근에서 대기하고 있었다. 이 정도라면 좌익 당파에 대한 경비 태세와 비교해도 손색이 없다. 좌익과 노동운동의 쇠퇴로 새로운 일거리를 찾는 데 혈안이 되어 있던 공안에게 재특회는 '좋은 사냥감'임에 틀림없다.

공안 관계자와 다수의 구경꾼에게 둘러싸인 채 재특회 집회는 11시 정각에 시작되었다. 마이크를 잡은 '변사'들이 연이어 핵무장과 원전 찬성을 호소했다.

"지금까지 8월 6일의 히로시마는 극좌 세력의 놀이터였습니다. 아무도 일장기를 들고 집회를 하지 못했습니다. 오늘, 사상 최초로 우리는 국방을 위한 핵무장을 주장합니다! 핵의 비극을 되풀이하지 않기 위해 핵무장이 필요합니다!"

"담배와 방사능, 어느 쪽이 더 몸에 나쁜지 다들 알아? 텔레비전이나 언론을 믿지 마! 녀석들은 거짓말만 하고 있다!"

자극적이라면 자극적이다. 원폭돔 바로 옆에서, 그것도 피폭 기념일에 "일본도 핵을 가져야 한다", "원전의 등불을 지켜라."라고 소리를 질렀으니, 사상 최초는 최초일 것이다. '어때? 봤냐? 드디어 해냈다', 이런 성취감이 그들의 열기를 고조시켰다.

작은 해프닝이 일어난 것은 변사 중 한 명이자, 교토 사건과 도쿠시마 사건에서 체포된 적이 있는 아라마키 하루히코가 이날 히로시마에 모인 좌익 단체를 과격한 어조로 비난하고 있을 때였다.

"중핵파? 혁명노동자협회? 그게 뭐야? 먹는 거야? 부모한테 얹혀사는 주제에 뭐가 혁명이야? 도리를 지키는 일본인이 가장 강한 거야. 바보 멍청이."

그때 갑자기 티셔츠를 입은 젊은이가 소리를 지르며 아라마키에게 달려들었다. 젊은이는 히로시마의 평화운동 단체 회원 같았다. 처음에는 얌전하게 구경만 하고 있었는데, 언제부터인가 비등점을 넘어 버린 듯했다. 아라마키를 손으로 가리키며 다가오는 젊은이에게 집회 참가자들이 일제히 달려들었다.

"너, 조선인이냐?"

"거지새끼."

그렇게 말하며 10여 명이 포위하고, 어깨를 치거나 억지로 팔을 붙잡는 등 거칠게 대했다. 젊은이는 무언가를 필사적으로 주장했지만, 소란한 상태여서 전혀 들을 수 없었다. 그때까지 여유롭게 카메라로 촬영하며 메모를 하던 사복형사들도 허겁지겁 달려가 힘으로 양쪽을 떼어 놓았다.

소동이 일단락된 다음, 마이크를 잡은 사람은 사쿠라이였다.

"야, 덤빌 테면 목숨 걸고 덤벼! 우리는 반일 좌익을 하나라도 쫓아내기 위해 여기 온 거야! 히로시마 경찰이 뭐라 하든 방해하는 녀석이 있으면 끌어내! 반일 극좌를 죽여 버려!"

무시무시한 쇳소리가 대형 확성기를 통해 울려 퍼졌다. 이성과 광기의 경계를 줄타기하는 사쿠라이의 말은, 그래서 사람들을 불쾌하게 만들고 한편으로는 열광시킨다. 사쿠라이가 많은 젊은이들의 마음을 붙잡는 것은 그의 불안정함이 불안정한 사람들과 어딘가 '공명'했기 때문인지도 모른다.

"덤벼!"

"옳소!"

참가자들은 사쿠라이의 말에 맞추어 주먹을 치켜들었다.

'다르빗슈'와의 재회

약 한 시간 동안 계속된 집회를 마치고 다음은 행진이 이어졌다. 재특회는 행진의 출발점, 공원과 원폭돔을 잇는 모토야스 다리 쪽으로 연이어 이동했다. 도중에 공원에서 반핵 집회를 열고 있는 시민 단체를 발견하면, 분풀이라도 하듯 "좌익!", "꺼져!"라고 소리쳤다. 상대가 휠체어를 탄 장애인 단체라도 상관하지 않았다. "허가는 받고 집회하는 거냐?"라고 동네 건달처럼 시비를 거는 사람도 있었다. 한 명, 한 명은 소박하고 얌전해 보이는 젊은이들인데, 무리를 지었을 때는 두려울 것이 없다.

주위를 위협하며 시민 단체를 무찌르듯이 일장기 집단이 나아갔다. 기분이 좋아 보였다. 위협을 당한 쪽에서 보면 민폐도 그런 민폐가 없다. 그들의 언동에 분노하거나 마음에 상처를 입은 피폭자와 유족도 있을 것이다. 그 순간만큼은 분명 재특회가 '주인공'이었다. 모두가 그들을 두려워하며, 마지못해 길을 비키고, 가만히 일장기 대열을 지켜보고 있었다. 이런 경험은 흔치않다.

출발 지점인 모토야스 다리에서도 그들의 외침은 계속되었다. "재특회는 전력으로 싸운다!"라는 구호를 반복했다. 일본의 100대 다리로 꼽히는 모토야스 다리는 66년 전 이날, 원폭에 직격을 당했다. 폭심의 바로 밑이다. 이 다리 주변에서 희생자가 많이 나왔기 때문에 매년 피폭 기념일 밤에는 위령을 위해 등롱을 띄워 보낸다. 그 다리 위가 일장기로 뒤덮였고, 시위 출발 전에 사기를 북돋우기 위한 연설도 있었던 것이다.

"핵의 힘을 가장 잘 알고 있는 건 히로시마 시민 여러분 아닙니까? 주변 나라들이 핵무장을 하고 있는데, 왜 일본만 핵을 가질 수 없습니까? 무슨 생각을 하고 있는 거야!"

재특회를 자극하지 않도록 약간 떨어진 장소에서 그 모습을 살피고 있던 내 귀에 무척이나 도발적인 젊은이의 목소리가 들렸다. 낯익은 목소리였다. 혹시나 싶어서 다가갔다. 일장기를 망토처럼 두른 키 큰 남자가 과장된 동작으로 목소리를 높이고 있었다. 틀림없다. '다르빗슈'라 불리는 호시 에리야스다. 수수한 외모를 가진 사람이 많은 재특회에서 초식동물 같은 그의 유연하고 가녀린 손발은 유달리 돋보였다.

그의 집에서 이야기를 들은 지 채 몇 달도 지나지 않았다. 취재 중에 "운동을 떠나고 싶다."라고 내게 말했던 그는 그 후 재특회 활동에 모습을 보이지 않았고, 나는 그가 '졸업'했다고 생각하고 있었다. 그런 호시가 눈앞에서 청중의 시선을 독점한 로큰롤 스타처럼 자랑스러운 표정을 짓고 있었다. 조금은 안타까웠지만 연락이 닿지 않던 그의 모습을 다시 볼 수 있어 반갑기도 했고, 복잡한 기분이 들기도 했다. 연설을 마친 호시에게 나도 모르게 다가갔다. 호시는 싫은 표정을 짓는 대신, 오히려 오랜 친구와 재회라도 한 것처럼 만면에 미소를 띠고 나와 손바닥을 마주쳤다.

"오랜만입니다."

재특회의 적인 내게 호시는 머리를 깊이 숙였다. 주위에 보는 사람도 있는데 말이다. 그의 이런 점은 미워할 수가 없다.

"복귀했구나. 이제 그만둔 줄 알았어."

호시는 대답 대신 헤헤 하고 쑥스럽게 웃었다. 결국 그도 이곳으로 돌아올 수밖에 없었나 싶은 생각이 들었다. 취미인 음악은 계속하고 있느냐고 묻자, 호시는 "네, 계속하고 있습니다."라고 예의 바르게 살짝 고개를 숙였다. 그도 재특회에서의 입장이 있으니, 주위에 이 이상으로 친밀한 모습을 보였다가는 곤란할 것이다. 그렇게 판단한 나는 그의 어깨를 가볍게 두드리고는 조용히 그곳을 떠났다. 호시는 "수고하세요."라며 다시 한 번 머리를 숙였다. 불과 몇 분 전까지 "무슨 생각을 하고 있는 거야!"라며 마이크를 잡고 떠들던 호시의 모습이 멀어져 갔다. 이 갭은 무엇일까?

호시만이 아니었다. "꺼져, 야스다!"라는 소리가 오가는 중에도 내게 눈으로 인사하는 사람, 지나가며 내 어깨를 슬며시 두드리는 사람, 시선을 마주치지 않고 "수고하십니다."라고 짧게 말하고 지나가는 사람, "나중에 전화할게요."라고 귓속말하는 사람이 몇 명 있었다. 재특회의 방약무인에는 진절머리가 나지만, 일부 회원들의 이런 행동은 역시 미워할 수 없었다.

그러나 일단 행진이 시작되면 그들은 다시 열광의 세계에 몸을 맡겨, 오로지 '날뜀' 뿐이었다. 재특회 시위대는 "히로시마에서 일본의 각성을!"이라는 플래카드를 선두로 하여, 모토야스 다리에서 바로 옆의 상점가를 지나 번화가로 향했다.

"반핵 단체는 히로시마에서 꺼져라!"

"꺼져라!"

"핵무장을 해서 짱개와 조선한테서 일본을 지키자!"

"지키자!"

"핵무기가 없는 미래보다 북한이 없는 미래를 만들자!"

"만들자!"

피폭을 당했던 히로시마가 이런 호소에 공감할 리 없다. 시위대를 따라가며 재특회의 날카로운 목소리를 메모하던 나도 점점 불쾌해졌다. 그들은 피폭자들에게까지 비난의 화살을 돌렸다.

"피폭자에 대한 지원에는 시민의 혈세가 사용된다!"

"옳소!"

"혈세를 갉아먹는 피폭 이권을 무찌르자!"

"무찌르자!"

"속죄 의식을 강요하는 기념비를 부수자!"

"부수자!"

"원폭돔을 해체하자!"

"해체하자!"

피폭자가 국가에서 보상을 받는 것조차 '이권'이란 말인가? 그리고 원폭돔을 해체해서 어떻게 할 것인가? 이렇게 되면 주장이 아니라 싸움을 거는 태도다.

내 눈앞을 호시 에리야스가 지나갔다. 단정한 얼굴이 분노로 일그러져 있었다. 싸늘한 시선을 보내는 시민들에게 주먹을 들고 "당신들이 문제야!"라고 큰 소리로 호통치고 있었다. 그때까지 취재를 통해 알게 되었던 사람들도 뭔가에 빙의된 것처럼 쉴 새 없이 손을 흔들며 저주를 내뱉었다. 나와 함께 있을 때 보였던 순진한 표정도, 고뇌도 없었다.

"꺼져!"

"쫓아내라!"

어두운 열정에 기댄 분노의 외침이 8월의 하늘에 빨려 들었다.

'원전 반대'를 공격하는 이유

그런데 왜 재특회는 '원전 반대'를 새로운 공격 목표로 선택했던 것일까? 일찍이 일본 열도에 없었던 피해를 가져온 2011년 3월 11일의 동일본 대지진과 후쿠시마 제1 원전 사고는 재특회의 활동에 큰 영향을 끼쳤다. 아니, 위기감과 초조함이라고 해야 할 것이다. 그들을 몰아세운 것은 원전 반대 운동의 큰 물결이었다. 그들은 이 원전 반대 운동을 "좌익이 주도하는 국가 파괴 활동"으로 파악하고, "이대로는 좌익에게 일본이 점령당하고 만다."라는 논리로 즉시 '원전 반대에 대한 반대'라는 맞불 집회에 나섰다. 결국 새로운 적을 만들어 냈다고 할 수 있다.

실제로 3·11 이후의 원전 반대 운동은 일본의 사회운동사에 기록될 정도로 고조되었다. 원전 사고가 난 지 한 달 뒤인 4월 10일에 도쿄 고엔지에서 1만5천 명이 모인 시위를 시작으로 전국 각지에서 수천 명 규모의 시위가 계속되었다. 그만큼 원전 사고가 부른 불안과 걱정이 컸기 때문이다. 좌익 운운과 상관없이 실제로 모든 국민에게 위험이 닥치고 있었다(그리고 지금도 계속되고 있다). 그렇기 때문에 옛날부터 원전과 핵에 반대하는 운동을 해 온 사람들뿐만 아니라 정치적으로 무관심한 사람들, 그리고 보수 우익이라 불리는 사람들까지 포함한 대대적인 원전 반대 운동이 일어났던 것이다.

예를 들어, 앞에서 나왔던 통일전선의용군의 하리야 다이스케는 '오른쪽에서 생각하는 탈脫원전 네트워크'를 조직해 같은 우파 민족주의자들과 함께 각지에서 원전 반대 시위를 전개하고 있다.

"원전 반대 운동은 정치적인 좌우와 무관해야 합니다. 진지하게 이 나라의 장래를 걱정한다면 원전이 없는 사회를 지향하는 게 당연하죠. 평소부터 일본의 아름다운 산하를 지킬 것을 주장하는 민족주의자라면 더더욱 그렇고요."

사쿠라이의 산파인 '주권 회복을 도모하는 모임'의 니시무라 슈헤이도 "(원전 사고는) 누구도 부정할 수 없는 비극이다. 국토를 지키기 위해서 원전 반대를 주장하지 않으면 안 된다."라며 사고 직후부터 원전 문제를 생각하는 심포지엄 등을 주최했다. 그리고 스스로 선두에 서서 '원전 반대! 애국 시위행진'을 실시하기도 했다.

그런데 같은 보수파에 속하는 재특회는 완전히 그 반대로 가버렸다. 사쿠라이는 원전 반대 운동에서 "좌익의 마수를 봤다."라며 '원전의 불씨를 꺼뜨리지 않는 국민회의'라는 단체를 만들어 스스로 대표에 취임했다. 2011년 4월 17일에는 도쿄 시부야에서 '원전의 불씨를 꺼뜨리지 않는 시위행진'을 했다. 이날 시위에 참가한 사람들은 재특회·배해사의 회원 등을 중심으로 약 50명이었는데, 나는 대열의 끝에서 그들의 모습을 좇았다. 걱정했던 대로 원전과 직접적으로 연관된 구호는 드물었다.

"일본 정신을 무너뜨리는 조센진을 쫓아내라!"

"원전을 반일 좌익들로부터 지켜 내라!"

급기야 길가에서 싸늘한 시선을 보내는 사람들(휴일의 시부야에서는 당연한 일이다)에게 화가 났는지 "시부야에서 놀 수 있는 것도 전기 덕분이야!"라는 말까지 했다. 시위 해산 지점인 공원에서 사쿠라이는 시위의 의의를 호소했다.

"우리 운동을 비난하는 사람도 많습니다. 그렇지만 원전 반대를 히스테릭하게 주장해도 얻을 수 있는 건 일본의 혼란밖에 없습니다. ("옳소!") 지금 원전 반대를 주장하는 중심에 누가 있습니까? 극좌 폭력 집단입니다. 원전 반대 시위는 당최 시위라고 부를 수 없습니다. 순전히 폭동입니다! ("옳소!") 지금 원전의 불씨를 꺼뜨리지 말라고 한다면 원전 추진파로 보이겠죠. 하지만 지금 나서지 않으면 많은 사람들이, 특히 사회적 약자로 불리는 사람들이 틀림없이 희생될 것입니다!"

아무리 봐도 사쿠라이의 주장에는 '좌익 혐오'밖에 보이지 않는다. 이런 사쿠라이의 움직임에 반응한 것은 적으로 규정한 좌익이 아니라 니시무라 슈헤이였다. 같은 날 니시무라는 "'애국'을 가장한 딱지 붙이기는 그만두라!"라는 제목의 성명을 발표했다. 거기에는 다음과 같은 내용이 있다.

현행 원자력 정책에 대한 비판을 일률적으로 '반일 좌익'이라 규정하고, 그런 딱지를 붙이느라 광분하며, 건설적인 논의에서 도망치는 듯한 자세를 우리는 용인할 수 없다. '애국'의 간판을 걸고 그런 도피의 자세를 보이는 것은 국가 장래에 대한 이중의 배신행위다. 진정한 애국자를 자부한다면 원점으로 회귀해야 한다.

이름을 언급하지는 않았지만, 이 글에서 비판하는 대상이 재특회인 것은 말할 것도 없다.

6월 10일 니시무라가 기획한 "원전의 정당성을 묻는다 : 앞으로의 에너지를 생각한다"라는 심포지엄이 도쿄에서 개최되었다. 보수파로 지목되는 인물들이 중심이었고, 원전에 대한 찬반을 토론할 계획이었다. 니시무라는 사전에 재특회의 사쿠라이에게 참석을 요청했다. 보수파 가운데 명확하게 '원전 옹호'를 호소하고 있는 단체는 재특회뿐이었기 때문이다.

그런데 사쿠라이는 참석을 거부했다. 니시무라의 말에 따르면, "휴대전화로 연락해도 사쿠라이는 받지 않았다."라고 한다. 얼마 전부터 재특회를 비판하던 니시무라에게 반발했기 때문일까? 예전의 은사 중 하나이기 때문에 니시무라의 비판은 각별히 괴로운 것이었는지도 모른다. 결국 니시무라는 사쿠라이 대신 부회장 야기에게 연락했고, 우여곡절은 있었지만 야기는 '개인 자격'이라는 조건으로 간신히 참가할 수 있었다. 니시무라는 사쿠라이의 도망에 대해 이렇게 중얼거렸다.

"이제 사쿠라이는 저와는 얘기하고 싶지 않은 모양이에요. 그렇다면 어쩔 수 없지만, 운동의 리더라는 사람이 언론의 장에서 도망쳐서 뭘 하겠다는 걸까요? 원전을 찬성한다, 조센진을 죽여 버려, 위세 좋은 그의 발언도 결국은 동료들이 지켜 주지 않으면 못할 거예요. 무책임하다는 생각밖에 들지 않네요."

사쿠라이는 니시무라와 더 거리를 두었고, 오기라도 생겼는지 '원전 찬성'에 큰 힘을 쏟았다. 그러면서 재특회가 열을 올리게 된 것이 원전 반대 시위에 대한 맞불 시위였다. 원전 반대 시위 현장에 들이닥쳐 시위 참가자들에게 비난을 퍼붓는 것이 그들이 주로 하는 항의 운동이다.

지진이 일어나고 3개월째 되는 6월 11일, 140곳에서 '전국 일제 원전 반대 시위'가 개최되었다. 주최자의 발표에 따르면 이 행사에 참가한 사람은 전국에서 약 8만 명, 도쿄에서만 2만 명이었다. 그날 나는 신주쿠에서 있었던 원전 반대 시위를 취재하고 있었는데, 거리는 마치 해방구처럼 떠들썩했다. 밴드와 디제이를 태운 자동차가 시위대를 선도하고, 길을 가득 메운 참가자들이 '원전 반대'라고 목소리를 높였다. 시위대가 신주쿠 역에 도착했을 때 갑자기 일장기를 든 집단이 나타났다. 재특회였다. 신주쿠 역 옆의 횡단보도에서 진을 치고 있던 재특회 회원 20여 명이 일장기를 흔들며 일제히 욕설을 퍼부었다.

"거지새끼!"

"미친 새끼!"

성난 얼굴로 가운뎃손가락을 세워 보인 사람도 있었지만, 시위대 대부분은 특별히 신경 쓰지 않고 지나쳤다. 더 정확히 말하자면, 자동차에서 흘러나오는 음악이 재특회의 욕설을 지웠고, 재특회를 발견하지 못한 참가자들이 많았다. 그 때문에 재특회는 더 화가 났을 것이다. 더욱 크게 소리를 지르며 듣기 괴로운 욕설을 연이어 퍼부었다.

같은 시각, 사쿠라이는 나고야에 있었다. 그곳의 재특회 회원들과 함께 마찬가지로 원전 반대 시위를 요격하려고 애쓰고 있었다. "원전 찬성!"이라고 크게 쓰인 현수막을 들고 도발적인 목소리로 외쳤다.

"하마오카 원전을 지키자!"

"어이, 거기 아줌마, 전력 부족의 책임을 지라고!"

재특회는 그 밖에도 후쿠오카, 오사카 등에서 회원들을 동원해 맞불 시위를 벌였다.

재특회가 올린 동영상을 지금 다시 보면, 귀가 썩을 듯한 차별적인 욕설이 적지 않다. 후쿠오카에서는 회사원으로 보이는 젊은 여성이 "더러운 총코의 앞잡이 좌익은 꺼져라!", "야만인 같은 생활이나 해라!"라며 날카롭게 외쳤다. 오사카에서도 "총코는 일본에서 꺼져!", "바보 새끼!"라는 목소리가 들렸다. 모든 지부가 원전 반대 시위 참가자를 "거지", "중핵파"로 단정하고, "원전에 반대할 거면 전기를 쓰지 마."라는 진부한 표현을 사용하는 것이 공통적이었다. 그야말로 니시무라 슈헤이가 말한 것처럼 "'애국'을 가장한 딱지 붙이기"였다.

무엇보다 요즘 세상에 중핵파가 전국에서 8만 명이나 동원할 수 있을 리가 없다. 이런 정치적 무지가 조직으로서의 안일함을 드러내고 있다. 조선인의 멸칭인 '총코'를 연발하는 것은 더 말할 가치도 없다. 재특회는 어떻게

든 연관시키고 싶겠지만, 재일 코리안과 원전 사고는 아무런 관계도 없다.

그러나 그 후로도 대규모 원전 반대 시위가 있을 때면 재특회가 일장기를 들고 들이닥쳐 "거지새끼!"라고 외치는 모습이 눈에 띄었다. 지금은 원전 반대 운동의 상징이라는 소리까지 듣는 배우 야마모토 다로山本太郎도 재특회의 공격을 받았다. 2011년 10월 원전에 대한 시민 집회에 쳐들어가, 게스트로 참가하고 있던 야마모토에게 "어이, 매국노!", "바보 새끼야!"라고 말하며 덤빈 사람들은 간사이에 사는 재특회 회원들이었다. 야마모토는 분노하는 재특회에 "매국노로 불려도 상관없다."라고 태연하게 말했다. 나는 원전에 대한 야마모토의 입장과는 별개로 그를 다시 보게 되었다. 그러나 재특회는 원전 반대 운동에 열중하는 야마모토를 무슨 일이 있어도 용서할 수 없는 모양이었다.

10월 24일 재특회 사가 지부의 한 회원이 야마모토를 건조물 침입 등의 혐의로 사가 지검에 형사 고발했다. 앞서 7월에 사가에서 있었던 원전 반대 시위에서 야마모토를 비롯한 시위 참가자들이 겐카이 원전의 재가동 중지를 요구하며 현청에 '난입'한 행위에 대해서였다(고발장은 수리되었지만, 사가 지검은 혐의가 불충분하다며 불기소 처분을 내렸다).

2012년 1월 18일 경제산업성에서 열린 원자로 시설의 안전 평가에 관한 의견을 듣는 모임에 야마모토가 시민 단체 회원들과 함께 모습을 드러냈다. 이때 경제산업성이 일반인의 방청을 제한한 것에 대해 야마모토 등이 강하게 항의했고, 회의실은 경찰까지 투입되며 일시적으로 소란스러워졌다. 이에 재특회가 다시 움직였다. 야마모토의 행위가 범죄라며 도쿄 지검에 건조물 침입, 업무방해 등의 혐의로 형사 고발한 것이다. 지검에 제출된 고발장에는 다음과 같이 적혀 있다.

정당한 이유 없이 회합을 하고 있는 실내에 침입했으며, 요구를 받았는데도 청사 안에서 물러나지 않고, 큰 소리를 내며 욕설을 거듭하는 등 두 시간 이상 회의실을 점거했고, 그 때문에 장시간 회합이 중단된 주최자는 회의실을 변경하지 않을 수 없었으니, 결과적으로 타인의 업무를 위압적으로 방해한 것이다.

야마모토의 행위를 불쾌하게 생각한 사람도 있었을 것이다. 그리고 모든 사람은 고발할 권리가 있다. 그러나 고발장을 본 순간, 내 머릿속에는 경제 산업성과는 다른 장소가 떠올랐다. 예를 들면 도쿠시마 현 교직원 조합의 사무실 말이다. "요구를 받았는데도 청사 안에서 물러나지 않고", "큰 소리를 내며 욕설을 거듭하는 등", "타인의 업무를 위압적으로 방해한 것"은 바로 재특회가 아니었던가?

파친코에 대한 증오

파친코 산업도 재특회가 적대시하는 대상 중 하나다. 앞에서 말한 '원전의 불씨를 꺼뜨리지 않는 시위행진'(2011년 4월)에서도 선두 대열이 내건 현수막에는 "일본의 전력을 지키자! 원전이 없는 사회보다 파친코가 없는 사회를!"이라고 큼직하게 쓰여 있었다. 사쿠라이를 비롯한 재특회 회원들은 평소부터 파친코를 "조선인의 민족 산업"으로 규정하고, 일본 사회를 괴롭히는 존재로서 공격의 대상으로 삼고 있었다. 그리고 이제는 '원전'과 '파친코'를 억지로 연관시켜 지지자들의 증오를 더욱 부추기려 하고 있다. "원전에 반대하려면, 먼저 전력만 낭비하는 파친코를 즉각 폐쇄하라."라는 사쿠라이의 주장이 바로 그것이다.

2011년 4월 재특회는 파친코 업계 단체인 사단법인 일본유희관련사업협회에 다음과 같은 요청서를 제출했다.

…… 재일특권을 용납하지 않는 시민 모임(이하 재특회)은 계획 정전이 계속되더라도 병원 등 필요한 시설에 전력이 공급될 수 있도록, 사회에 아무런 공헌도 하지 않고 도박 의존증 환자를 증가시키며 막대한 전력만 낭비하는 모든 파친코의 영업정지를 요구합니다. …… 반도체 덩어리인 파친코는 시간당 평균 20와트에서 최대 1백 와트의 전력을 필요로 합니다. 게다가 거기서 나오는 열을 식히기 위한 에어컨 사용량도 엄청납니다. 그것이 여름철 전력 소비량의 급증을 부르는 것은 주지의 사실입니다. …… 이번 전력 부족 문제뿐만 아니라 불법 도박 산업 문제, 현재 2백만 명이나 되는 도박 의존증 환자 문제, 재일 코리안의 기간산업(『민단 신문』民団新聞)인 파친코와 세트인 소비자금융에서 도박으로 인한 파산 증가 등, 재일 코리안의 고향인 한국에서도 불법이며 단속 대상이 되고 있는 파친코 산업에는 너무나도 문제가 많습니다. …… 협회가 책임지고 파친코 영업정지를 관철하도록 재특회는 강력하게 요청합니다.

파친코는 전력 낭비이며 불법 도박 산업이기 때문에 즉각 영업을 정지하라는 이야기다. 요청서에 슬쩍 나와 있는 "재일 코리안의 기간산업"이라는 표현이야말로 이 주장의 근간임은 말할 것도 없다.

그렇게 전국 각지에서 '파친코 박멸' 시위와 집회가 열리는 가운데 나는 2011년 6월 25일 신주쿠에서 열린 집회에 찾아갔다. 이날 이른 아침 20~30대를 중심으로 한 재특회 회원 약 30명이 신주쿠 역 동남쪽 개찰구 앞으로 모였다. 신주쿠 역 동남쪽은 파친코 밀집 지대다. 사쿠라이의 연설은 평소보다 격렬했다. 사쿠라이는 파친코 업소를 향해 "우리의 목표는 모든 파친코의 폐업입니다."라며 선동했다.

"전력 부족이 심각하다. 이런 때 놀고 있어도 되는 거냐!"

"전국 파친코의 하루 소비 전력은 원전 30기에 해당한다. 전력 부족으로 고생하고 있는데, 이딴 건 인정할 수 없다!"

"파친코 산업 때문에 연간 7백억 엔이 북한으로 유용된다. 그것이 대포동·노동 미사일, 납치 활동의 자금이 되고 있다. (파친코 손님들에게) 당신들이 아침부터 저녁까지 파친코에 넣고 있는 돈이 테러 자금이 되고 있단 말이야. 이제 눈을 떠!"

일단 연설을 마친 회원들은 '견학'이라고 칭하며 그 일대를 돌아다녔고 파친코 업소 앞에서 소리를 질렀다.

"일본인에게서 돈을 착취하는 반일 조선인을 바다에 처넣어라!"

전기 문제가 어느새 '조선인 문제'가 되어 있었다. 파친코 경영자 중에 재일 코리안이 많지 않다면 아마도 이런 행동을 하지는 않았을 것이다. 재일 코리안에 대한 증오가 그대로 파친코로 향하고 있는 것이다. 오사카 지부에서는 집회 후 뒤풀이에서 술에 취한 회원이 파친코 간판을 발로 차서 경찰차가 출동하는 소동도 있었다. 그런가 하면 평소 파친코에 다닌다고 밝힌 아이치 현의 여성 지부장은 파친코 규탄 시위에 소극적이라는 이유로 일부 회원들에게 격렬한 규탄을 당해 결국 탈퇴했다.

후지 TV 항의 시위의 진상

"후지 TV를 쳐부숴라!"

"한류 따위 보고 싶지 않다!"

이런 구호가 시부야 역 앞에 울려 퍼졌다. 군중 앞에서 재특회 회원인 남자 고등학생이 마이크를 잡고 외쳤다.

"우리 반 여자애들은 한류 스타 이야기만 합니다. 불쾌합니다!"

재특회가 시부야에서 '후지 TV 항의 시위'를 한 것은 2011년 8월 14일이었다. 아직 재특회와 양호한 관계에 있던 나카타니 요시코(도쿠시마 사건으로 체포, 3장 참조)도 간사이 팀의 동료들과 함께 나타났다. 가슴이 깊게 파인 셔츠를 입은 그녀도 고등학생에게 지지 않고 목소리를 높였다.

"한류 아이돌은 다 똑같은 얼굴에 노래도 똑같아요. 개성이 없어요. 일본에는 한류 따위 필요 없습니다. 후지 TV는 한류 드라마를 방송하지 마라! 일본인은 침묵해서는 안 됩니다!"

아이러니하게도 재특회가 진을 치고 있는 시부야 역 앞 광장은 한류 스타들의 간판으로 가득했다. 역 쪽에는 한국 아이돌 그룹 초신성, 그 맞은편에는 카라가 커다란 간판 속에서 미소 짓고 있었다. 고등학생이 "불쾌합니다!"라고 외친 순간, 정면의 빌딩 전광판에서 한국 배우 박시후가 서툰 일본어로 "지금 일본 팬들을 만나러 갑니다!"라고 말했다. 그 절묘한 타이밍 때문에 구경꾼 중 일부가 웃음을 터뜨렸을 정도다.

동일본 대지진 이후 계속된 원전 반대 시위에 '밀리는 것 같던' 재특회를 고무시킬 주제가 오랜만에 생겼다. 이른바 '반反후지 TV 소동'이다. 방아쇠를 당긴 사람은 젊은 배우 다카오카 소스케高岡蒼甫였다. 2011년 7월 23일 다카오카는 트위터에서 갑자기 후지 TV의 '한류 편중'을 비판하는 취지의 발언을 했다.

솔직히 같이 일한 적도 많지만, 8번(후지 TV)은 이제 진짜 못 보겠다. 한국 방송국인가 싶을 때도 종종 있다. 우리 일본인은 일본의 전통 프로그램이 보고 싶은데. 일단 한국 얘기 나오면 끝나다.^^ 굿바이.

여기가 어느 나라인가 싶은 생각.^^ 싫어! 좋아하는 사람은 미안. 세뇌는 싫어!

다카오카는 이것을 계기로 소속사와 관계가 악화되어 해고되어 버렸다 (그 여파는 부부 사이에도 영향을 미쳐, 아내였던 여배우와도 이혼하게 되었다). 인터넷 여론에서는 말 그대로 대소동이 벌어졌다. 게시판과 블로그에서는 다카오카를 옹호·칭찬하는 글이 이어졌고, 그것이 어느 순간부터 후지 TV 비판으로 이어졌다.

일상적인 사건·사고를 무엇이든 집회로 연결시키려는 재특회가 이런 절호의 기회를 놓칠 리가 없다. 즉시 '반후지, 반한류' 집회와 시위를 기획하고, 이날 시부야에서 시위를 열었던 것이다. 역 앞에서 집회를 마친 재특회는 사쿠라이를 선두로 "후지 TV는 평양으로 가라!", "방송 면허를 취소해라!" 등을 연호하며 시부야 거리를 돌아다녔다.

그 무렵 이미 후지 TV는 인터넷에서 '일본을 모욕하는 반일 방송국'이라는 딱지가 붙어 자주 적대시되었다. 거기에 다카오카의 발언이 기폭제가 된 결과, 인터넷에는 후지 TV의 반일 성향을 나타내는 '증거'가 우후죽순으로 나타나 확산되었다. 주요 사항들을 열거하면 다음과 같다.

- 후지 TV의 스포츠 뉴스에서는 축구 경기 '일한전'日韓戰을 '한일전'으로 표기했다.
- 어느 예능 프로그램에서 '좋아하는 나베' 요리 베스트 5'의 1위가 김치 나베였다. 설문 조사를 가장한 세뇌다.
- 아침 정보 프로그램에서 우연히 나온 칠석날의 소원을 비는 종이에 "소녀시대처럼 예쁜 다리를 갖고 싶다."라고 쓰여 있었다.
- 올림픽 방송에서 선수가 일장기를 손에 든 장면이나 기미가요를 제창하는 장면이 삭제되었다.
- 가족들이 보는 애니메이션 〈사자에상〉サザエさん에서 등장인물의 방에 동방신기 포스터가 붙어 있었다.

지엽적인 지적뿐이지만, 이 모든 것이 후지 TV의 의도적인 한류 편중이

- 한국의 전골이나 찌개에 해당하는 일본 요리. 한국의 김치찌개를 일본식으로 만든 요리를 '김치 나베'라고 부른다.

라는 이야기다. 아이러니다. 후지 TV는 원래 반공 재벌로 알려졌던 미즈노 시게오水野成夫, 1899~1972(당시 분카 방송• 사장)가 닛폰 방송 사장인 시카나이 노부타카鹿内信隆, 1911~90 등과 함께 설립한 방송국이다. 공산당에서 전향한 미즈노는 재계에 들어가서도 노조 분쇄에 수완을 발휘했고, 좌익 색깔이 강했던 당시 언론 가운데 유일한 보수파 방송국을 지향했다. 그런데 지금은 일본 최대의 '반일 방송국'이라는 지탄을 받다니, 미즈노가 살아 있었다면 까무러칠 일이다.

내가 아는 후지 TV 기자는 힘이 쭉 빠진 표정으로 말했다.

"북한의 앞잡이라는, 말도 안 되는 비판까지 나오고 있어요. 다른 방송에 비해 한국 드라마를 많이 방영하는지는 모르겠지만, 그건 단순히 시청률이 잘 나오기 때문이에요. 우리가 제작하지 않고 프로그램을 사들이기 때문에 비용도 덜 들고요. 나태하다면 나태하지만, 방송국은 시청률이 절대적이니까요. 의도적인 편중은 불가능해요. 우리 방송국은 원래부터 무언가를 의도할 정치성이라곤 조금도 없어요."

물론 이런 변명이 통할 정도로 인터넷 여론이 만만하지는 않다. 후지 TV의 히에다 히사시日枝久 회장이 일찍이 노조 활동가였다는 사실과 한국 고려대학교에서 명예박사 학위를 수여받은 사실이 '폭로'되어 그 '용공성'은 더욱 공격의 대상이 되었다.

그런데 중요한 것은, 반후지 TV의 흐름을 만든 것이 재특회가 아니었다는 데 있다. 재특회는 그저 흐름에 편승했을 뿐이다. 후지 TV와 한류 프로그

• 간토 지방 광역권의 민방 라디오 방송국.

램에 대한 공격의 주체는 어디까지나 인터넷에 의해 촉발된 '일반 시민'들이었다. 그 점을 강조해 두어야겠다. 나는 이런 점에서 재특회라는 존재를 만든 오늘날 일본의 '토양'을 느끼지 않을 수 없는 것이다.

6천 명이나 되는 군중이 미나토 구 오다이바에 있는 후지 TV 본사를 포위했다.

"한류 따위 보고 싶지 않다!"

"K-POP 따위 듣고 싶지 않다!"

"후지 TV를 해체하라!"

일장기를 손에 든 사람들이 구호를 연이어 외쳤다. '8·21 후지 TV 항의 시위'라 불리게 된 이 대규모 집회가 있었던 날은 2011년 8월 21일이다. 20~30대로 보이는 젊은이들이 중심이었으며, 그중에는 데이트 중인 커플도 있었고, 아이를 유모차에 태운 어머니, 두 아이를 데리고 나온 부부 등 말 그대로 가족들의 모습도 보였다. 이날은 후지 TV의 이벤트인 '오다이바 합중국'이 개최되고 있었는데, 오히려 그쪽 손님이 아닐까 싶은 지극히 평범한 사람들이 시위에 가담했던 것이다. 유모차를 끄는 얌전해 보이는 30대 여성에게 말을 걸자, 그녀는 순식간에 말을 쏟아 냈다.

"한류 드라마만 늘어서 짜증이 나요. 여기는 일본이에요. 일본인에게 어울리는 프로그램을 만들어야죠. 방송국은 애국심이 부족하다니까요!"

이날 시위를 주도한 것은 2채널이라고 한다. 2채널에서 뜻을 같이한 네티즌이 중심이고, 재특회와 같은 특정 시민 단체나 정치 단체는 중심이 아니었다. 시위에 앞서 주최 측 스태프가 대형 확성기로 참가자들에게 사전 설명을 했다.

"여러분, 인종차별로 여겨질 발언은 자제해 주세요."

"경찰관의 지시에는 반드시 따라 주세요."

"제가 '구호!'라고 말하면 여러분은 '오!'라고 대답해 주세요."

아무리 봐도 아마추어 같은 이 말은 그들이 시위에 익숙하지 않다는 사실, 바꾸어 말하면 주최자도, 참가자도 대부분 자발적으로 모인 사람들이라는 것을 나타내고 있다(〈사진 10〉).

'참가자 수 6천 명'은 결코 과장이 아니었다. 집합 장소인 아오미미나미 부두 공원에서 2백 명 정도씩 편성된 '소대'가 차례로 출발했는데, 눈대중으로도 30개가 넘어 보였다. 주변 도로를 행진해 후지 TV 사옥 앞을 지나가는 코스에서, 선두가 출발하고 한 시간이 지나서야 겨우 마지막 소대가 출발할 수 있을 정도의 대부대였다.

선두의 현수막에는 "돈벌레 후지 TV로부터 공공 전파를 되찾자!"라고 쓰여 있었고, 그 밖에도 "한국에 아부하는 후지 TV", "죽어 버려 후지 TV", "한류는 필요 없다", "후지 TV는 구더기* TV로 이름을 바꿔라." 등의 슬로건이 적힌 수제 플래카드를 손에 든 사람들도 많다. 단순한 손 글씨가 아니라 제대로 인쇄한 것처럼 정성을 들인 것이 대부분이다.

표현은 과격하지만 전체적으로는 소풍 분위기였다. 사전에 스태프의 주의가 있었기 때문인지 차별적인 발언을 하는 사람은 적었다. 그러나 일부는 스태프가 외치는 구호를 무시하고 "민주당을 용서하지 않겠다", "일본 방송국에서 조선인은 꺼져라."라며 목소리를 높였다.

● 일본어로 구더기를 '우지'빨라고 하는데, 후지와 발음이 비슷한 것을 두고 비꼰 표현이다.

시위 참가자들이 후지 TV 정면 현관 앞에 이르렀는데, 이미 그곳에는 오다이바 합중국 행사에 놀러 온 사람들이 있었다. 기동대에 포위되지 않았다면, 일장기를 들고 있지 않았다면, "히에다(회장)는 나와라!", "우리를 보도해라!"라고 외치지 않았다면, 양쪽이 구별되지 않을 정도로 시위 참가자들은 지극히 평범했다.

시위의 종착점인 오다이바 공원에서는 '감동적인' 장면이 기다리고 있었다. 행진을 마친 사람들 대부분이 그대로 공원에 남아 후속 부대가 도착할 때마다 박수를 보내고 손바닥을 마주치며 맞이했던 것이다.

"수고하셨습니다!"

"고맙습니다!"

서로 모르는 사람들끼리 손을 맞잡고, 웃는 얼굴로 서로의 '건투'를 치하했다. 감격한 나머지 눈물을 흘리는 여성도 있었다. 공원은 시위의 여운에 잠겼고, 이별을 아쉬워하는 사람들로 가득 찼다. 1천 명까지는 안 되어도 수백 명은 될 것이다. 일부는 공원 안쪽에서 일장기를 휘두르며 기미가요를 제창하고 "천황 폐하 만세"를 삼창했다. 그들의 표정은 정말로 즐거워 보였고, 무언가를 달성한 사람들 특유의 성취감으로 가득했다.

"대단하네."

나는 동행한 담당 편집자 아오키 하지메에게 말을 걸었다.

"네, 뭔지 잘 모르겠지만 이런 건 처음 봤어요. 대단하네요, 이 열기는……."

서로 아무 말도 하지 못했다. 우리는 그저 시위 규모에 압도되었다.

"참가자들이 평범하네요. 차림새도, 말씨도 다들 일반인이랄까, 보통 사람 같고. 그래서 오히려 더 압도되네요."

나 역시 아오키의 말에 동감했다. 재특회 시위와 같은 자극은 없었다. 귀에 거슬리는 욕설도 거의 없었다. 난투도 없었고, 린치도 없었다. 너무도 우아한 시위였다. 그래서 재특회 이상의 '두려움'을 느꼈다. 잘 생각해 보면, 방송국이 외국 방송을 필요 이상 방영했다고 해서 이 정도로 대소동이 일어나는 것이 이상하다. 공공방송*의 사명? 상업 언론 자체를 비판하는 구舊좌익이 그런 얘기를 한다면, 그나마 이해할 수 있다. 그런데 이 시위에 참가한 사람들은 그토록 국가에 기댄 방송을 원하고 있는 것일까?

김치찌개가 인기 랭킹 1위로 소개된 것이 어째서 편향인가? 그런 하찮은 일로 이렇게 많은 사람들이 모였다는 사실에 나는 충격을 받았다. 이것은 축제다. '후지 TV 반대', '한류 반대'의 이름을 빌린 축제. 아무리 우아한 시위였다 하더라도, 차별적인 언동이 적었다 하더라도, 그것은 세상에 일반적으로 떠다니는 희미한 '반한국', '반북한'의 목소리를 좀 더 세련되게 표현한 것뿐이 아닌가?

나는 거기서 재특회의 배경을 본 것 같았다. 후지 TV 반대 시위 참가자들은 돌출된 언동을 하지 않았지만, 그 도착점은 재특회와 별로 다를 바가 없다. 재특회처럼 과격한 사람들의 목소리를 낳고 있는 것은 이렇게 세련된 사람들의 어딘가 우울한 분노다. 재특회의 배후에 일반 시민이 대량으로 줄지어 서있는 것이다. 내가 느끼는 두려움의 정체가 바로 이것이다.

---

* 일본의 방송국들 중 NHK만이 시청료로 운영되는 공영방송이고, 나머지는 거대 신문사의 계열사인 민간 상업방송이다. 후지 TV는 보수 우익인 산케이 신문사의 계열사라는 점이 후지 TV 반대 시위의 아이러니라고 할 수 있다.

"일본이 모욕당하고 있다."

"생리적으로 한국 프로그램이 싫다."

"일본 방송국이 한국에 넘어가고 만 것 같은 기분이 든다."

시위에 참가한 사람들에게 말을 걸자, 아기를 안은 엄마나 지극히 평범하고 사이가 좋아 보이는 젊은 커플이 내게 호소했다.

후지 TV 문제는 어디까지나 하나의 계기에 지나지 않는다. 평소에 가지고 있던 '일본이 위험하다.'는 위기감이 이런 대규모 시위를 일으켰을 것이다. 다카오카 소스케가 던진 불꽃은 요원燎原의 불길이 되어 퍼졌다. 일본인의 위기의식을 뜨겁게 불태운 것이다. 아마도 이것이 현재 일본의 분위기일 것이다.

돌아가는 길에 이 시위의 주최자 대표라는 남성(36세)과 이야기를 나누었다. 갸름한 얼굴에 얌전해 보이는 사람이다.

"시위는 성공적인가요?"

"이 정도 사람들이 모여서 의사 표시를 한 이상, 후지 TV에 어떤 영향을 끼쳤을 것이라고 생각합니다."

"왜 시위를 하려고 생각했습니까?"

"저를 포함한 참가자 대부분이 한류에 대한 언론 플레이에 반발했어요. 원래는 보수파라고 생각했던 후지 TV의 편향성에 배신당했다는 생각이 강했고요. 후지 TV는 아사다 마오浅田真央가 피겨 스케이트에서 우승했을 때 국기 게양과 국가 제창 장면을 편집한 적이 있어요. 일본 방송국에서 그런 짓을…… 용서할 수 없습니다."

"당신은 뭐하는 사람이죠?"

"평범한 사람이에요. 단체에 소속되어 있지는 않고요, IT 기업에서 일해요. 다카오카 소동을 계기로 2채널에 후지 TV 문제를 썼는데, 7월 하순에 2채널 네티즌들과 오프라인에서 모임을 갖고 정식 시위를 하기로 했죠. 어쩌다 보니 제가 대표가 되어 버렸습니다."

"지금까지 다른 보수 단체 시위에 참가한 적은 있나요?"

"채널 사쿠라가 주최하는 시위에 참가한 경험은 있습니다. 그렇지만 활동가는 아닙니다. 어디 단체에 소속된 것도 아니고요."

이 이야기를 액면 그대로 받아들인다면 대단한 수완이다. 이 정도 대규모 시위를 순수한 아마추어가 해낸 것이다. 조직이나 당파에 의지하지 않은 훌륭한 대중운동이다. 순수하게 감탄하지 않을 수 없었다.

시위는 그것으로 끝나지 않았다. 그다음 달에도 오사카·나고야·후쿠오카 등의 대도시에서 네티즌 중심의 후지 TV 반대 시위가 개최되었다. 도쿄에서는 후지 TV가 방영하는 한류 드라마의 최대 스폰서 기업이었던 가오花王에 대한 항의 시위가 있었다. 이 시위에서는 "후지 TV의 편향 방송에 협력하지 마라."라는 구호와 함께 앞치마를 두른 여성이 "몸에 해로운 합성세제를 팔지 마라."라고 외치는 소리도 들렸다. 마치 무슨 소비자 운동처럼 보인다. 일장기를 주걱으로 바꾸어 들면 주부연합* 같기도 하다.

무언가를 빼앗겼다고 생각하는 사람들의 분노는 아직 가라앉지 않았다. 조용히, 그리고 천천히 국가적인 분위기로 확산되고 있다. 그것은 반드시 보수 우익이라 불릴 성질의 것도 아니다. 일상생활에서 느끼는 불안과 불만

---

* 일본의 소비자 운동 단체.

이 종착점을 찾다 도착한 지평이 우연히 애국이라는 이름의 전장이었을 뿐이다. 여기서는 적의 모습이 확실하게 보인다. 한국, 언론, 언론에 돈을 대는 스폰서, 그리고 그 관련자들이다. 이들은 일본인을 위한 방송을 빼앗고, 일본인의 마음을 빼앗고, 급기야 영토와 재산까지 빼앗고 있는 것이다. 세상의 부조리는 모두 그곳으로 수렴된다. 그 분노의 선두에서 달리는 것이 재특회라면, 그 밑에 펼쳐진 광대한 수맥이야말로 그런 '분위기'가 아닐까?

다시 한 번 말하겠다. 재특회는 '태어난' 것이 아니다. 우리가 '낳은' 것이다.

9

재특회에
들어가는
이유

유사 가족, 인정 욕구, 사람 사이의 연대 ……
모두 '무언가'를 원하고 있다

　"동영상 봤어."

　오랜만에 만난 재일 코리안 친구가 곤혹스러운 표정으로 이렇게 물었다. 교토 사건 직후였다.

　"너, 재특회였어?"

　어쩔 수 없다. 들켰으니 부정할 수도 없다. 친구의 물음에 미야이 마사시宮井将(32세)는 말없이 고개를 끄덕였다. '그래, 이걸로 고등학교 때부터 사이 좋던 친구를 잃게 되겠구나.' 하고 미야이는 생각했다. 실제로 그다음부터 친구와 연락이 끊겼다. 이것도 어쩔 수 없는 일이라고 미야이는 자신에게 말했다. 체포는 면했지만, 교토 사건에서 미야이가 펼친 활약은 동영상에서 확인할 수 있다.

"조선인은 똥이나 먹어."

"김치 냄새 난다."

조선학교 관계자들을 격노하게 만든 이 욕설의 주인공이 미야이였다. 나쁜 녀석이라고 생각했다. 인신공격이라고 할 수조차 없었다. 이런 녀석은 취재를 거부할 것이 틀림없다. 그렇게 확신하고 있었지만, 미야이는 의외로 흔쾌히 취재 요청을 받아들였다. 오사카 역 근처에 있는 호텔 라운지에서 만났다. 대낮부터 소주를 들이키면서도 미야이는 진지한 태도로 나와 대화해 주었다.

"지금 동영상을 보면 큰일을 저질렀다는 생각이 들어요. 행동 자체는 옳았다고 생각하지만, 유치한 발언이었죠."

예상치 못했던 다음 말에 나는 허탈해졌다.

"조선인이 싫은 건 아니에요."

미야이는 그렇게 몇 번이나 강조했다. 미야이 역시 내 앞에서는 예의 바른 남자였다. "야스다 씨는 적이지만."이라고 하면서도 내 눈을 똑바로 보고 이야기했다. 소주의 힘이 다소 말을 많이 하게 만들었지만, 품위 없는 말은 하지 않았다. 끝까지 호텔 라운지라는 장소에 걸맞은 태도였다.

재특회와 그 관계자를 취재하다 보면 허탈한 일이 너무도 많다. 동영상과 인터넷만 보고 얼마나 나쁜 녀석인가 생각해 긴장하지만, 실제로 만나면 평범하다고밖에 할 수 없는 사람이 대부분이다. 물론 눈을 부릅뜨고 당장이라도 달려들 것처럼 나서는 사람도 있지만, 그런 사람들도 기껏해야 진부한 협박 문구를 뱉어 낼 뿐, 지금 생각해 보면 귀여운 녀석들이었다.

그들은 '파시스트', '인종차별주의자', '유사 네오 나치'라고 비난받는 경우가 많다. 나 역시 그렇게 생각한다. 그들이 거리에서 하는 짓은 인종차별주의 이외에 그 무엇도 아니다. 막무가내 언어폭력으로 얼마나 많은 사람들이 상처를 받았을까? 그런 피해자들의 분노에 공감한다.

그러나 한 사람, 한 사람 직접 만나면 그 폭력적 언어에서 연상되었던 무시무시한 느낌을 받는 일은 없다. 아니, 어쩌면 파시즘이나 인종차별주의도 실제로는 평범한 사람들에 의해 만들어지는 것이 아닐까. 역사적으로도 독재에 대한 열광을 밑에서 지탱해 온 사람들은 이런 평범한 사람들이었다. 좌익이 말하는 '인민' 말이다.

독일의 사회심리학자 에리히 프롬Erich Fromm은 파시즘의 구조를 그린 명저『자유로부터의 도피』Escape from Freedom에서 나치즘에 경도된 독일 국민들의 모습을 이렇게 적고 있다.

문제가 되는 것은 정상적인 발전 과정에서는 돈이나 권력을 얻을 기회가 거의 없는 수십만 명의 프티부르주아가 이제는 나치 관료 체제의 일원으로서 부와 특권을 자신에게도 나누어 달라고 상류계급을 압박해 상당히 큰 몫을 얻어 냈다는 사실이다. 나치 조직의 구성원이 아닌 다른 사람들에게는 유대인과 정적에게서 빼앗은 일자리가 주어졌고, 나머지 사람들은 더 많은 빵을 얻지는 못했지만 '구경거리'를 얻었다. 이런 가학적인 구경거리, 그리고 나머지 인류에 대한 우월감을 주는 이념은 그들에게 감정적 만족감을 안겨 주었고, 이 만족감은 그들의 삶이 경제적·문화적으로 빈곤해졌다는 사실을 적어도 당분간은 벌충해 줄 수 있었다.[*]

---

[*] 에리히 프롬,『자유로부터의 도피』, 김석희 옮김, 휴머니스트(2012), 228쪽.

쉽게 말해 나치를 지탱한 것은 그야말로 '일반 시민'이었다는 얘기다. 폭력적이고 오만한 전형적인 파시스트가 아니라, 항상 무언가를 갈망하던 평범한 사람들이었다.

재특회 회원들의 대다수는 이처럼 "빵을 얻지는 못했지만 '구경거리'를 얻은" 사람들이 아니었을까. 잃어버릴 것이 너무 많은 시대, 고독을 강요당하는 시대에 사람들은 자신이 누리던 자유를 포기하더라도 강한 사람을 추종하려 한다. 사람은 파시스트나 인종차별주의자로 태어나는 것이 아니라 환경에 의해 길러지는 것이다. 설사 선량함과 자애로 가득 찬 사람일지라도.

사랑하는 엄마

미야이도 그런 사람들 중 하나였다. 건축 관련 전문대학을 졸업한 뒤 육체노동을 하는 현장을 전전했다. 디즈니랜드, 유니버설 스튜디오, 간사이 공항 같은 대형 공사 현장에서 노동자로 일했고, 지금은 대형 운송 회사의 택배 아르바이트를 하고 있다. 야근도 많고 육체적으로 힘든 노동환경이지만 결코 게으름을 피우지는 않는다. '애국 활동'에 맞춰 아르바이트 시간표를 짠다. 개인적인 시간은 거의 없다.

재특회에 들어간 계기는 '칼데론 가족 추방 시위'를 동영상으로 본 것이었다. "불법 입국자를 쫓아내라."라는 주장에 공감했다고 한다("칼데론 시위가 획기적인 사건"이었다는 홍보국장 요네다의 말은 사실이었다. 이 사건을 계기로 재특회에 들어간 사람이 이렇게 많으리라고는 상상도 못했다).

미야이는 처음에 재특회 회원으로 활동을 시작했지만, 집회 중에 항의하러 온 노조 간부의 안경을 파손한 사건으로 체포되었고, 그 책임을 지고 재특회에서 탈퇴했다. 그러나 활동을 그만둔 것은 아니고, 간사이 팀의 주요 구성원으로 활약하고 있다.

미야이는 술을 계속 마시면서도 냉정을 잃지 않고 이야기를 이어 나갔다.

"일본에 살면서 일본을 비판하는 외국인은 용서할 수 없다."

"일부 외국인은 이권을 위해 정치 활동을 하고 있다."

"일본은 야마토 민족의 것이다."

지금까지 몇 번이고 들었던 말이기에 내 마음에 전혀 와 닿지 않았다. 그러나 미야이가 자신의 어머니에 대해 이야기할 때는 나도 모르게 펜을 쥔 손을 멈추었다.

"엄마, 사랑했죠. 저는 평생 마마보이예요."

미야이는 숙연히 어머니에 대해 말했다. 미야이가 스물두 살 때 어머니는 뇌졸중으로 사망했다. 그날 교토 지방재판소의 보수공사 현장에서 드릴로 자재를 깎고 있던 미야이의 휴대전화에 입원 중인 어머니가 위독하다는 연락이 왔다. 급히 병원으로 달려갔지만, 어머니는 이미 중환자실 침대에서 숨이 넘어가고 있었다. 미야이는 넋을 잃고 심전도 모니터를 봤다. 심장의 움직임을 나타내는 파장이 점점 약해졌다. "엄마, 죽지 마." 필사적으로 기도했다. 그러나 어머니는 그대로 영면했다.

"인생에서 가장 충격적인 사건이었어요. 아무 일도 하기 싫었죠. 반년 동안 계속 집에 틀어박혀 있었어요. 이런 경험이 있기 때문에 저는 무서운 게 없어요. 엄마의 죽음만큼 무서운 게 어디 있겠어요."

미야이의 눈시울이 약간 붉어졌다.

"언젠가는 엄마 이름을 몸에 새기고 싶어요."

감상에 젖은 미야이에게 미안했지만, 약간 심술궂은 질문을 해보았다.

"어머님이 살아 계셨다면 지금 활동을 어떻게 생각하실까요?"

미야이는 주저하지 않고 바로 대답했다.

"엄마라면 꼭 인정해 주실 거예요."

그날 미야이가 정색을 한 것은 이때뿐이었다. 한편 지금도 같이 살고 있는 아버지와는 사이가 좋지 않다고 한다.

"아빠랑은 대화도 안 해요."

미야이는 쌀쌀맞게 대답했다. 지금 가족 이상으로 소중하게 생각하는 것은 간사이 팀 동지들이다. 그중에서도 리더에 해당하는 니시무라 히토시에게 빠져 있다.

"멋있어요. 평소에는 소탈한데, 활동할 때는 할 말을 제대로 하거든요. 일종의 협객이에요."

미야이는 "제가 히토시 형의 부하라고 써주세요."라고 덧붙였다.

니시무라 히토시는 실제로 형님 같은 인상을 준다. 좋은 의미의 건달 같은 느낌이 든다. 아마도 동료들을 잘 보살펴 줄 것이다. 어쩌면 미야이는 니시무라에게서 '이상적인 아버지'를 발견한 것인지도 모른다. 나는 미야이의 아버지를 만난 적이 있는데, 호리호리하고 얌전해 보이는 인물이었다. 미야이의 집을 찾았을 때, 미야이가 없다고 이야기하는 아버지는 내가 다 죄송할 정도로 주눅이 들어 보였다. 아마도 착한 성격일 것이다. 자식을 언론에 노출시키고 싶지 않은 마음이 느껴졌다. 그러나 미야이는 그런 아버지를 싫어한다. 미야이가 원하는 '부성'을 가진 사람은 니시무라 같은 인물일 것이다.

실제로 재특회 같은 보수 조직에는 어딘가 유사 가족과 같은 분위기가 감돈다. 니시무라 히토시와 아라마키 하루히코 같은 연장자를 '형님'처럼 따르는 젊은 회원들이 은근히 많다. 3장에서 나온 오카모토 히로키(21세)도 "아라마키 형은 진짜 남자예요."라고 몇 번이고 말했다. 오사카의 고급 아파트에 사는 S(7장 참조)도 일찍이 간사이 팀 구성원들에게 어머니처럼 존경받았고, 이들을 아들이나 딸처럼 예뻐했다고 한다.

"그들과 이야기하면서 알게 됐어요. 다들 가족을 원하고 있다고."

이렇게 말한 것은 도쿄에 사는 후지이 마사오藤井正夫(66세)라는 인물이다. 젊은 시절 자민당 의원의 선거운동을 도운 것이 계기가 되어 그 후로 여러 보수 운동에 관여해 왔다. 현재는 '자랑스러운 일본의 모임'이라는 단체의 이사장을 지내고 있다. 실은 사쿠라이가 지금 가장 신뢰하는 사람이 후지이라는 이야기를 나는 어느 현역 간부에게 들은 적이 있다.

"채널 사쿠라의 미즈시마 씨, 그리고 니시무라 슈헤이 씨 등 일찍이 사쿠라이 회장의 곁에 있던 어른들이 점점 떠나는 가운데, 지금은 후지이 씨가 유일한 보호자라고 할 수 있죠. 집회가 끝나고 후지이 씨 집에서 뒤풀이를 하는 경우도 종종 있어요."

내가 처음으로 후지이의 집을 찾았을 때 마침 사쿠라이를 비롯한 재특회 간부들이 술을 마시고 있었다. 현관에 나온 후지이는 내게 "지금 자네를 집에 들이면 수습이 안 돼."라고 쓴웃음을 지으면서도 "날을 잡아서 다시 와 주게."라며 귀띔을 했다.

후지이는 약속을 지키는 사람이었다. 나중에 찾아간 나를 그는 연장자답게 신사적으로 대해 주었다. 채널 사쿠라가 설립되었을 때 후지이는 '사설 응원단'으로 시청자 확대에 협력했다. 사쿠라이와는 그 무렵부터 알게 되었다. 후지이는 사쿠라이와 재특회를 높이 평가했다.

"저도 여러 보수 단체에 관여했지만, 재특회는 보수의 역사를 다시 썼습니다. 정면에서 재일 코리안 문제를 깊이 다룬 것은 재특회가 처음일 거예요. 감동적이죠. 지금까지 보수는 물론 우익 민족주의자도 손대지 않았던 분야죠. 사쿠라이 군은 그런 의미에서 개척자입니다."

나는 지금까지 재특회가 일으킨 사건들과 우익 민족주의자들의 비판에 대해 이야기했지만, 후지이는 "음, 잘 모르겠는데."라며 말꼬리를 흐렸다.

"어떤 행동을 하면 비판이나 비난도 따르겠죠. 그렇지만 중요한 것은 자신이 국가를 위해 행동하고 있는가 하는 점입니다. 그 점에서 재특회는 잘하고 있다고 생각해요. 공부도 열심히 하고."

예전부터 보수 운동에 관여해 온 사람들 중에 이렇게까지 사쿠라이와 재특회를 칭찬하는 사람은 없을 것이다. 사쿠라이가 의지하는 것도 이해가 간다. 그리고 후지이는 "재특회 애들은 다 귀여워요. 내 앞에서는 착한 아이들입니다. 그래서 생각했어요. '아, 이 아이들은 가족 같은 관계를 원하고 있구나.' 하고. 재특회는 유사 가족 같은 거죠."라고 말했다. 후지이는 젊은 시절 잠시 임협 조직에 몸을 담은 적이 있는데, 한마디로 야쿠자였다. 그는 그 사실을 감추지 않았다.

"그래서 알 수 있어요. 그들이 가족을 원하는 기분을. 야쿠자 세계에도 그런 요소를 동경하며 조직에 들어온 사람이 적지 않죠. 조직이야말로 그들에게 가장 편안한 집이니까요. 물론 재특회는 야쿠자가 아니고, 야쿠자와 연관성도 없지만, 이상하게도 가족에 대한 욕구 같은 것이 비슷해요."

재특회는 '고향'인 것이다. 물론 그러기 위해서는 강한 신뢰와 서로를 인정하는 분위기가 필요하다. 재특회가 그런 요소를 가지고 있다고 이야기한 사람은 재특회와 간사이 팀의 구성원이었던 30대 남성이다. 그는 "동지들과 있을 때만큼은 즐거웠다."라고 솔직하게 말했다.

"집회 중에 갑자기 훼방꾼이 나타나는 경우가 있어요. 저도 모르게 '쫓아내라!'라고 외쳤는데, 그때 주위 동지들이 다들 동조해 주었어요. 큰 소리로 지시를 내렸을 때의 쾌감과 동지들이 지켜 준다는 안도감, 한때 재특회에 빠졌던 건 그런 기분 때문이었어요. 살면서 그만큼 도취된 적도 없었어요. '아, 동지는 좋은 것이구나.' 하고 진심으로 생각했어요. 솔직히 우리는 부모에게도, 세상에서도 좋은 평가를 못 받고 있잖아요. 그런데 활동할 때 동지들은 반드시 저를 인정해 주었어요. (간사이 팀의) 아라마키 형이나 니시무라 형은 언뜻 봐서는 불량스러운데, 사실 무척 좋은 사람들이에요. 동지들이 어려운 상황에 있으면 꼭 구해 주거든요."

일 때문에 잠시 활동을 쉰 적이 있었다. 오랜만에 집회에 나가자 다들 나무라기는커녕 "잘 돌아왔어."라며 박수로 맞아 주었다고 한다.

"모두가 좋아하는 아라마키 형은 집회가 끝나면 한 사람, 한 사람과 악수를 해요. 다들 감격하죠. 집에도, 회사에도, 학교에도 의지할 곳이 없는 사람이라면 더더욱. 나를 봐준다, 인정해 준다, 그리고 무슨 일이 생기면 도와주리라는 안심은 동지가 아니면 느낄 수 없어요."

그러나 그런 성취감은 오래가지 않았다.

"간사이에 살다 보면 아무래도 재일 코리안 친구들이 있기 마련이에요.

처음에는 '조선인을 쫓아내라.'라고 외치면 기분이 좋았는데, 머릿속에 점점 재일 코리안 친구들이 떠오르는 거예요. 제 친구가 어릴 적에 재일 코리안 동네에 있는 판자촌에 살아서 저도 그 근처에서 같이 놀았는데, 거기 사람들 얼굴도 떠올랐어요. 도대체 그 사람들에게 무슨 특권이 있단 말인가. 차츰 냉정하게 생각하게 됐어요. 그런 근본적인 의문을 갖게 되면 어쩔 수 없어요. 아무와도 상담할 수 없죠. 제가 적으로 규탄당해 버리거든요. 같은 길을 똑바로 의심 없이 걸을 때만 가족이고 형제인 거지, 활동 그 자체를 의심하면 용서받을 수 없어요. 뭐, 약하고 부서지기 쉬운 가족이죠."

그러나 "활동에 빠져 있을 때는 행복했다. 인정받는다는 게 이렇게 좋은 건지 몰랐다."라고, 그 사실을 집요할 정도로 강조했다. 그렇게 말하는 그는 어딘가 만족스러운 표정이었다.

서일본에서 지부장을 지냈던 회사원 남성도 "회원들 중에는 여기서 처음으로 인정받는 기쁨을 느끼는 사람들이 많다."라고 말했다.

"처음에는 다들 쭈뼛쭈뼛 활동에 참가해요. 어설프게 일장기를 손에 들고, 익숙하지 않은 손으로 마이크를 잡죠. 가두연설 같은 걸 잘할 리도 없고요. 솔직히 말해서 엉망진창이죠. 그런데 연설 마지막에 구호를 외치면 다들 제창해 준단 말이에요. 이게 중독되는 거죠. 다음 집회부터는 마이크를 손에서 놓으려 하질 않아요. 한번 자신감을 가지게 되면 확 바뀌거든요. 저는 그런 모습을 몇 번이나 봤어요. 재특회에는 얌전한 아이를 전투적인 애국자로 바꾸는 힘이 있다고 생각해요. 그런데 실제로 술을 마시면서 이야기해 보면 현실 사회에서 힘들어 보이는 젊은이들이 많아요."

인터넷이 재특회의 큰 원동력이 되고 있는 것은 사실이지만, 인터넷에는

"재특회 회원들은 모두 인생의 낙오자"라는 식으로 그들을 야유하는 글도 넘친다. 인터넷 게시판이나 SNS를 보면 재특회 간부와 회원들을 '백수'나 '은둔형 외톨이'로 간주하는 사람들이 많다. 그러나 이 전직 지부장은 그런 견해를 부정한다.

"백수나 은둔형 외톨이였던 사람이 없지는 않지만, 다수는 아니에요. 직장이나 학력과는 상관없이 어딘가 인간관계에 문제가 있어 보이는 사람이 많긴 해요. 재특회의 장점은 오는 사람은 안 막는다는 신조를 관철하고 있는 거예요. 자신들이 소수파라는 사실을 알기 때문에 누구든 대환영이죠. 일단 행동을 같이한다면, 참가자가 재일 코리안이라도, 다른 외국 국적이라도 상관없어요. 거리에서 함께 외치기만 하면 되니까요."

나는 재일 한국인이 조부인 오카모토 히로키와 이란인 혼혈인 호시 에리야스를 생각했다. 그들 역시 재특회에서 인정받았다는 사실을 자랑스럽게 생각하고 있었다. 호시는 "재특회만이 나를 일본인으로 인정해 주었다."라고 단언했다. 편협한 내셔널리즘을 선동하고 있는 재특회에 그런 '아량'이 있다는 점만은 부정할 수 없다.

재일 코리안 지지자

활동에 적극적으로 참가하지는 않지만, 실제로 재특회에 재일 코리안 회원이 있다고 한다. 그리고 재특회와 관계가 깊은 재일 코리안으로는, 내가 '재특회 전속 영화감독'이라고 부르는 박신호朴信浩(48세)를 이야기하지 않을 수 없다. 현재 재특회는 일제강점기의 '한국 병합'을 정당화하는 애니메이션 영화를 제작 중인데, 그 감독을 맡고 있는 사람이 재일 한국인인 박신호다.

박신호는 기묘한 인물이다. 재특회의 기념 대회 같은 큰 행사가 있을 때면 꼭 초대되어 단상에서 '재일 코리안의 악행'을 고발한다. 때로는 북한의 정치 상황을 주제로 재특회가 주최하는 강연회에서 연설을 하기도 한다. 사쿠라이는 재특회가 인종차별주의자 집단이 아니라는 것을 주장하기 위해 박신호를 끌어들이는 경우가 많다.

"우리가 인종차별주의자라면 왜 박신호 씨에게 감독을 부탁하겠습니까?"

사쿠라이가 이렇게 말하는 것을 몇 번이나 들었기에, 나는 박신호에게 관심을 가지고 취재하고 싶다는 연락을 했다. 그는 "좋아요, 좋아요."라며 흔쾌히 승낙했다. 신주쿠에 있는 오키나와 음식점에서 박신호는 오키나와 전통술을 몇 잔 마시며 취재에 응했다. 박신호는 동포가 많이 사는 오사카 이쿠노 구 출신의 한국 국적 재일 코리안이다. 그는 긴키 대학 학생 시절에 '유학동'에 가입했는데, 정식 명칭은 재일본조선유학생동맹在日本朝鮮留学生同盟이다. 한마디로 재일 코리안 학생 조직인 것이다. 홈페이지에서는 이렇게 소개하고 있다.

재일 동포 단체 중에서도 오랜 역사와 전통을 가진 유학동은 일본의 대학, 단과대학, 전문대학에서 공부하는 동포 학생들이 모이는 학생 단체입니다. 유학동은 각자의 개성을 소중히 여기며 대중적이고 열린 운영을 지향합니다.

유학동은 결성 이후 조국을 위해 동포 학생들을 굳게 결집하고 조국의 평화·통일·발전, 동포 사회의 번영에 크게 기여해 온 조국애와 민족애를 소중하게 여기는 단체입니다. 유학동은 남북한·해외의 동포 학생들과 함께 단결과 교류를 강화해 나가는 한편, 일본과 세계 각국의 학생들과 우호·친선을 돈독히 하는 활동을 활발히 하고 있습니다.

재일 코리안 학생 단체로는 그 밖에도 재일한국학생동맹在日韓国学生同盟(한학동)이라는 조직이 있는데, 이쪽이 한국 국적 중심이라면 유학동은 조총련 계열 조직이다.

박신호처럼 한국 국적인 사람들이 조총련 계열인 유학동에 들어가는 것은 결코 드문 일이 아니다(많은 한국 국적 사람들이 조선학교에 다니고 있듯이). 박신호가 대학에 입학한 때는 한국에서 광주 사건(1980년 광주에서 민중이 민주화를 요구하며 봉기한 사건으로, 한국군이 진압에 나서 사상자가 다수 발생했다)이 있은 지 3년째 되던 해였고, 그때 한국의 민주화를 호소하는 일본의 코리안들에게 남북은 없었다. 아니, 젊은이들 중에는 남쪽(한국) 체제를 지지하는 사람이 드물던 시절이었다.

박신호는 망설임 없이 유학동에 들어갔다. 한발 앞서 유학동에 가입한 형이 눈부시게 보였고, 광주에서 민중에게 총을 겨눈 한국의 정치체제를 용서할 수 없었기 때문이다. 박신호는 '조국 한국'의 민주화를 위해 활동했다. 집회와 강연회를 기획했을 뿐만 아니라, 때로는 밤에 전봇대와 육교 아래에 붙은 북한을 비난하는 우익 단체의 포스터 위에 '조국 통일'이라고 쓰인 스티커를 덧붙이는 작업도 했다고 한다. 하지만 가장 열심히 참가했던 것은 연극 활동이었다. 노래와 춤으로 한국의 독재 체제 타파를 호소했던 것이다. 광주 사건의 진상 규명을 주장하는 연극에서 박신호는 "전두환, 물러가라!"

라고 무대에서 외쳤다. 당시 한국 대통령이었던 전두환은 박신호에게 '최대의 적'이었다.

대학을 졸업한 박신호는 도쿄로 갔다. 본격적으로 연극을 배우고 싶었다. 유명한 극단 시키四季의 연습생에 응모했지만 서류 심사에서 탈락했다. 어쩔 수 없이 아르바이트를 하면서 작은 극단들을 전전했다. 한때는 디즈니랜드의 댄서도 했다. 험악한 얼굴의 박신호를 보면 상상이 가지 않지만, 팔을 벌리고 다리를 회전시키며 퍼레이드에서 화려하게 춤을 추었다고 한다.

박신호는 딱 한 번 메이저 영화에 출연한 적이 있다. 2004년 개봉된 〈피와 뼈〉血と骨(최양일 감독)다. 기타노 다케시北野武가 주연을 맡아 화제가 된 이 작품에 박신호는 단역으로나마 등장한다. 영화 초반, 재일 조선인 군중이 친일파 조선인에게 린치를 가하는 장면이다. 주머니에 손을 넣고 베레모를 쓴 청년이 친일파에게 화를 낸다. 대사는 한마디뿐이었다.

"내선일체內鮮一體니 뭐니 하면서 못살게 굴었지!"

그 후로 큰 역할을 맡지는 못했고, 지금은 장례 회사에서 아르바이트를 하며 감독으로서 독립 영화를 찍고 있다.

취재 중에 박신호는 커넥션과 사제 관계가 중시되는 일본 연예계에 대해 저주를 퍼부었다. 그중에서도 연예계의 '재일 코리안 네트워크'에 대해 무척이나 싸늘한 시선을 보냈다. 술잔을 한 손에 잡고 박신호가 말했다.

"재일 코리안 녀석들, 너무 차가워요. 일자리를 달라고, 도와 달라고 동포가 부탁하는데도 상대를 안 해줘요. 연예계의 조선인들은 나빠요. 정이 없어요. 자기들만 좋으면 다인가?"

설마 그것 때문에 재특회 편을 들고 있는가? 내가 그렇게 묻자 그렇지는 않다고 부정했다. 그러나 박신호가 동포 사회에 보내는 시선은 어떤 의미에서 재특회만큼이나 가혹했다.

"일본 사회가 재일 조선인을 싫어하는 건 당연해요. 저도 조선 부락에서 살았지만, 무척 가난하고 짜증 나는 곳이었어요. 저는 1988년에 처음으로 한국을 여행했어요. 거기서 한국인이 뭐라고 했는지 아세요? 반#쪽바리래요. 저는 그래도 동포라고 말해 줄 줄 알았어요. 한국인도 사실 재일 코리안을 무시하는 거죠. 그런 나라, 좋아할 수 있겠어요?"

납치 사건의 영향도 컸다.

"저는 누가 뭐래도 북한이 안 했다고 한 이상 그렇게 믿고 있었어요. 조총련의 앞잡이로 일해 온 사람의 슬픈 충성이죠. 그런데 결국 북한이 한 짓이라고 인정했잖아요. 일본인 입장에서야 화가 나겠죠. 그래서 모든 게 싫어졌어요. 재특회의 주장이요? 어쩔 수 없지 않을까요? 여기는 일본이니까요. 조선학교로 돌격하는 것도 시대의 흐름 아닐까요?"

박신호의 동포 비판은 멈출 줄 몰랐다. 엄밀히 말하자면, 박신호가 재특회에 들어간 것은 아니고, 지금도 싫어하는 한국 국적을 계속 가지고 있다. 재특회와의 인연은 홍보국장 요네다가 만들었다. 박신호와 요네다는 10년도 더 전부터 연극 동료로 교류를 계속하고 있었다. 요네다가 각본, 박신호가 감독을 맡고 지금까지 〈기뻐하는 사람〉과 〈타고난 사람〉이라는 독립 영화를 제작했다. 둘 다 '재일 코리안'을 주제로 인권옹호법과 북한의 위험성을 호소한 내용이다. 픽션과 논픽션의 경계를 모호하게 하여 독특한 스타일로 만든 이 작품들은 완성도는 몰라도 시도 자체는 흥미롭다. 참고로 〈타고난 사람〉에는 시민운동가 '사쿠라이'가 등장하는데, 이 연기를 한 사람은 사쿠라이 마코토 본인이다. 그만큼 프로파간다 색이 짙은 점은 부정할 수 없지만, 그 때문에 재특회에서는 높은 평가를 받아 지방 지부에서 상영회까지 개최하고 있을 정도다. 즉 박신호는 재특회에서 인정받은 유일한 영화인이다. 그는 기죽지 않고 "그렇습니다."라고 대답했다.

"제 작품을 인정해 준 것은 재특회뿐이니까요. 솔직히 감사하고 있어요. 제게 영화인으로서의 돌파구는 재특회뿐이에요. 다만 재특회의 주장을 모두 긍정하지는 않아요. '바퀴벌레 조선인'이라는 말을 들으면 '너희도 피장파장이잖아.' 하고 생각해요. 그리고 지금도 기미가요나 천황에 대해 공감하지 않고요. 김정일 만세와 천황 폐하 만세의 차이를 이해할 수 없어요. 개인 숭배에는 전혀 관심이 없거든요."

도무지 종잡을 수 없는 인물이다.

다른 기회에 박신호와 술을 마시러 갔을 때였다. "재미있는 가게가 있다."라고 그가 말했다. 어딘가 수상쩍은 가게로 가나 싶었는데, 그가 간 곳은 노래 다방이었다. 아코디언 반주에 맞추어 손님이 러시아 민요를 합창하는 지극히 건전한 가게였다. 박신호는 이곳의 단골이었다. 손님은 60대가 중심이었고, 이른바 구좌익적인 분위기가 감돈다. "야, 오랜만이네."라고 다른 손님들이 반갑게 맞이하자, 박신호는 여기저기 인사를 한다. 인기가 있다. 늦은 시각에 들어갔기 때문에 이미 문을 닫을 시간이었다.

"그럼 한 곡만 부를게요."

그렇게 말한 박신호는 무대에 서서 눈을 감고 노래를 시작했다. 남북 분단의 비극을 노래한 〈임진강〉이다. 그 목소리는 놀랍도록 아름다웠다. 야쿠자 사채업자처럼 생긴 얼굴인데도 투명한 고음에는 여성 같은 섬세함이 있었다. 객석에 있는 모두가 멍한 표정으로 박신호를 보며 손뼉을 쳤다. 나도 모르게 노래에 맞추어 상반신을 흔들고 있었다.

"역시 조선인이네." 헤어지면서 나는 박신호에게 그렇게 말했다.

"그야 그렇지. 이제 와서 일본인이 될 수는 없잖아."

박신호는 그렇게 대답했다.

"혹시 재특회를 이용했을 뿐인 건 아니야?"

그는 "음." 하고 신음하더니 이렇게 말했다.

"이용했을 수도 있고, 이용당했을 수도 있고. 잘 모르겠어. 뭐, 어느 쪽이든 상관없어. 동포들도 상대를 안 해주고, 그렇다고 일본인이 될 수도 없고. 유일무이한 존재잖아. 그렇지?"

"그런가? 잘 모르겠어." 나는 애매모호하게 대답할 수밖에 없었다. 박신호는 그런 내 대답에 신경 쓰지 않고, "즐거웠어. 오랜만에 노래 불렀더니." 라며 만족스러운 표정을 보였다.

전속 카메라맨의 본색

주위에서 인정받는 기쁨, 많은 관계자들에게 그런 이야기를 들으며 한 젊은이의 얼굴을 떠올렸다. 마쓰모토 슈이치松本修一(34세), 별명은 '브레노'다. 재특회 회원은 아니지만, 최대 공로자라고 불러도 과언이 아니다. 재특회는 활동의 전모를 동영상 사이트에 올림으로써 회원들을 늘려 왔다. 회원들에게 물으면, '인터넷으로 동영상을 본 것'이 재특회에 들어가는 계기가 된 경우가 많았다. 그 재특회의 '전속 카메라맨'으로 동영상 촬영을 담당한 사람이 바로 마쓰모토였다.

마쓰모토는 '카메라맨'을 자처하고 있는데, 결코 상업적인 작품을 남긴 것은 아니다. 순전히 재특회와 간사이 팀 구성원들과 함께 행동하며 그 모습을 동영상으로 찍었을 뿐이다. 도쿠시마 사건 때는 이들과 함께 교직원 조합 사무실에 난입한 용의로 체포되기도 했다(그 후 처분 보류로 석방, 불기소). 교토 사건 때 자초지종을 촬영해 인터넷에 올린 사람도 마쓰모토였다. 이 사건에 대해 조선학교가 제기한 민사소송에서는 피고 중 한 사람으로 이름을 올렸다.

그러나 마쓰모토는 일관되게 재특회 회원이 아니라고 강조하며 "나는 프리랜서 카메라맨"이라고 주장한다. 누가 봐도 재특회와 간사이 팀의 일원임이 분명한데 말이다. 그는 촬영한 동영상을 DVD로 만들어 재특회 회원들에게 팔아 왔다. 앞서 차에 1백여 장 이상의 DVD를 보관하고 있는 오이타 지부의 회원에 대해 썼는데, 그중 일부는 마쓰모토에게 구입한 것이다. 마쓰모토는 촬영 활동과 관련해, 재특회와 간사이 팀의 유지로부터 교통비 등의 자금을 받고 있다. 마쓰모토의 생활이 재특회와 간사이 팀과 항상 함께라는 사실은 그가 서있는 위치를 보여 준다. 즉 마쓰모토도 재특회와 간사이 팀에게만 '인정받는' 카메라맨인 것이다.

마쓰모토가 처분 보류로 석방된 얼마 후, 나는 그의 집을 찾았다. 아마가사키 시의 주택가에 있는 2층짜리 목조 건물은 1층이 주차장, 2층이 주거 공간이었다. 점심시간이 지나 현관문을 두드리자, 졸린 얼굴의 마쓰모토가 2층에서 내려왔고 머리는 헝클어져 있었다. "자고 있었어요."라며 졸린 얼굴로 불만스러운 표정을 지었다. 얌전해 보이는 청년이다. 갈색 치노 바지 속에 셔츠 끝자락이 들어가 있었다. 요즘 이런 패션은 보기 드물다. 꼼꼼한 성격인 것이다.

취재를 하고 싶다고 말하자 그가 게재되는 매체를 물었고, 나는 고단샤의 『G2』라고 밝혔다. 그러자 마쓰모토는 컴퓨터를 켜서 검색창에 '고단샤'를 쳤다. 무슨 일이든 검색하지 않으면 안 되는 모양이다.

나는 일단 구류 생활에 대한 위로를 건넸다. 인사치레였다.

"많이 힘드셨죠?"

"힘들었죠. 21일이나 들어가 있었으니까요."

"뭐가 제일 힘드셨어요?"

"인터넷을 못했던 것."

"인터넷이요?"

"전 심각한 인터넷 중독이에요. 인터넷을 못하니 정말 힘들었어요."

"평소에도 인터넷을 중심으로 생활합니까?"

"촬영을 안 할 때는요."

"인터넷에서는 어떤 사이트를 보세요?"

"2채널 같은 곳이요."

이 대화만 보면 전형적인 인터넷 중독 같지만, 일단 촬영 의뢰를 받으면 그는 용감무쌍한 다큐멘터리 감독으로 활약한다. 나는 몇 번이고 마쓰모토의 활기찬 촬영 현장을 목격했다. 그래서 그에게 "지금 무엇을 하고 싶은가?"라고 물으면 "촬영을 하고 싶다."라는 대답이 즉시 돌아오는 것이었다.

마쓰모토는 이과 전문대학을 중퇴하고, 화학 기업 등에서 근무하다가 2년 전부터 집 주차장에서 차의 코팅과 세차 일을 시작했다. 주차장에는 코팅

제가 여럿 늘어서 있다. 하지만 장사가 잘되는 것 같지는 않았다.

"촬영이 바빠서 주말에도 일을 잘 못하게 됐어요. 그랬더니 손님도 없어졌고, 지금은 사실상 개점휴업 상태죠."

그런 마쓰모토가 정치에 눈을 뜨게 된 계기는 인터넷 게시판 2채널이었다. 2009년 봄이었다. 그 무렵 2채널은 NHK가 방영한 다큐멘터리 〈재팬데뷔〉를 두고 항의 '축제'를 벌이고 있었다. 이 프로그램은 일본이 서양 열강과 어떻게 어깨를 나란히 하게 되었는지 검증하는 것을 주제로 하고 있었는데, "일본의 타이완 통치가 일방적으로 악惡으로 그려지고 있다", "좌익 사관에 편향되어 있다."라는 식의 비판이 인터넷 여론에서 분출되었다. 그 목소리는 이윽고 각지에서 NHK에 대한 항의 시위로 발전했고, 오사카에서도 오사카 NHK에 대한 대규모 시위가 있었다. 마쓰모토는 이런 사건을 2채널을 통해 알게 되었고 'NHK에 속았다.'라고 느꼈다고 한다.

"저는 그때까지 텔레비전의 정보를 곧이곧대로 믿었어요. 그런데 인터넷 덕분에 그런 정보가 왜곡되었다는 사실을 알게 됐죠."

분노와 관심, 이 두 가지 감정으로 마쓰모토는 시위에 참가했다. 취미인 카메라도 가지고 갔다. 마쓰모토가 시위 과정을 촬영해 동영상 사이트에 올리자, 감사와 칭찬이 연이어 올라왔다. 그것을 계기로 마쓰모토는 재특회 및 간사이 팀 구성원들을 알게 된다. 이후 마쓰모토는 간사이를 중심으로 소형 카메라를 들고 촬영에 동분서주했다.

브레노. 재특회는 '영상이 흔들리지 않는다.'●라는 의미에서 마쓰모토를

● 일본어로 '브레'는 사진이 흔들린다는 뜻.

그렇게 부르게 되었다. '천재 카메라맨'이라고 치켜세우는 사람도 적지 않았다. 교토 사건의 조서에 따르면, 사건에 참가한 구성원들은 이구동성으로 마쓰모토를 '최대의 동지'라고 말했다.

처음에는 구도에 신경 쓰지 않고 그저 찍기만 했지만, 곧 다양한 기술을 배우게 되었다. 줌인, 줌아웃, 위에서 찍고, 아래서 찍고, 동지들은 프로페셔널 같은 촬영 기술이라고 칭찬했다. 그것이 언제부터인가 마쓰모토의 '삶의 이유'가 되었고, 스스로 카메라맨을 칭하게 되었다.

마쓰모토는 교토 사건의 민사재판에서 증인으로 심문을 받을 때 직업을 묻자 이렇게 답했다.

"보수파 카메라맨입니다."

원래는 세차를 하던 사람이 우연히 동영상 사이트에 동영상을 올린 것으로 평판을 얻고, 급기야는 '보수파 카메라맨'을 자처하게 되었던 것이다. 그렇게 마쓰모토는 아버지의 유산을 투입해 시작한 코팅 일과 고객들까지 버리게 되었다. 결과적으로 불기소 처분을 받긴 했지만, 체포까지 되는 이력을 가지게 되었다. 그래도 마쓰모토는 카메라맨을 고집했다. 그를 그렇게 만든 것은 주위의 칭찬이었다.

"촬영을 시작하고 나니 즐거웠어요."

마쓰모토는 몇 번이고 그렇게 말했다. 인정받는 기쁨, 그것은 마쓰모토가 지금까지 맛본 적이 없는 행복감이었다.

심각한 인터넷 중독을 인정한 마쓰모토는 집에 있을 때 대부분 컴퓨터만 한다. 2채널을 돌아다니면서 자신의 동영상에 대한 평판과 조회 수를 체크하고, 때로는 다른 사람이 출연하는 니코니코 생방송을 열심히 시청한다.

"제가 좋아하는 건 정신적으로 문제가 있는 사람의 생방송이에요. 저는 그런 사람들을 잘 상대하죠. 상대의 고통을 듣고 상대의 인생에 플러스가 되는 말을 써요. 그러면 기뻐해 주거든요."

이는 마쓰모토의 선량함이고, 동시에 자신에 대한 감사를 요구하는 행위이기도 하다. 고통스러워하는 사람에게 말을 걸면서 치유받는 사람은 마쓰모토 자신인 것이다. 인정받고 싶다. 주목받고 싶다. 그리고 기뻐해 주기를 바란다. 마쓰모토만이 아니라 재특회 회원 대부분에게서 그런 강한 욕구를 느꼈다. 재특회 활동은 인정 욕구를 위해서일 뿐이다. 그렇게 분석한 것은 역시 간사이에 사는 30대 전직 회원이었다. 지금은 회사원으로 평범하게 살면서 가끔 트위터에서 재특회를 비판하고 있다.

그는 한때 열심히 활동했지만, 어느 집회 뒤풀이에서 "조선인은 근친상간을 계속하기 때문에 지능이 낮다."라고 떠드는 동료를 보고 무서워졌다고 한다. 그것이 재특회를 떠나게 된 원인 중 하나였다.

"재일특권과는 별 상관없는 것 같아요. 그저 날뛰고 싶을 뿐이고, 근친상간 운운하는 이야기도 그런 핑계 중 하나에 불과해요. 그런 일로 날뛰는 것도 실재하는 사회를 가지고 있지 않기 때문입니다. 저 자신도 그랬거든요. 잘 생각해 보세요. 그들 중 누가 지역사회에 기반을 둔 활동에 참가하고 있습니까? 아니, 지역사회에 대한 관점 자체가 없죠. 지역사회에서 겉도는 사람, 지역사회에서 무시당하는 사람이기 때문에 재특회에 모이는 겁니다. 그렇게 일장기를 손에 든 것만으로 인정받을 수 있는 새로운 사회에 안주하게 되죠. 거기서 인정받는 건 간단해요. 활동에 자주 참가하는 사람, 집회에서 큰 소리를 내는 사람, 인터넷이든 뭐든 좋으니까 명분을 가져오는 사람, 그

걸로 충분해요."

"그래서"라며 그는 말을 이었다.

"조선인을 쫓아내라는 외침은 제게 '내 존재를 인정하라!'라는 외침으로 들리죠."

자신의 존재를 인정해 주지 않는 사회, 자신의 존재를 부정하는 사람에게 그들은 더욱 공격적이다. 마쓰모토도 그랬다. 첫 취재 이후 얼마 지나지 않아 나와 마쓰모토는 얼굴을 마주치면 일반적인 잡담을 나누는 사이가 되었다. 촬영 기기에 대해 물으면 마쓰모토는 기꺼이 설명도 해주었다. 그러나 나는 조금씩 마쓰모토에게 어떤 불만을 느끼게 되었다. 뭐랄까, 나는 마쓰모토가 찍는 영상이 마음에 들지 않았던 것이다. 동지를 촬영할 때는 모든 각도에서 멋있게 찍지만, 적을 찍을 때는 항상 멀리서 찍든가, 아니면 몰래 카메라와 같은 수법밖에 사용하지 않는다. 그가 적에게 다가가는 것은 많은 동지들이 지켜 줄 때뿐이었다. 카메라맨을 자칭하는 주제에 그런 촬영 자세라니, 각오가 느껴지지 않았다.

어느 날 현장에서 촬영을 하고 있던 마쓰모토에게 나는 화를 내고 말았다.

"카메라맨이라면 더 당당하게 촬영해! 대상에 다가가서 촬영하라고! 숨어서 찍지 마!"

마쓰모토는 불쾌한 표정을 지은 채 침묵했다. 그 후 마쓰모토는 내가 말을 걸어도 무시한다. 그뿐만 아니라 일부러 내 얼굴을 극단적으로 줌인 해서 동영상 사이트에 올리기도 한다. 그는 내게 부정당했다고 생각하는 것 같다.

지금은 어른스럽지 못했다고 조금 반성하고 있다. 마쓰모토를 부정하려고 했던 것은 아니다. 카메라맨으로서 자신이 있다면, 재특회 전속이 아니라 더 넓은 세계에서 활약하기를 바랐던 것이다. 그러나 브레노는 최근 들어 더욱 촬영을 가장한 운동에 적극적으로 관여하게 되었고, 카메라맨으로서의 객관성은 전혀 느껴지지 않는다. 지금은 스스로 욕설을 외치는 경우도 많은 것이다.

애국 무산 운동

"주위에서 인정받고 싶다고? 그런 거 순전히 어리광이잖아. 웃기고 있네."

취재 중에 여러 번 들은 '인정 욕구'라는 것을 재특회를 이해할 키워드로 이야기하자, 마스키 시게오增木重夫(58세)는 진심으로 기가 막히다는 듯이 목소리를 높였다.

"소란 피우고, 울분을 해소하고, 술 마시고, 그것뿐이잖아. 깊이 생각할 필요 없어. 녀석들은 특별히 파격적인 행동을 하는 것도 아니고. 원래 파破할 수 있는 격格 같은 것도 없고 말이야. 아, 자네도 많이 먹게."

그렇게 말하며 마스키는 나이프로 햄버그스테이크를 잘 썰어 맹렬한 기세로 입속에 넣었다.

마스키는 보수 시민운동의 개척자로 알려져 있다. 오사카에서 학원을 경영하면서 오랫동안 일교조에 반대하는 운동에 참가했다. 오사카의 보수 업계에서는 그의 이름을 모르는 사람이 없을 정도로 유명인이다. 실은 재특회 초창기에 간사이 지부장을 맡기도 했다. 그런 마스키가 지금은 "재특회 따위 망해 버려."라고 소리를 높이는 것이었다.

마스키와는 심야에 패밀리 레스토랑에서 만났다. 술을 마시지 못하는 그는 햄버그스테이크와 커피만으로도 어지간한 취객보다 큰 소리로 주위를 신경 쓰지 않고 이야기했다. 좋게 말하면 호쾌한 성격이고, 나쁘게 말하면 약간 품위가 떨어지는 아저씨다. 나는 그런 아저씨가 싫지는 않다. 그러나 "마음속의 어둠"이라는 표현을 사용하려고 하자, "그런 거야 누구나 다 있잖아."라고 일축해 버렸다.

"오랫동안 보수 운동을 하다가, 사쿠라이가 부탁해서 한때는 지부장을 했지. 근데 결국 재특회는 차별적인 집단에 불과했어. 운동? 그게 운동으로 보여? 강도나 다름없지."

마스키는 대학에 다닐 때부터 학원을 경영했다. 처음에는 공부만 가르치는 평범한 학원이었는데, 점점 정신교육에 중점을 두게 되었다. 어린이의 인권이나 개성은 신경 쓰지 않고 '자랑스러운 일본인'을 육성하기 위해 일부러 어린이들을 엄격하게 대했다고 한다. 텔레비전 다큐멘터리를 통해 도즈카 요트 스쿨에 대해 알게 된 것이 계기였다. 교장인 도즈카 히로시戸塚宏는 '스파르타 호랑이'로 불렸는데, 등교 거부나 가정 폭력 등의 문제아를 갱생시켰다는 그의 실적에 마스키는 감동했다. 도즈카에게 편지를 쓰고 요트 스쿨을 방문해, 그로부터 10년간 도즈카의 노하우를 배우기 위해 요트 스쿨에 다녔다. 훈련 중 아이가 행방불명이 되거나 자살하는 사건이 이어지면서 언론의 비난을 받게 되었지만, 마스키는 계속해서 도즈카를 지원했다.

그 경험을 계기로 마스키는 학교교육과 언론이 일본을 망치고 있다고 확신하게 되었다. 그중에서도 '평화와 인권'을 입버릇처럼 외치는 일교조에 반발했다. 그리고 일교조에 대한 반발을 계기로 여러 보수 활동에 참가했던 것이다. 그는 이렇게 오래된 보수 활동가다. 인터넷에서 출발한 집단을 이해할 수 없는 것은 어떤 의미에서 당연한 일이다. 방법이 전혀 다른 것이다. 예를 들어, 마스키는 사쿠라이가 결코 본명을 말하지 않는 것에 대해서도 불쾌감을 나타냈다.

"내가 지부장이었던 시절, 아라마키(하루히코)가 경영하는 오사카 술집에서 사쿠라이와 같이 술을 마신 적이 있어. 좋은 기회라 그에게 본명을 물었더니, '지금은 말할 수 없다. 나를 믿어 달라.' 그러는 거야. 이거, 안 되겠다 싶더라고. 내가 본명을 이야기했는데, 왜 너는 안 하는 거냐고. 그것부터 이해가 안 돼."

젊은 회원들과 만나면서 그가 본 것은 "애국의 이름을 빌린 분풀이"였다고 한다.

"재특회 사람들과 만나면서 일본의 전통적인 역사관을 느낀 적은 한 번도 없어. 무엇보다 제대로 된 직장에 다니는 사람이 없잖아. 자기 일도 제대로 못하면서 갑자기 애국의 깃발을 들고 정의를 논하다니. 전통적인 보수가 다시마라면 재특회는 화학조미료야. 자극은 있는데 뒷맛이 안 좋아."

그야말로 못하는 말이 없다. 마스키 자신도 "일교조 조합원을 처분하지 않으면 집회를 열겠다."라며 초등학교 교장을 협박한 혐의로 2009년에 체포되는 등 '다시마'치고는 상당히 개성이 강한 타입이다. 연령적인 문제도 있었을 것이다. 예를 들어, 재특회 회원 대부분이 프리터 같은 비정규직 노동자라는 점을 두고 "제대로 된 직장에 다니는 사람이 없다."라고 말하지만, 지금은 전체 노동자의 40퍼센트 가까이가 비정규직이다. 그 때문에 발생한 사회에 대한 불만이 재특회의 주장으로 이어진다는 사실에는 나도 동의하지만, 비정규직이라는 처지 자체가 '탈락자'를 뜻하는 것은 아니다.

그러나 가까이에서 재특회를 본 마스키의 말에는 역시 나름대로 설득력이 있었다.

"그들은 사회에 복수하고 있는 게 아닐까? 내가 보기엔 다들 모종의 피해 의식을 갖고 있어. 그 분노를 일단 재일 코리안에게 떠넘기고 있는 것 같아."

나는 똑같은 말을 수도권에서 오랫동안 활동한 40대의 지방 지부 간부에게 들은 적이 있다. 그 또한 "회원들의 피해 의식이 강렬했다."라고 말하며, 재특회 회원들이 만든 구체적인 '가해자'를 열거했다.

- 거대 언론
- 공무원(교사 포함)
- 노동조합
- 국제적인 대기업
- 그 외 좌익 일반
- 외국인

"어쩐지 학력이 높고, 어쩐지 월급이 많고, 어쩐지 보호받고 있다, 가해자들에 대한 공통적인 이미지죠. 그 이상으로 중요한 것은 재특회 회원 대부분이 이런 가해자가 되고 싶어도 될 수 없는 처지라는 사실인지도 모릅니다."

그것은 재특회 홍보국장 요네다에게 '계급투쟁'이라는 말을 들은 뒤부터 나도 희미하게 생각하고 있었던 문제다. 일단 이들 가해자에게서 멀리 떨어진 지점에 서서 생각해 보자. 그곳에서 '애국'이라는 필터를 통해 보면, 그렇다. 이들 가해자는 정보를 독점하고, 안정된 직장을 독점하고, 누군가가 지켜 주고, 발언할 방법을 가지고 있다. 대변해 주는 사람도 많다. 그러면서도 듣기 좋은 인권이니 복지를 소리 높여 외치는 사람들뿐이다. 약자의 편인 척하면서 자신들은 편한 장소를 독점하고 있는 게 아닌가? 부유함까지도 독점하고 있다. 위선자이며 약탈자다.

나는 재특회와 그 주변을 취재하며 갖가지 '피해'에 대해 들었다. "언론에 속았다", "배신당했다", "일교조 교육에 세뇌되었다", "외국인에게 직장을 빼앗겼다", "외국인을 우선하느라 일본인의 복지가 후퇴했다." 등등…….

"그런 불만과 불안을 흡수하는 데 성공한 게 재특회라고 생각해요."

그렇게 설명한 사람은 고향인 후쿠오카에서 재특회와는 선을 긋고 독자적으로 보수 활동을 계속하고 있는 회사원 곤도 마사토시近藤将勝(30세)였다. 곤도는 고등학교 시절부터 보수파 학생 조직에서 활동했으며, 대학 때는 블로그에서 보수적인 주장을 펼치며 『세이론』正論● 등의 잡지에 기고하기도 했고, 부락해방동맹과 일교조를 격렬하게 공격하기도 했다. 한때는 거리에 나서 재특회와 공동전선을 펼친 적도 있다. 재특회 회원 중에 친구도 많다. 그런 곤도도 지금은 재특회에 싸늘한 시선을 보낸다.

"말만 앞선다는 느낌이 들었어요. 그건 역시 인터넷에만 의존하고, 학문적 고찰이나 당사자와의 만남이 없기 때문이라고 생각해요. 그리고 그들은 '지역'에 대한 관점이 없죠. 보수를 자처한다면, '셔터 거리'●● 로 상징되는 지

● 산케이 신문에서 출판하는 대표적인 우익 월간지.
●● 셔터 문이 내려진 가게, 즉 폐업한 가게들이 늘어서 있다는 뜻.

방 도시의 황폐화를 어떻게 막을 것인가에 대해 생각해야 될 텐데 말이에요. 다만, 그들이 가진 분노의 메커니즘은 이해할 수 있을 것 같아요. 한마디로 말하자면, 가치관이 혼돈스러운 시대에 아이덴티티를 찾아 헤매고 있는 겁니다. 사회에서 확고한 입지를 가질 수 없는 불안 속에서 간신히 국민적 아이덴티티를 발견했다고 할 수 있죠. 그 계기야 좌익 비판도 좋고, 재일 코리안 문제도 좋고, 뭐든지 좋았을 거예요. 어쨌든 국민적인 뭔가에 눈을 뜬 그들은 나름의 저항운동을 시작했어요. 그것은 빼앗긴 것을 되찾는 작업이기는 하지만, 본질적인 보수 애국 운동으로부터는 점점 멀어지고 말았어요."

새로운 애국 무산愛國無産 운동이라고나 할까, 일종의 레지스탕스다. 곤도가 말한 '빼앗겼다'는 감각을, 나는 2011년 전국적으로 전개된 후지 TV 항의 시위에서 느낄 수 있었다.

"일본의 방송국이 한국에 점령당한다."

"여기는 일본인데 왜 외국 드라마를 방영하는가?"

"한국 연예인보다 일본 연예인을 우선했으면 좋겠다."

물어보면 여러 주장들이 나온다. 그러나 공통적인 것은 외국 문화 유입에 대한 혐오와 우리 방송국을 빼앗겼다는 상실감, 그리고 피해 의식이다.

여기에 모종의 이데올로기를 주입하면 그 주장은 순식간에 재특회와 가까워진다. 국가적인 차원에서 여러 가지를 빼앗기고 있다는 사실을 알게 된다. 영토도, 고용도, 복지도 빼앗기고만 있지 않은가? 그렇게 생각하는 사람이 늘어도 이상하지 않다. 이것은 제노포비아xenophobia(외국인 혐오)로 간단히 연결된다. 스스로를 '피해자'로 규정하는 사람들에게 외국인을 약탈자에 비유하는 단순한 주장은 일정한 설득력을 가지게 되는 것이다. 빼앗겼다고 생각하는 사람들이 되찾으려는 것은 일본인인 자신을 지켜 주는 강한 '일본'이다. 원래 빼앗겼다고 생각하는 사람들을 흡수하는 기능을 해온 것은 좌익이었다. 그런데 지금은 좌익이 전혀 그런 기능을 하지 못하고 있다.

후쿠오카 시 덴진에서 어느 날 가두연설을 하던 재특회에 노조가 맞불 집회를 벌여 일부에서 몸싸움이 벌어졌다. 자주 볼 수 있는 광경이다. 이를 멀리서 지켜보던 도야마 고이치㸑山恒一(42세)는 '뭐야, 재특회가 훨씬 대중적이잖아.'라고 느꼈다고 한다.

"그날은 회장인 사쿠라이도 왔는데 연설을 잘하더군요. 난해한 말도 없고 명쾌해요. 그런데 노조는 싸움을 해도 어려운 말을 해요. 재특회가 훨씬 더 인민에 가깝죠(웃음)."

도야마는 일부에서 열광적인 지지를 얻고 있는 자칭 혁명가다. 고등학교 재학 중 주입식 교육에 반대하는 운동을 전개했고, 그 후에 극좌 활동가가 되었다가 상해죄 등으로 체포되어 2년간 옥중에서 생활했다. 그 후 극좌에서 파시즘으로 전향했다고 본인은 말한다. 2007년에는 도쿄 도지사 선거에 무소속으로 출마했는데, 텔레비전 연설에서 '정부 전복'을 주장해 화제가 되기도 했다. 지금도 좌익에서 우익까지 폭넓은 인맥을 가지고 있고, 그가 경영하는 후쿠오카 시내의 바(메이지 천황과 연합 적군파의 나가타 요코永田洋子의 사진이 나란히 걸려 있는 이상한 공간이다)에는 전공투 출신 좌익과 현역 우익 등 수상쩍은 사람들이 모인다. 그런 도야마였기 때문에 이전부터 재특회에 관심을 가지고 집회를 보러 갔을 뿐만 아니라, 관계자들과도 교류를 계속해 왔다. 도야마는 재특회에 모인 사람들을 "무언가가 잘 안 풀리는 사람들"이라고 표현했다.

"인생, 일, 공부, 인간관계……. 그런 르상티망ressentiment● 같은 것에 재특회는 정면으로 손을 내밀고 있는 것입니다. 하는 이야기는 말도 안 되는 게 많아요. 자신들이 좌익 교육의 희생자라거나 외국인에게 직장을 빼앗겼다거나. 일본에 좌익 교육이 있기나 했습니까? 존재했던 것은 문부성 관료가 주도한 주입식 교육뿐이지 않습니까? 외국인에게 직장을 빼앗겼다는 이야기는 말할 것도 없고요. 본인의 커뮤니케이션 능력이 부족해서 실직한 경우가 많습니다. 그런 사람들에게 오른쪽과 왼쪽 중 어느 쪽이 매력적이냐 물으면 그야 당연히 오른쪽이죠. 지금 좌익의 어디에 매력이 있습니까? 반쯤 체제화된 좌익보다 아나키한 매력으로 가득 찬 우익이 젊은이들의 위험한 욕구에 훨씬 부응하고 있습니다. 어차피 장래의 전망을 발견할 수 없는 세상이라면, 자극으로 가득 찬 운동이 재미있죠. 뭐, 일본인의 지적 수준이 가장 낮은 시기에 인터넷을 매개로 우익만 성장한 것은 불행입니다만."

사회운동은 이론보다 기세를 통해 확산되기 마련이다. 그리고 그 기세는 '지키기'보다는 '바꾸기'를 원하는 쪽에 붙기 마련이다. 일찍이 학생운동이 기세를 떨쳤던 것은 무엇보다도 체제를 부수자는 데서 공감을 얻었기 때문이 아니었을까? 한편 지금의 좌익은 '지키기'만 할 뿐인 운동이다. 평화를 지켜라, 인권을 지켜라, 헌법을 지켜라, 우리 직장을 지켜라. 재특회 같은 신흥 보수 세력은 그것들을 모두 의심하고 '쳐부숴라.'라고 호소한다. 좌익이 보수가 되고 보수가 혁신이 된 '역전 현상'이 생긴 것이다.

● 프랑스어로 분한 마음, 억울함을 뜻한다. 여기에서는 인생·일·공부·인간관계 등에서 피해 의식을 느끼고, 그런 억울함과 분노 등을 표출하는 것을 의미한다.

'잘 안 풀리는 사람들'이 변혁의 편에 서게 된 것은 당연한 일이라 할 수 있다. 그것은 오사카에서 하시모토가 얻고 있는 인기와도 겹친다. 하시모토 도루橋下徹 오사카 시장은 변혁을 내걸고 시장 선거에 나서 압도적인 지지로 당선되었다. 시민이 기대한 것은 기존 질서를 부수는 것이었다. 공무원 수를 줄이고, 월급을 낮추고, 사업을 차례로 민간에 위탁하겠다고 하시모토가 외칠 때마다 시민들은 열광했다. 오사카 시장 선거를 취재한 기자에게 들은 이야기에 따르면, 공무원 사이에서는 하시모토에 반대하는 목소리가 강했지만, 관공서에서 하청을 받아 일하는 저임금 노동자 사이에서는 압도적으로 '하시모토 지지'가 많았다고 한다. 이렇게 '보호받는 측'에 대한 '잘 안 풀리는 사람들'의 공격은 일반 사회에서도 늘어나고 있다.

인터넷과 애국

　"반체제도, 반권력도, 지금은 오른쪽의 전유물입니다."

　인터넷 사정에 밝은 프리랜서 작가 시부이 데쓰야渋井哲也(42세)의 말이다. 시부이는 『나가노 일보』長野日報 기자를 거쳐 프리랜서가 되었고, 인터넷 커뮤니케이션을 주제로 많은 책을 썼다.

　"인터넷에서는 '좌익 = 모범생'이라는 이미지가 강합니다. 한마디로 재미가 없어요. 그에 비하면 우익은 파괴력이 있고, 재미있고, 무엇보다도 자극적이죠."

　시부이에 따르면, 예를 들어 '차별은 나쁘다.'는 이야기는 인터넷에서 전혀 인기가 없다고 한다. 학교 선생님 같다. 맞는 이야기인 것은 사실이지만 어딘가 권위의 냄새가 난다. 텔레비전이나 신문에서는 상관없지만, 익명성이 담보되는 자유로운 언론의 장인 인터넷에 정론은 어울리지 않는다. 인터넷은 누구나 자유롭게 발언할 수 있는 매체이기 때문에 이용자가 늘어 왔다. 신문, 방송, 잡지 등의 기존 언론에서는 표현할 수 없는 '속마음'이 인터넷 여론을 지배하게 되었다. 그렇기 때문에 '차별은 나쁘다.'가 아니라 '차별은 정말 나쁜 것일까?'라고 도발하는 행위가 요구되는 것이다. 그것은 학교 선생님처럼 점잔을 빼는 거대 언론에 대한 도전이기도 하다.

"터부를 깨는 쾌감이죠."

시부이는 인터넷의 마력을 그렇게 설명했다. 그러나 그는 이런 쾌감을 결코 경박하다거나 품위가 없다고 평가 절하하지는 않는다. "누구든 그런 어두운 열정은 가지고 있으니까요."라고 아무렇지도 않게 말하는 모습에서 오랫동안 인터넷 사회를 취재해 온 시부이의 진지한 자세가 느껴진다. 시부이는 인터넷에서 내셔널리즘이 성한 것은 "어디까지나 부산물"이라고 말한다.

"애국을 정면으로 논해도 관심을 끌지 못합니다. 여러 가지 터부라는 장치가 있기 때문에 내셔널리즘에 불이 붙죠. 외국인은 일본에서 나가라는 이야기만 해도 그래요. 최근 들어 비정규직 노동자 비율이 급증했습니다. 정규직 자리를 두고 가혹한 의자 놀이가 시작된 거죠. 의자가 남던 시대라면 외국인에게 신경 쓰지 않고 관용적일 수 있었어요. 그런데 의자가 부족해지면서 먼저 앉아야 되는 건 일본인이라는 이야기가 나온 거죠. 그것이 언제부터인가 외국인은 나가라는 욕설로 바뀌었고요. '외국인에게 친절해야 한다', '외국인은 귀중하다.'라는 상식을 뛰어넘으면, 배외주의적 경쟁이 남을 뿐입니다. 이것은 민족주의자들이 주도한 것도 아니고, 애국적인 관점에서 생긴 것도 아니에요."

즉 살아남기 위한 절규가 필연적으로 국민적인 요소와 결합했다는 이야기다. 익명이 원칙인 인터넷에서는 이런 주장이 아무런 검증도, 주저도 없이 순식간에 퍼진다. 그것은 재일 코리안에 대한 시각도 마찬가지다. 시부이는 말한다.

"인터넷에서는 일찍부터 재일 코리안이 공격 대상이 되었습니다. 역사적 경위나 직접적인 피해 때문에 발생한 증오가 아니라, '보호받고 있다', '우대받고 있다.'라는 일방적인 인상이 '재일 코리안 비판'을 만들어 버린 것입니다. 강제징용이나 종군 위안부 유무는 사후적으로 만든 핑계죠."

그렇다면 인터넷의 좌파적·진보적 언론은 어떠했는가? 인터넷 공간이 진보적 아카데미즘에 의해 독점되었던 시기가 있었다. 인터넷은 일찍이 대학 연구실 등에서 주로 운용되었다. 거대 언론에는 유통되지 않는 '현장'의 이야기가 연구자들에 의해 인터넷에 흘러들었던 것이다. 그것은 아무런 검열도, 제약도 받지 않는 자유로운 언론, 즉 대항문화counter culture의 일종이었다. 그러나 1990년대 들어 PC와 휴대전화의 보급으로 인터넷의 대중화가 뚜렷해졌다.

"그때 아카데미즘에 입각한 사람들은 대부분 인터넷은 학문적 토론에 적합하지 않은 매체라며 도망쳤습니다. 이해는 합니다. 학자가 비난과 대치하는 건 고통스러웠겠죠. 좌파와 진보 세력 가운데 많은 이들이 올바른 이야기는 소리 높여 주장하지 않아도 반드시 세상이 인정해 주리라는 소박한 정의를 내세워 인터넷 언론에 관여하기를 경원시했습니다. 인터넷을 만만하게 봤고, 가볍게 봤던 것이지요."

대중화는 인터넷 세계가 논리 대신 감정을 중시하게 만들었다. 학자와 연구자 들은 전통적인 토론에는 익숙했지만, 감정 섞인 대화에는 익숙하지 못했다. 흔히들 하는 말이지만, 인터넷 언론에서는 과격함과 극단성이 지지를 얻는다. 그들은 그런 대중적인 무대에서 내려감으로써 인터넷 언론을 무시했다. 아니, 얕잡아 봤다. 그래서 결과적으로 대중적이고 감정적인 우파 언론이 인터넷의 주류를 형성하게 된 것이다. 인터넷은 원래 '권위에 대한 저항'이라는 측면을 가지고 있었기 때문에 그런 기세는 멈출 줄 몰랐다. 대중은 이때 무대에서 내려간 아카데미즘 관계자들을 권위 그 자체라고 생각했던 것이다.

도망치는 자와 쫓는 자. 그것은 전후 민주주의의 가치관을 지키는 자와 그것을 부수려는 자의 관계로 치환된다. '튀는' 쪽은 항상 후자다. 젊은 세대에게, 그리고 무언가를 잃어버리고 빼앗긴 사람들에게는 지금 있는 것을 지키는 것보다 모든 것을 파괴하는 것이 매력적이다. '보수'를 자처하면서 무언가를 지키기보다는 무슨 일이 있어도 기존 체제를 부수려는 '애국' 운동에 중점을 둔다. 인터넷을 매개로 성립한 그들의 애국 운동에 보수의 이념이 보이지 않는 것은 아마도 그 때문일 것이다. 평등이나 평화와 같은 전후 민주주의의 근간은 그 내실이야 어쨌든 극진하게 보호받았던 탓에 최대의 적으로 인지되더라도 이상하지 않게 되었다. 그것에 대항하는 사람이야말로 영웅인 것이다.

이런 토양에서 탄생한 재특회는 인터넷에 한정되어 있던 여론을 그대로 거리에 가져왔다. 인터넷과 현실 사회의 갭을 없애 버린 점이 신선하다. 예전부터 보수 활동을 해온 사람들 중 일부는 재특회를 비판하며 "행동하는 보수가 아니라 행동하는 SNS다."라고 험담하기도 한다. 앞에서 나온 재특회의 전직 지방 지부 간부는 재특회에 들어갔을 때의 기분을 이렇게 표현했다.

"솔직히 말해 심심했어요. 일도 잘 안 되고, 40대가 되면 친구들과 놀러 다닐 수도 없고요. 아니, 제대로 된 40대라면 직장과 가정 때문에 바쁜 게 정상이겠지만, 같이 사는 사람이 고령의 부모님밖에 없는 환경 때문에 자극에 굶주렸는지도 모르겠어요. 동영상을 보고 공감했다기보다는 이런 자극을 함께 맛보고 싶었어요. 그리고 실제로 처음에는 즐거웠어요. 즐거울 뿐만 아니라 나라를 위해서 무언가를 하고 있다는 대의도 느꼈고요."

심심한 일상 속에서 약간의 비일상과 일탈. 그것은 잘 안 풀리는 사람들의 마음을 뒤흔드는 축제였다.

나는 20대 중반에 주간지 기자가 되었다. 왜 기자가 되고 싶었느냐는 직속 상사의 물음에 "사회를 바꾸고 싶기 때문"이라고 진지하게 대답하자, 상사는 소리 내어 웃었다. 국가권력의 확성기에 지나지 않는 신문과 방송의 보도에 한 방 먹여 주겠다는 내가 귀찮은 녀석처럼 보였을 것이다. 아니, 나 역시 '잘 안 풀리는 사람'이었다. 다시 생각해 보면, 이것도 재특회 회원들과 마찬가지가 아닐까? 언론에 대한 그들의 싸늘한 시선은 언론은 진실을 이야기하지 않는다는 확신에서 나온다. 옛날의 나도 그렇게 생각하며 '비일상'과 '일탈'을 찾고 있었다. 만약 그 시절에 인터넷이 있었다면, 혼자서 꾸준히 블로그에 글을 쓰고 있었을지도 모른다.

결국 나는 사회를 바꾸기는커녕, 주간지 기자로서 사회에 영합하는 기사만을 양산했다. 시간의 흐름은 잔혹하다. "요즘 언론들은 말이야."라는 말에 화가 울컥 치밀 정도로 나는 어른이 되었다. 그것도 상당히 추악하게.

주간지 기자로 여러 사건을 쫓으며 세상에 왠지 여유가 없어지고 있다고 생각하게 된 것은 1990년대 중반이었다. 그때까지는 이데올로기와 입장의 차이를 초월해 애매모호한 형태로나마 '사회적 합의'가 형성되어 있었다. 그것은 내일이 오늘보다 반드시 나아질 거라는 '시간의 약속'이었다. 달력을 한 장씩 넘기면서 풍요로움을 조금씩 획득해 온 것이 전후의 일본이었다. 좀 낯간지럽지만, 희망이나 미래라는 말을 입에 담기만 하면 우리는 어떻게든 내일을 살아갈 수 있었다.

그러나 그런 시대는 끝났다. 고용 유연화 정책 탓에 기업은 정규직 사원을 큰 폭으로 줄였다. 학교를 졸업하고 평범하게 취직하면, 30대까지는 결혼하고 아이도 낳고 언젠가는 교외의 작은 전원주택을 살 수 있고, 정년을 맞으면 연금으로 손주들에게 용돈이라도 줄 수 있는 미래는 한정된 계층에만 주어지게 되었다. 계약직이나 하청 같은 비정규직 노동자들은 기본적으로 '사람' 취급을 받지 못한다. 많은 기업에서 비정규직 노동자들을 담당·관리하는 부서는 인사부가 아니라 기자재를 다루는 부서다. 사람이, 노동력이 기자재 중 하나로 취급받는다. 그렇게 빈부 격차와 분열이 생긴다. 어디에도 소속되지 않는 사람들이 늘어난다. 이런 상황을 자각하든, 그렇지 않든 소속이 없는 사람들은 아이덴티티를 찾아 나선다. 그중 일부가 의지하게 되는 것이 바로 '일본인'이라는 불변의 '소속감'이었다. 이는 결코 이상한 일이 아니다.

이 무렵부터 보수를 자처하는 젊은이들의 발언이 눈에 띄게 되었다. '전후 체제'에 소박한 의문을 던지게 된 것이다. 이전에도 신우익과 민족주의자

일각에서 '얄타·포츠담 체제* 타도'라는 전후 체제 비판이 나오기는 했다. 그러나 1990년대 중반부터 제기된 전후 체제에 대한 의문의 목소리는 명백하게 그 어조가 다르다. 혁명과 유신의 포효가 아니라 원망의 목소리였다. 일본이, 우리 일본인이 이렇게 모욕당해도 되느냐는 비명과도 같은 목소리를 동반하고 있는 것이다.

풀뿌리 보수의 원류라고 할 수 있는 '새 역사 교과서를 만드는 모임'이 결성된 것은 그 무렵인 1997년 1월이다. 역사에서 '이야기'를 발견해, 일본인의 마음을 되찾자고 주장한 이 운동은 많은 지지자들을 모았다. 잃어버린 '이야기'를 되찾음으로써 자신감과 희망을 손에 넣을 수 있다고 생각하는 사람들이 늘었다. 그것은 선진국 일본의 경제적 몰락과 보조를 맞추고 있었다. 살기 힘든 세상을 만든 전후 체제를 바꾸라는 외침은 '적'의 모습을 명확하게 만들기 시작한다. 국가를 모욕하는 사람들, 즉 좌익, 외국인, 언론, 공무원 말이다. 그들은 사회의 승자이자 혼란스러운 시대에서 잘 도망친 계층으로 보였다. 사실관계야 어떻든 상관없다. 혜택을 받고, 보호를 받고, 세상에서 인정받고 있는 사람들은 위에서 생존경쟁을 지켜보고 있을 뿐이라고 생각되었다. 그런 분위기 속에서 재특회가 생겨난 것이었다. 재특회에서 강렬한 반엘리트주의를 느꼈다는 사람들이 많다. 탈퇴한 회원 중 하나는 이렇게 말했다.

"재특회라는 '명함'은 때로 통행증 같은 역할을 합니다. 누가 뭐래도 시민단체를 자처하고 있는 이상, 항의를 하러 가면 관공서든 대기업이든 벌벌 떨

---

* 미국과 소련의 얄타회담과 포츠담회담으로 결정된 패전 후 일본의 체제를 비판하는 용어.

면서 대응해 주거든요. 우리가 보기엔 엄청난 엘리트들이 얌전한 태도로 죄송하다며 머리를 숙였어요. 여기서 상당한 쾌감을 얻었죠."

재특회가 재일 코리안과 부락해방동맹을 집요하게 공격하는 것은, 그것이 터부를 깨는 쾌감인 동시에 그들이 '조선인 주제에', '부락민 주제에' 발언력과 영향력을 담보받고 있다고 생각하기 때문이다. 회원들 중에는 세상의 모순을 풀 열쇠를 모두 재일 코리안이 쥐고 있다고 생각하는 사람들이 적지 않다. 정치도, 경제도 재일 코리안이 뒤에서 조종하고 있다고 진심으로 믿기도 한다. 그런 믿음을 전제로 재특회야말로 학대받는 사람들의 편이라고 호소하는 것이다.

재특회가 고용과 복지 문제에 집착하는 것은 그런 잘못된 정의감이 존재하기 때문일 것이다. 회장인 사쿠라이는 지금까지 몇 번이나 외국인에게 직장을 빼앗긴 일본인을 위한 노동조합을 설립하겠다고 예고했다. 재특회가 계급투쟁을 하고 있다는 주장도 그래서 나오는 것이다. 사회에 분노하는 사람, 불평등에 분노하는 사람, 열등감에 괴로워하는 사람, 동지를 원하는 사람, 도피처를 원하는 사람, 돌아갈 장소가 없는 사람. 그런 사람들을 재특회는 유인하듯이 불러들인다. 아니, 어떤 의미에서는 '구원한' 측면마저 있지 않을까?

사진 1 앨범 속 소년 다카다 마코토(왼쪽)는 20여 년 후인 현재 재특회 회장 사쿠라이 마코토(오른쪽)로 활동 중이다(21쪽).

사진 2 2010년 10월 '조선학교 무상교육 반대'를 호소하며 조선학교까지 시위 행진을 하고 있다. 재특회의 시위 모습은 실시간으로 인터넷에 올라온다(23쪽).

사진 3 오이타에서 있었던 '지부 발족 기념집회'(62쪽).

사진 4 재특회 미야기 지부의 집회(88쪽).

사진 5 교토 조선제1초급학교 앞에서 격렬히 항의하는 간사이 팀 구성원들(99쪽).

사진 6 니시무라 슈헤이(오른쪽)가 경찰 발포로 사망한 중국인 실습생 재판에서 경찰을 옹호하는 연설을 하고 있다(151쪽).

사진 7 우에노 역 앞에서 집회를 하고 있는 배해사. 왼손을 허리에 대고 확성기를 땅에 놓은 채 연설하는 인물이 대표인 가네토모다(159쪽).

사진 8 요멘 친위대의 훈련 광경. 군사훈련까지는 아니지만 위장복 차림에 공기총을 잡은 그들의 모습은 나름대로 박력이 있다(175쪽).

「朝鮮進駐軍」をご存知ですか？

1945年（昭和20年）以後に、現在特別永住権を持つ在日一世（朝鮮・韓国人）、もしくは現在日本に帰化または、半島に帰国した朝鮮人によって作られた犯罪組織を指します。終戦後彼らは、日本各地で婦女暴行・窃盗・暴行・殺人・略奪・警察署や公的機関への襲撃・土地建物の不法占拠・鉄道や飲食店での不法行為など様々な犯罪を引き起こしました。 自称「戦勝国民」であると主張し、自らを「朝鮮進駐軍」と名乗り、各地で徒党を組んで暴れ、凶悪事件を起こしました。 GHQ（連合国総司令部）の資料にあるだけでも最低4千人の日本人市民が、朝鮮進駐軍の犠牲となり殺害されたとされています。

사진 9 재특회가 작성한 '조선진주군'에 관한 전단지. 여기에는 출전도 근거도 전혀 없다(222쪽).

사진 10 "죽어 버려 후지 TV"라고 적힌 플래카드를 손에 들고 오다이바를 행진하는 시위대. 대부분 인터넷을 통해 자발적으로 모인 아마추어들이었다(312쪽).

에필로그

재특회를 취재하는 1년 반 동안 들은 비난과 욕설이 지난 20여 년의 기자 인생에서 들은 것보다 훨씬 많았다. 그러나 나에 대한 비판은 재특회 쪽에서만 들려온 것이 아니었다. 재특회의 반대편에서 차별에 반대하고 인권을 보장하기 위해 싸우는 활동가 일부에서도 맹렬한 비난이 쏟아졌다.

"재특회에 지나치게 우호적이다."

"인종차별주의와 파시즘에 대한 진지한 비판이 부족하다."

그렇게 생각하는 것이 당연할지도 모른다. 아니, 인종차별주의와 싸우고 있는 활동가라면, 그런 말을 하는 것이 마땅하다. 물론 나도 차별은 싫어하고, 재특회의 주장에 공감한 적도 없다. 드문 경우이지만, 젊은 재특회 회원에게 "슬슬 (운동을) 그만둘 때가 된 걸까요?"라는 상담을 받을 때도 있다. 그럴 때는 "그야 물론 그만두는 게 낫지."라고 말한다. 만약 가까이 지내는 친구가 재특회에 들어가고 싶다고 말한다면, 멱살을 잡고 말릴 것이다.

그러나 나는 재특회와 그 주변 사람들을 규탄하기 위해 취재를 한 것이 아니다. 논쟁으로 그들을 이기고 싶다고 생각하지도 않고, 그럴 역량도 없다. 사람들을 선의의 길로 이끌 능력은 더더욱 없다. 아니, 내가 선의를 가진 인간이라는 보장도 없다.

그저, 그저 알고 싶었을 뿐이다. 결코 공감이나 동정이 아니라, 재특회에 빨려 들어가는 사람들의 모습을 그저 알고 싶었을 뿐이다.

내가 처음 재특회의 대규모 집회를 목격한 것은 2010년 8월 15일이었다. 그때까지 소규모 집회를 본 적은 있지만, 재특회의 진정성을 본 것은 이날이 처음이었다. '야스쿠니 해체'를 주장하는 좌익 단체 반천황제운동연락회反天皇制運動連絡会의 시위행진을 요격하기 위해, 재특회는 다른 행동하는 보수 단체들과 함께 야스쿠니신사 근처의 구단시타 교차로에 집결했다. 당일 재특회의 부름에 응한 사람은 약 2천 명이었다.

"야스쿠니신사를 모독하는 녀석들은 용서할 수 없다!"

"극좌 세력을 일본에서 쫓아내자!"

좌익 단체의 시위 행렬이 다가올 때까지 확성기를 손에 든 참가자들이 차례로 외쳐 댔다. 보도 완장을 찬 상업 방송 PD가 나타나 참가자 중 한 사람에게 마이크를 대려는 순간, 주위에서 갑자기 비난의 대합창이 쏟아졌다.

"반일 언론은 꺼져!"

"어차피 거짓말밖에 안 하잖아!"

PD는 힘없이 물러섰다. 이런 데 완장 같은 걸 차고 오니 그렇지. 욕설을 들은 PD를 동정하는 마음도 들었지만, 굳이 말하자면 나는 싸늘한 시선으로 그 모습을 지켜보고 있었다.

더운 여름날, 그들은 거리에 뿌려진 화약과도 같았다. 성냥개비라도 하나 던지면, 순식간에 불꽃을 일으키며 연쇄적으로 폭발해 갈 것이다. 오후 3시, 반천황제운동연락회 시위대가 다가왔다. 시위대를 위협하듯 한 사람, 한 사람이 "워어어." 하고 외치자, 그 소리가 근처 빌딩에 부딪혀 크게 울렸다. 마치 콘서트 같았다. 소란 속에 하얀 물결이 흔들렸고, 시위대의 전후좌우를 기동대의 장갑차가 둘러쌌다.

"제길, 안 보이잖아!"

"기동대는 방해하지 마!"

여기저기서 경찰을 비난하는 목소리가 들렸다. 참가자들이 진을 친 교차로를 반천황제운동연락회 시위대가 지나려 할 때, 흥분은 최고조에 달했다.

"죽어라! 극좌!"

"극좌 세력을 바다에 빠뜨려라!"

흥분한 나머지 "워어어." 하는 포효만 계속하는 사람도 있었다. 단지 소리를 지르며 팔을 흔들고 있을 뿐이었다. 내 바로 옆의 20대 청년은 가방 속에서 열 개짜리 달걀 팩을 꺼내 시위대를 향해 하나씩 던졌다. 안경을 끼고 얌전해 보이는 청년이었다. 그가 던진 날달걀이 포물선을 그리며 장갑차에 닿았다.

"제길. 제길!"

그렇게 말하며 청년은 몇 번이고 달걀을 던졌지만, 어느 하나 시위대에는 닿지 않았다. 가로막은 장갑차에 맞아 깨진 달걀노른자가 추하게 흘러내렸다. 청년은 빈 팩을 땅바닥에 던지고 발을 동동 굴렀다.

"경시청에서 알립니다. 물건을 투척하지 말아 주세요."

경비 책임자가 지휘 차량에서 경고했지만, 이 말을 귀담아듣는 사람은 없었다.

"죽어라! 죽어라!"

그런 외침에 따르듯 페트병과 뭉친 종이 같은 물체들이 하늘을 날았다.

시위대가 교차로를 지난 후에도 열광은 계속되었다. 참가자들이 시위대를 추격하기 위해 그 뒤를 쫓은 것이었다. 사전에 설치된 바리케이드를 넘으려는 사람들이 속출하자 기동대원들은 폭도들의 물결을 필사적으로 막았다.

"방해하지 마!"

"바보 새끼! 경찰은 극좌 편이냐!"

기동대원에게 밀리며 큰 소리로 울부짖는 남성이 있었다.

"비켜요! 왜 막는 거예요!"

젊은 여성은 금방이라도 울음을 터뜨릴 것 같은 표정으로 비명을 질렀다.

그로부터 20분 정도 지났을까? 소동이 끝나자, 야스쿠니의 가로수에서 흘러나오는 매미 소리만이 주위에 가득했다.

"아, 덥다."

"수고하셨어요."

그토록 폭주하던 참가자들은 그렇게 서로를 치하하며 삼삼오오 흩어졌다. 각각의 표정에서는 극좌 세력을 놓친 아쉬움이나, 자신들의 행동을 통제한 국가권력에 대한 분노는 추호도 보이지 않았다. 오히려 그들의 상기된 얼굴에는 무언가를 해냈다는 성취감이 떠올라 있었다. 진짜 우익이라면 '야스쿠니를 더럽혔다.'는 데에 부끄러움을 느끼고, 영령에게 깊이 고개를 숙였을지도 모른다. 사람 수에서는 압도했지만 기동대에 막혀 '극좌 시위대'의 통과를 허용하고 말았던 것이다. 그러나 그들에게서 그런 부끄러움은 느껴지지 않았다. 날았다, 외쳤다, 뛰었다. 여름날의 정열을 있는 힘껏 쏟아부었던 것이다. 청춘이구나. 나는 그렇게 생각했다. 2천 명이 연대하고 단결해서 하나가 되었다. 이렇게 열광할 수 있는 축제가 또 있을까? 그 후로도 똑같은 광경을 몇 번이고 보았다. 6천 명이나 되는 시위대가 오다이바를 꽉 메웠던 후지 TV 항의 시위. 시위를 마친 사람들은 손뼉을 마주치며 "예이!"라고 빅토리 사인을 했다.

단순한 화풀이가 아닌가? 결국은 놀고 싶은 것뿐 아닌가? 그렇게 중얼거리면서도 내 가슴은 끓어오르고 등 근육은 뻣뻣해졌다. 야스쿠니에서, 오다이바에서, 내 마음속에는 부정할 수 없는 작은 감정이 욱신거렸다. 부러웠던 것이다. 그들은 즐거워 보였다. 기분 좋아 보였다. 그런 생각이 지금도 머릿속을 떠나지 않는다.

청춘 따위 지루하다. 젊은 시절에는 그렇게 생각했다. 정치적으로 조숙했던 나는 어린 시절부터 '지금과는 다른 사회'를 꿈꿨다. 이 책에서 고립되어 있던 소년 시절의 사쿠라이에 대해 이야기했지만, 그것은 예전의 내 모습이기도 했다. 중학생 시절, 개항을 앞둔 나리타공항의 관제탑에 신좌익 당파의 회원들이 난입했다. 경찰에 의해 제압되기는 했지만, 기기를 엉망으로 만들어 개항이 연기되었다. 나는 관제탑의 공방전을 텔레비전으로 보면서 "없애!", "가라!", "부숴라!"라고 환희의 목소리를 냈다. 그 흥분을 부모님과 친구들에게 이야기했지만, 상대해 주는 사람은 없었다. 그때부터 나는 망상과 공상과 몽상으로 '혁명'을 가지고 놀았다. 용기를 주었던 것은 관제탑 습격과 도쿄 대학 야스다 강당 공방전의 영상이었다. 내게 좌익은 자료 영상 속에서만 살아 있는 것이었다.

20대에는 여러 좌익 당파를 들락거렸다. '살아 있는' 좌익과 만나고 싶었다. 그러나 내 눈에 들어온 것은 고립되고 쫓기며 막다른 골목에서 퇴각하고 있는 쓸쓸한 활동가들이었다. 그래도 존경할 수 있었다. 설사 성취할 수 없더라도, 아무리 비현실적인 주장이라도, 진지하게 '변혁'을 이야기하는 사람들을 무시할 수는 없었다. 산리즈카에서 나리타 공항 건설에 반대하는 농민을 지원하면서, 거리에서 전단지를 뿌리며, 나는 멸망의 미학을 스스로에게 이야기할 수밖에 없었다. 그것이 1980년대의 '투쟁'이었다.

조숙했기 때문은 아니다. 나는 외로웠던 것이다. 도쿄의 자취방에는 이불과 책장밖에 없었고 겨울에는 추워서 죽을 것만 같았다. 여자 친구를 원했다. 돈을 원했다. 당시 유행하던 카페 바에 가보고 싶었고, 멋있는 차도 타보고 싶었다. 어차피 내가 잘 살아갈 수 없는 사회라면, 차라리 부수는 편이 낫다고 진지하게 생각했다. 나를 그곳으로 이끌었던 것은 마르크스도, 레닌도, 트로츠키도, 마오쩌둥도 아니었다. 세상을 파괴함으로써 한심한 나 자신을 간신히 다른 사람들과 같은 지평에 서게 만들 수 있지 않을까 하는 일종의 파괴 본능이었다. 만약 그때 내게 손을 내민 것이 재특회와 같은 조직이었다면 어땠을까 생각해 본다. 잘 모르겠다. 잘 모르겠지만, 그 손을 잡았을 가능성을 결코 부정할 수는 없다. 의외로 꼭 껴안았을지도 모르겠다.

청춘 따위 지루하다. 그런 우울한 기분을 통해 변혁가는 나타난다. 젊은 시절 낯을 가렸던 나는 아쉽게도 조직이나 동지들과 어울리지 못했다. 파괴를 열망하면서도 기껏해야 멀리서 활동가들을 응원하는 '찌질이'였다. 그래서 더욱 연대가 빛나 보였고 단결이 부러웠다. 재특회 회원들을 취재하면서 솔직히 나는 그들이 부러웠다. 다들 힘들어 보이는 사람들이었다. 아무리 멋있는 척을 해도 이 사회에서 살아가는 것이 어려워 보이는 사람들이었다. 그것만큼은 잘 알 수 있었다. 왜냐하면 그들은 거울 속에 비친 내 모습이었기 때문이다. 순간의 축제를 즐기는 것으로 삶의 의미를 발견하는 사람들,

그것이 재특회이고, 예전의 나였다. 재특회와 마주하면, 취재하는 사람으로서의 내가 아니라, 있는 그대로의 '나'를 의식하지 않을 수 없었다.

교토 시내의 고깃집에서 교토 조선제1초급학교 졸업생들을 취재했을 때였다. 그중 하나인 김성규金成奎(36세)가 짧게 말했다.

"근데 진짜로 무서운 건 재특회가 아닌 것 같아요."

그는 이미 상당히 취해 있었고 "술 취한 사람의 헛소리라고 생각해 주세요."라고 말했다. 나는 그런 '헛소리'에서 인간의 절실한 생각을 발견한다.

"재특회는 명쾌하죠. 화도 나고 슬프기도 하지만, 너무 명쾌해서 공포를 느끼지는 않아요. 제가 무서운 건 재특회를 인터넷에서 칭찬하는 눈에 보이지 않는 사람들이에요. 그런 사람들이 엄청나게 많을 거라고 생각하면 솔직히 너무 괴로워요."

그는 그 나름대로 여론에 대해 생각하고 있었다. 예를 들어, 많은 사람들이 납치 사건을 이유로 조선학교의 '무상교육 반대'를 주장하고 있다. 또 지금까지 조선학교에 지급되었던 보조금을 없애는 결단에 박수갈채를 보낸다.

"단지 정치적인 문제라면 다양한 의견이 있어도 괜찮다고 생각하지만, 일본인들은 속으로 '지금까지 재일 코리안에게 너무 잘 대해 줬다.'고 생각하고 있는 것 아닐까요? 재일 코리안은 우리가 생각하는 것 이상으로 성가신 존재인지도 모르겠다는 생각이 들어요."

얼마 전 김성규는 교토 시내에서 분위기가 좋은 작은 술집을 발견했다. 가족적인 분위기가 마음에 들어 몇 번 다녔고, 점장과 마음이 통했다고 생각되자 자신이 재일 조선인임을 밝혔다. 그러자 점장의 태도가 어딘가 서먹서먹하게 변했다고 한다. 어느 날 밤 술에 취한 점장이 돌연 "자네들, 일본에 살게 해주고 있으니까 일본에 더 감사해야 해."라고 김성규에게 말했다.

"아무 말도 못했어요. 점장은 착해 보이는 사람이었고, 저를 적대시하는 것 같지는 않았어요. 그런데 생각해 보면, 그의 주장 자체는 재특회와 별로 다를 바가 없죠. 쫓아내라거나 바퀴벌레라거나 그런 이야기는 절대로 하지 않을 좋은 사람이지만, 저는 그 점장이 재특회보다 더 무서웠어요. 무엇보다도 그런 주장이 일상적인 대화 속에서 아무렇지도 않게 나오는 게 안타깝지요."

재특회는 그런 사람들의 지지를 받고 있다. 그들 스스로는 지지하고 있다는 자각이 없더라도, 재특회는 자신들에게 무언의 지지가 모이리라는 사실을 알고 있다. 아무리 재특회가 그로테스크해 보이더라도, 그들이 이 '사회의 일부'라는 사실은 부정할 수 없다. 그들은 세상의, 일부 사람들의 속마음을 대변하고, 증폭시키고, 더 큰 증오를 선동하고 있는 것이다. '재특회란 무엇인가?'라고 내게 묻는 사람들이 많다. 그때마다 나는 이렇게 대답한다.

"당신의 이웃들입니다."

사람 좋은 아저씨나 착해 보이는 아줌마, 예의 바른 젊은이의 마음속에 숨어 있는 작은 증오가 재특회를 만들고 키운다. 거리에서 소리치는 젊은 사람들은 그 위에 고인 물에 지나지 않는다. 그들의 저변에는 복잡하게 뒤엉킨 증오의 지하 수맥이 펼쳐져 있다. 아마도 그들에게는 '차별'이라는 자각조차 없을 것이다. 자신이 져야 할 책임을 타자에게 조금 전가하고 있을 뿐이다. 그것이 편하고, 무엇보다도 자기 자신을 정당화할 수 있기 때문이다. 나는 그것이 두렵다. 내 안에도 그 씨앗이 없다고는 할 수 없으니까. 재특회를 생각할 때마다 가슴이 찌릿찌릿 타는 듯한 감각은 '내 안의 재특회'가 꿈틀거리고 있기 때문일지도 모르겠다.

이 책은 고단샤의 논픽션 잡지 『G2』의 6호(2010년 12월)와 7호(2011년 4월), 두 번에 걸쳐 게재한 "재특회의 정체"를 전면적으로 수정하고 대폭 가필한 것이다. 취재 과정에서 많은 분들의 도움을 받았다. 가끔 험악한 분위기를 연출하긴 했지만 인내심 있게 취재에 응해 준 재특회와 관계자, 차별당하는 쪽의 심정을 냉정하게 이야기해 준 재일 코리안 젊은이들, 내셔널리즘이나 인터넷에 어두운 내게 조언해 준 각 분야의 전문가들에게 진심으로 감사드린다.

재특회 여러분에게 욕설이나 분노를 산 경우도 많았지만, 무시당하는 것보다는 나았다. 적어도 나라는 존재를 인정해 주었으니까. 그럼에도 내가 자아를 제어하지 못하고 화를 내고 만 것은 절망적인 구애와 같은 것이었다고 이해해 주었으면 좋겠다. 당신들에게 조금이라도 더 가까이 다가가고 싶었기 때문이다.

고단샤 학예도서 출판부의 아오키 하지메의 적절한 충고에 많은 도움을 받았다. 그 더운 여름날 우리는 일장기의 물결 속에 둘러싸여 서로의 얼굴을 보고, 한숨을 내쉬고, 망연자실했다. 그곳에서 모든 것이 시작되었다. 목적지도, 도착 시간도 불확실한 열차 속에서 같은 풍경을 계속 보아 왔던 동지에게 다시 한 번 감사의 말씀을 전한다.

옮긴이 후기

재특회에 습격당한 교토 조선제1초급학교가 교토 시의 남쪽 변두리에 있다면, 내가 살던 자취방은 교토 시의 북쪽 변두리에 있었다. 2009년 12월 4일, 자취방에서 나는 재특회가 교토 조선제1초급학교에 쳐들어가 소동을 피웠다는 텔레비전 뉴스를 보았다. 재특회라는 신흥 극우 조직이 심상치 않다는 이야기는 이미 들어서 알고 있었다. 그러나 당시에는 그 뉴스에 큰 의미를 부여하지 않았다. 재특회의 존재에 대해서도 얼마 안 있어 사그라질 일시적인 광풍쯤으로 생각하고 애써 평가 절하했다. 그러나 내 생각과 달리 재특회의 기세는 그 뒤로도 꺾이지 않았다. 그리고 나는 재특회의 존재를 좀 더 직접적으로 인식하지 않을 수 없게 되었다.

2011년 10월, 미국에서 1년간의 교환 유학을 마치고 일본 도시샤 대학同志社大学으로 돌아와 한일 문제 전문가인 이타가키 류타板垣竜太 교수(도시샤 대학 사회학부)님의 수업을 듣고 있었다. 이타가키 교수님은 때마침 교토 조선제1초급학교 사건을 주제로 심포지엄을 열었고, 주말에 딱히 할 일이 없던 나는 학교로 갔다.

그런데 그날 자전거를 타고 학교 앞에 다다랐을 때, 좁은 인도에 늘어선 경찰들이 눈에 띄었다. 언제나 평화롭던 학교에 어울리지 않는 낯선 광경에 놀랐고, 휘날리는 일장기를 들고 늘어선 사람들을 보고서야 무슨 일이 일어나고 있는지 깨달았다. 재특회의 항의 집회였다. 이타가키 교수님의 심포지엄에 대항하기 위해 모인 사람들이었던 것이다. 나는 정문 앞에 모인 재특회회원들 앞을 될 수 있는 한 빨리 지나쳐 학교 안으로 들어갔다. 자전거를 탄채 들어갔기에 1분도 걸리지 않았지만, 무사히 교문 안으로 들어섰을 때는 형언할 수 없는 안도감이 들었다.

귀에 거슬리는 확성기 소리를 굳이 주의 깊게 들으려고 하지는 않았지만, "바퀴벌레 조선인", "반도로 돌아가라."라는 소리는 선명하게 들려왔다. 본문에 나오는 집회 모습과 크게 다르지 않았다. 그러나 그런 이야기를 바로 옆에서 들은 충격은 상상을 초월하는 것이었다. 그 직후 나는 한동안 넋이 나가고 말았다. 그런 시위대의 모습은 내가 7년 동안 일본에서 알고 있던 선생님들이나 친구들과는 전혀 다른 일본인의 모습이었기에 더욱 충격적이었다.

이후에 시작된 심포지엄에서는 교토 조선제1초급학교를 습격한 재특회의 영상이 등장했다. 직전에 내가 봤던 집회보다 훨씬 폭력적이고 잔혹한 모습에 온몸이 떨려 왔다. 다시 한 번 당시 조선학교에 있던 초등학생들이 애처로워졌다.

그 뒤 2012년 3월 10일에는 SBS 다큐멘터리 〈그것이 알고 싶다〉에서 "누가 김태희를 쫓아냈는가"라는 제목으로 재특회의 활동이 방송되었고, 그러면서 한국에도 그 악명이 널리 알려지게 되었다. 당시 다큐멘터리를 본 부모님은 내가 무사히 유학을 마치고 더는 일본에 있지 않아도 된다는 사실을 다행스럽게 생각하셨다고 한다.

도시샤 대학 정문에서 내가 마주쳤던 사람 중에는 이 책에 등장한 재특회 회원들도 있었을 텐데, 그 얼굴들이 전혀 기억나지 않는다. 되도록 얼굴을 마주치지 않으려고 피했으니 당연한 일일 것이다.

그런 나와 달리 이 책을 쓴 야스다 고이치 씨는 재특회 회원들 한 사람, 한 사람의 얼굴을 제대로 그려내고 있다. 야스다 씨의 집요하고 치밀한 취재에 경의를 표하지 않을 수 없다. 실제로 본문에서 야스다 씨와 재특회 사이에 일촉즉발의 충돌이 벌어질 뻔한 상황들이 나오는 대목들을 보면 취재가 순탄하지 못했음을 짐작할 수 있다. 그뿐만 아니라 이 책이 나온 후 일본의 도서 구매 사이트에는 책을 읽지 않은 것이 분명해 보이는 사람들의 악의에 찬 리뷰가 올라왔고, 야스다 씨는 트위터에서 매일같이 인종차별주의자들의 공격에 시달리고 있다.

그런데 이 책에서 그려지는 재특회 회원들의 얼굴은 집회나 시위에서 악귀처럼 포효하던 모습에서는 상상할 수도 없는 것이었다. 다들 얌전한 청년이었고, 가족을 소중히 생각하는 가장이었고, 나름대로 열정과 고뇌를 가지고 재특회 활동에 임하는 평범한 사람들이었다(물론 그렇다고 이들의 활동이 면죄부를 얻을 수 있는 것은 아니다). 집회나 시위에서 입에 담기 힘든 욕설을 외쳤던 사람들이 정말로 맞나 싶을 정도다.

지은이는 에필로그에서 재특회의 정체를 묻는 사람들에게 "당신의 이웃들입니다."라고 답한다고 밝히고 있다. 재특회 회원들은 결코 악마도, 괴물도 아닌 평범한 사람들이었다. 싱거운 '정체'라고 생각할 수도 있겠지만, 다시 생각해 보면 그 어떤 반전보다도 더 충격적이고 섬뜩하다.

만약 이 책을 읽은 독자들이 '역시 일본 놈들은 나쁜 놈들'이라고 생각하는 데 그친다면, 옮긴이로서는 안타까운 일이다. 점점 악화되는 경제 상황

속에서 이민자 배척을 주장하는 극우 조직의 대두는 유럽이나 미국에서도 일반적인 현상이며, 그런 의미에서 이미 재특회는 특수한 현상이라 볼 수 없기 때문이다. 외국인을 살해했다거나 정당을 통해 정치의 장에 진출했다는 이야기가 들려오지 않는 걸 보면, 오히려 재특회가 유럽의 네오 나치보다는 덜 위협적이지 않나 싶을 정도다.

지은이가 말한 "당신의 이웃들"이란 일본인 일반을 가리키지만, 한국이라고 해서 다르다고 말할 수 있을까? 오히려 '우리 안의 재특회'를 발견하는 계기로 삼아야 하지 않을까?

예컨대 문화 평론가 최태섭은 인터넷을 매개로 한국 사회에서 발생하고 있는 파시즘의 가능성에 대해 우려하고 있다. 개인적으로 현재의 한국 사회가 파시즘을 우려할 단계는 아니라고 생각하지만, 재특회에 대한 글이라 해도 무방할 다음 분석은 설득력 있게 다가온다.

무엇보다도 인터넷과 광장을 뒤덮는 단죄와 심판의 언어들은 우리 사회가 간절하게 '적'을 원하고 있음을 드러낸다. 공론의 장에서의 끊임없는 토론이라는 모델은 우리 편과 적을 명확하게 가르고자 하는 욕망으로 대체되었고, 그 경계에 의문을 제기하는 모든 논의는 내부의 적으로 간주되어 적보다도 못한 취급을 당하기 십상이다. 각각의 세력들이 각각의 기준으로 그어 놓은 선은 모두 자신이야말로 마지노선이라고 주장하며 한 발자국도 물러설 기미를 보이지 않는다. 도덕과 비도덕, 상식과 비상식, 정의와 불의 같은 서슬 퍼런 카테고리들이 정치의 언어를 장악하고 있다.

__"ROAD TO FASCISM: 새로운 파시즘의 징후들" (http://blog.ohmynews.com/litmus/177824).

우리나라에 일본의 '재특회'에 비견할 만한 것이 있을까? 가장 먼저, 조선족과 동남아시아 출신 이주노동자를 비롯한 이민자에 대한 차별과 편견을 떠올릴 수 있을 것이다. 또는 인터넷 극우 사이트로 잘 알려진 '일베'를 생각하며 한국과 일본의 넷우익을 비교할지도 모른다. 경우에 따라서는 극우적 성향과 과격한 가두시위라는 점에서 '어버이연합' 등을 연상할 수도 있을 것이다. 반대로 보수적인 사람이라면, 2008년 인터넷에서 촉발된 미국산 쇠고기 반대 시위에서 재특회를 발견할지도 모른다.

나는 이런 비교나 연상이 모두 나름대로의 타당성을 가지고 있다고 생각한다. 그러나 설령 이런 현상들에 대해 '한국의 재특회'라는 수사rhetoric가 가능하다고 할지라도, 이를 '우리와는 다른 그들'로 구분하고 비판하는 데 그친다면, 그 또한 이 책이 의도하지 않은 바다. 파시즘을 연상시키는 개별적인 현상을 넘어, 오늘날 한국 사회를 살아가는 우리 안에 보편적으로 내재된 분노와 증오를 문제 삼고, 우리 자신을 한 번 더 성찰할 수 있는 계기가 되었으면 하는 바람이다.

실제로 한국의 인터넷에도 재특회의 토양이 될 소지가 다분해 보이는 분노와 증오로 가득 찬 글이 넘쳐 나고 있다. 만약 그런 분노와 증오가 경제적·사회적으로 배제된 사람들의 박탈감에서 기인한 것이라면, 그런 문제를 해소하란 쉽지 않을 것이다. 그러나 그런 분노와 증오의 정체를 우리 안에서 발견하고 직시할 수는 있을 것이다. 이 책이 미력하나마 거기에 일조할 수 있기를 바랄 뿐이다.

처음 번역을 시작했을 때, 부모님은 "돈 안 되는 짓 하지 말고 영어 공부나 해라."라고 말씀하시면서도, 기꺼이 초벌 원고의 교정을 봐주셨다. '최초의 독자'가 되어 주신 데 감사드리며, 이 책 때문에 두 분의 노안이 더 진행된 것은 아닌지 걱정스럽다.

올해 2월 도쿄에 갔을 때 지은이인 야스다 씨를 만났다. 일부러 지바에서 사모님과 함께 오신 것이다. 재일 코리안이 운영하는 작은 한국 음식점(본문에서 여러 번 언급되었던 고깃집 중의 하나였을지도 모를)에 나를 데려가, 삼겹살과 족발을 잔뜩 시켜 익숙하게 드시던 모습이 잊히지 않는다. "다음에 올 때는 우리 집에서 자고 가라."라고 말씀하셨던 야스다 씨의 친절에 진심으로 감사드린다. 원서를 출판한 고단샤에 함께 가서 편집부의 아오키 하지메 씨에게도 인사를 드릴 기회가 있었다. "재특회의 욕설은 순화하지 말고 가감 없이 그대로 번역해 달라."라던 충고를 마음에 새겼으나 제대로 되었는지는 모르겠다.

재특회와 대면하는 계기가 되었던 국제사회학 수업의 이타가키 류타 교수님께도 이 기회를 빌려 감사드린다.

끝으로 7년간의 일본 유학 생활 동안 만났던 재일 코리안 친구들을 떠올린다. 고백하건대, 나는 일본인 친구들보다 재일 코리안 친구들을 만나는 것이 더 서먹했다. 그것은 어쩌면 재일 코리안이라는 역사적 희생자들에 대한 죄책감 때문이었을지도 모르고, 이방인의 정체성을 회피하고 싶었기 때문이었을지도 모르고, 북한과 조총련에 대한 거부 반응 때문이었을지도 모른다. 한국으로 돌아와 이 책을 번역하며, 그들에 대해 많은 생각을 하게 되었다. 그리고 그들과 좀 더 많은 이야기를 나누지 못했던 것이 아쉽게 여겨진다.

2013년 5월

김현욱